中国地区金融创新发展研究

张立华　刘丽文　冯志远◎等著

西南财经大学出版社
Southwestern University of Finance & Economics Press

中国·成都

图书在版编目（CIP）数据

中国地区金融创新发展研究/张立华等著.--成都：
西南财经大学出版社,2024.11.--ISBN 978-7-5504-6521-3

Ⅰ.F832.7

中国国家版本馆 CIP 数据核字第 2024R4J775 号

中国地区金融创新发展研究
ZHONGGUO DIQU JINRONG CHUANGXIN FAZHAN YANJIU

张立华　刘丽文　冯志远　等著

策划编辑:王甜甜
责任编辑:植　苗
责任校对:杨婧颖
封面设计:墨创文化
责任印制:朱曼丽

出版发行	西南财经大学出版社(四川省成都市光华村街 55 号)
网　　址	http://cbs.swufe.edu.cn
电子邮件	bookcj@ swufe.edu.cn
邮政编码	610074
电　　话	028-87353785
照　　排	四川胜翔数码印务设计有限公司
印　　刷	四川五洲彩印有限责任公司
成品尺寸	170 mm×240 mm
印　　张	14.5
字　　数	245 千字
版　　次	2024 年 11 月第 1 版
印　　次	2024 年 11 月第 1 次印刷
书　　号	ISBN 978-7-5504-6521-3
定　　价	88.00 元

前　言

　　随着中国经济的持续高速增长和居民财富的日益积累，金融需求日趋多元化与复杂化，对金融体系提出了更高要求。在此背景下，中国金融业积极探索创新驱动发展之路，致力于构建高效、安全、开放、包容的现代金融体系。金融创新发展，不仅体现在金融科技的蓬勃发展，如人工智能、大数据、区块链、云计算等前沿技术在金融领域的广泛应用，还体现在金融市场体系的不断完善、金融产品与服务的持续创新、金融监管模式的转型升级等多个方面，并且在这一过程中逐步形成了具有中国特色的金融创新发展模式，积累了具有中国特色的地区金融创新发展经验。

　　本书将重点聚焦于五个关键领域，并分析其在推动经济发展、服务实体经济、提升金融服务效率与质量方面的作用与贡献：一是普惠金融与地方经济高质量融合发展，解析如何通过普惠金融促进地方经济均衡发展；二是地方金融科技创新与经济高质量发展测度，分析金融科技如何助力地方经济转型升级，并构建相应的测度指标体系；三是地方绿色金融创新与城乡协调高质量发展，探索绿色金融在促进城乡协调发展中的作用与路径；四是地方养老金融创新与人民生活高质量发展，研究养老金融如何满足人民群众多样化的养老需求以优化民生福祉；五是金融监管体制创新助力金融高质量发展，讨论如何通过监管创新保障金融创新活动的有序进行，促进金融业的稳健发展。

金融创新，特别是普惠金融、金融科技、绿色金融、养老金融等领域的创新发展，不仅是金融业自身转型升级的必然要求，也是服务实体经济、促进经济结构优化升级、实现高质量发展的有效途径。普惠金融致力于扩大金融服务的覆盖范围，提升可获得性和可负担性，为弱势群体及边远地区提供必要支持；金融科技通过运用大数据、云计算、人工智能等技术，推动金融产品和服务的创新，提高效率与安全性；绿色金融强调金融活动要遵循资源节约、环境友好的原则，支持绿色产业和可持续发展项目，促进经济与环境的和谐共生；养老金融不仅包括传统养老金管理、老年人保险等服务，更延伸至多样化、个性化金融产品与服务，旨在为老年人提供更加安全、便捷、高效的养老保障。金融监管体制的创新需在保持金融监管基本原则与目标的基础上，对监管理念、方式、手段等方面进行系统性革新。其核心在于通过引入先进的监管理念，运用现代信息技术手段，实现对金融市场的全面、动态、精准监管。

在普惠金融领域，本书梳理了普惠金融的历史演进，分析了当前普惠金融与地方经济发展面临的主要问题，构建了衡量普惠金融与地方经济高质量发展的指标体系，并探索了实现普惠金融与地方经济高质量融合发展的有效路径。普惠金融作为现代金融体系的重要组成部分，对于促进经济包容性增长、缩小区域发展差距具有重要意义。该部分将聚焦于普惠金融与地方经济高质量融合发展的研究，深入分析两者之间的内在联系与相互作用机制，探索实现共赢发展的有效路径。普惠金融历经多年发展，其理念与实践不断演进。从最初的金融服务普及到如今的金融服务精准供给，普惠金融在缓解金融排斥、促进经济均衡发展中发挥着越来越重要的作用。尽管普惠金融取得了一定成效，但在地方经济发展中仍面临诸多挑战，例如，金融服务覆盖不全、创新不足、风险防控难度大等。这些问题制约了普惠金融与地方经济的深度融合，影响了地方经济高质量发展。为了准确评估普惠金融对地方经济高质量发展的贡献，我们需要构建科学合理的指标体系，该体系应涵盖金融服务的可得性、质量、效率，以及地方经济的增长速度、结构、质量等多个方面。基于此，针对上述问题与挑战，本书提出针对性政策建议。

在金融科技创新方面，本书阐释了地方金融科技创新的内涵，剖析了在经济高质量发展过程中测度金融科技创新遇到的现实困境，构建了科学的测度指标体系，并对未来地方金融科技创新与经济高质量发展的趋势进行了展望。在全球科技日新月异的时代背景下，金融科技作为科技与金融深度融合的产物，正以前所未有的速度改变着金融行业的面貌，并对地方经济的高质量发展产生了深远影响。地方金融科技创新不仅推动了金融服务模式的创新升级，提高了金融服务的效率，增强了金融服务的普惠性，还通过促进资源优化配置、激发市场活力、增强风险防控能力等，为地方经济的高质量发展注入了新的动能。因此，深入研究地方金融科技创新与经济高质量发展的内在关系，具有重要的理论价值与现实意义。本书旨在全面剖析地方金融科技创新的现状与趋势，探讨其对经济高质量发展的具体影响机制，并构建科学合理的测度指标体系，以量化评估地方金融科技创新对经济高质量发展的贡献度。这一研究不仅有助于我们更加清晰地认识金融科技创新在地方经济发展中的角色与地位，还能为地方政府制定金融科技创新政策、优化金融生态环境、推动经济高质量发展提供有力的决策支持。

随着信息技术的飞速发展，地方金融科技创新已成为推动经济高质量发展的关键力量。本书旨在深入探讨地方金融科技创新的内涵、测度现状、挑战及未来趋势，从而为政策制定与实践提供参考。地方金融科技创新是指依托现代信息技术，在金融产品、服务、模式及监管等方面进行的一系列创新活动，旨在提升金融服务效率、拓宽金融服务范围、增强金融体系的稳定性和韧性。尽管地方金融科技创新成效显著，但在经济高质量发展测度方面仍面临诸多困境，如数据获取难度大、指标体系不完善、评价标准不统一等，这些问题都制约了相关工作的深入开展。为科学评估金融科技创新对经济高质量发展的贡献，我们需要构建全面、系统的测度指标体系。该体系应涵盖金融服务效率、金融创新能力、经济结构优化、民生福祉改善等多个维度，以全面反映金融科技创新的综合效应。展望未来，随着技术的不断进步和政策的持续支持，地方金融科技创新将朝着多元化、智能化、普惠化的方向发展。同时，经济高质量发展也将更加注重创新驱动、绿色低碳和包容共享，为金融科技创新提供广阔空间。

在绿色金融领域，本书分析了地方绿色金融创新的现状，揭示其在城乡协调发展过程中遇到的问题，构建相应的评价指标体系，并提出优化地方绿色金融创新与城乡协调高质量发展的建议。在全球气候变化与可持续发展的背景下，绿色金融作为推动经济转型、实现绿色发展的重要工具，正逐步成为地方经济发展的新引擎。本书聚焦于地方绿色金融创新与城乡协调高质量发展的关系，分析绿色金融创新的现状、瓶颈、指标体系及优化路径，为促进城乡经济绿色、协调、可持续发展提供理论支持与实践指导。地方绿色金融创新是响应国家生态文明建设和绿色金融发展战略的重要举措，本书详细剖析了地方绿色金融创新的内涵、特点与实践案例，包括绿色信贷、绿色债券、绿色基金等金融产品的创新，以及绿色保险、绿色担保等金融服务的拓展。同时，本书还探讨了地方政府在推动绿色金融创新中扮演的角色与发挥的作用。尽管地方绿色金融创新取得了一定的成效，但在促进城乡协调发展方面仍面临诸多问题。本书深入分析了这些问题，包括但不限于绿色金融政策体系的不完善、城乡绿色金融资源配置失衡、绿色金融产品和服务创新不足、绿色项目融资难等。这些问题制约了绿色金融在城乡协调发展中的潜力释放。为了科学评估绿色金融创新对城乡协调高质量发展的贡献，本书构建了一套综合指标体系。该指标体系涵盖了绿色金融的覆盖范围、服务效率、环境效益、经济效益及社会效益等多个方面，同时注重城乡之间的差异与联系，以全面反映绿色金融在促进城乡协调高质量发展中的作用与成效。针对上述问题与挑战，本书进一步提出了一系列优化路径与策略。

在养老金融领域，本书回顾了养老金融创新的历史过程，揭示了地方养老金融创新与人民生活高质量发展过程中的新问题，构建了养老金融创新与人民生活高质量发展的指标体系，并探讨了地方养老金融创新与人民生活高质量发展的路径选择问题。随着中国社会老龄化的不断加重，养老问题已成为关乎国家发展、社会稳定与人民福祉的重大议题。在这一背景下，养老金融作为连接金融与养老的重要桥梁，其创新与发展对于提升人民生活质量、促进社会和谐稳定具有不可估量的价值。本书聚焦于地方养老金融创新的最新动态与趋势，深入分析其对人民生活高质量发展的推动作用，并探索实现这一目标的路径与策略。本书梳理了养老金融创新的历史脉络，从传统的养老保险制度建立到养老金融产品的多样化发展，再到金融科技在养老金融领域的深入应用，展现了养老金融创新在不同历史阶段的特征与成就。通过梳理养老金融创新的历史脉络，我们能够更好地理解养老金融创新的发展轨迹，为未来的创新实践提供历史借鉴与经验总结。在养老金融创新不断推进的过程中，也面临着诸多新问题与挑战。本书重点分析了当前地方养老金融创新在促进人民生活高质量发展中遇到的主要问题，如养老金融产品供给不足、服务覆盖不全面、风险管理不完善等；同时，还探讨了这些问题如何影响老年人的经济保障、生活质量及社会参与度，以及对整个养老金融体系乃至社会经济发展的潜在影响。为了准确评估养老金融创新对人民生活高质量发展的贡献度，本书构建了一套科学合理的指标体系。本书基于人民生活质量的多维度内涵，如经济保障、健康水平、社会参与、精神文化等方面，结合养老金融创新的特点与要求，构建了一套综合反映养老金融创新与人民生活高质量发展关系的指标体系。该指标体系包括养老金融产品与服务丰富度、老年人金融素养提升、养老金融服务满意度等多个具体指标，为后续的实证研究与政策制定提供了有力支撑。此外，基于上述分析，本书还进一步探讨地方养老金融创新促进人民生活高质量发展的路径选择问题。

在金融监管体制创新方面，本书阐释了金融监管体制创新的内涵，剖析了金融监管体制创新助力金融高质量发展的历史性挑战，构建了科学的金融监管体制创新与金融高质量发展量化指标，并对金融监管体制创新助力金融高质量发展的机遇突破进行了展望。随着金融市场的日益复杂与金融科技的迅猛发展，金融监管体制创新已成为推动金融高质量发展的核心驱动力。本书深入探讨了金融监管体制创新的内涵、历史性挑战、量化评估体系及未来机遇，以期为构建适应现代金融发展的高效监管体系提供理论支撑与实践指导。金融监管体制创新是指对传统监管框架的革新与优化，使其适应金融市场的变化与挑战。其内涵包括监管理念的更新、监管技术的升级、监管模式的转变以及国际监管合作的深化，旨在提高监管的针对性、有效性和前瞻性。在助力金融高质量发展的过程中，金融监管体制创新面临着市场快速变化、跨境金融风险、金融科技挑战等多重历史性挑战，需克服监管滞后性，提升监管效能，以应对不断出现的金融挑战。为评估监管创新的实际效果，本书构建了涵盖金融稳定性、市场效率、风险管理、金融创新等多维度的量化指标体系，通过数据分析，量化展示监管创新对金融高质量发展的贡献与影响。面对挑战，金融监管体制创新亦蕴含着诸多机遇。金融科技的发展为监管提供了新工具，国际合作加深为跨国监管提供了新平台。抓住机遇，实现监管创新，将有力推动金融高质量发展迈上新台阶。

面对未来，中国地区金融创新发展将继续秉持创新驱动发展的理念，深化金融改革开放，加强金融科技应用与研发，推动金融市场体系不断完善与升级。同时，中国还将积极参与全球金融治理体系改革与建设，为构建更加公正、合理、包容的全球金融治理体系贡献中国力量。在全球经济格局不断演变与科技日新月异的今天，金融创新作为推动经济发展的核心驱动力之一，其重要性日益凸显。当前，中国正处于从高速增长向高质量发展转型的关键期，金融体系的创新与发展在这一过程中扮演着至关重要的角色。本书旨在深入剖析中国地区金融创新的现状、趋势及其对地方经济、城乡发展乃至人民生活质量的深远影响，为构建更加健康、可持续的金融生态体系提供理论支撑与实践指导。

总之，本书旨在通过深入分析中国地区金融创新的现状、趋势及影响，提出促进中国地区金融创新发展的政策建议，为政策制定者、金融机构及社会各界提供有益的参考和借鉴。本书对于深化对中国金融创新发展规律的认识、推动金融业更好地服务实体经济、促进经济高质量发展具有重要意义。我们期待本书能够为中国金融业的持续繁荣与发展提供新的思路与方向，为推动中国金融业高质量发展贡献力量。

本书主要在五个方面取得了重要贡献及成果：一是揭示中国地区金融创新的内在机制和特点，为学术界和实务界提供新的理论视角和实践参考；二是提出促进中国地区金融创新发展的策略建议和政策措施，为政府部门和相关机构提供决策支持；三是推动中国地区金融创新与实体经济的深度融合，促进经济高质量发展；四是增强金融监管的有效性和针对性，为金融业的稳健发展提供有力保障；五是提升人民群众对金融创新的认知度和参与度，增强金融服务的普惠性和可获得性。

本书共分为六个章节，张立华负责撰写大纲，经由其他参编人员补充形成正式大纲。各章节分工如下：第一章由张立华撰写；第二章由刘丽文撰写；第三章由冯志远撰写；第四章由郝敏智撰写；第五章由何成也撰写；第六章由葛朋撰写。最后，张立华负责全书的统稿及校对工作。

本书的出版受到新疆科技学院的资助，在此致以诚挚的感谢，也感谢各位研究人员的辛勤付出！由于时间仓促、能力有限，书中难免存在不足，敬请专家读者批评指正。

张立华
2024 年 10 月 18 日

目　录

第一章 导论

第一节 金融创新的定义及经济特征

金融创新改变了人们的生活与金融业务方式。尽管金融创新实现了前所未有的经济增长、惠及社会各阶层，但是它也可能增加金融系统风险或加剧获得金融产品和服务的不平等。当人们在理解金融创新发展时，非常关注最小化相关风险时金融创新所获得的收益。当前金融创新的研究一直在稳步增长，尤其在人工智能技术引发的金融创新环境中快速发展。

"创新（innovation）"一词可以追溯到 1911 年著名经济学家约瑟夫·熊彼特（Joseph Alois Schumpeter）在《经济发展理论》中开创性提出的"创新理论"。熊彼特创新理论认为，企业家的主要职能是能够成功引入创新，熊彼特将创新定义为降低生产总成本或增加产品需求的任何新政策。企业家获取的利润是其创新绩效的一种奖励形式。企业创新是企业家获得成功和经济利润的关键一步。熊彼特对经济理论中创新的重要贡献是：一方面关注创新在经济发展中的功能；另一方面阐释企业家在经济发展中的作用。熊彼特认为，企业家的功能是创新，而创新就是在新的经济发展中将生产要素和生产条件的重新组合，建立一种新的生产方式。创新形式主要包括五个方面：①生产一种新的产品或提高产品的质量；②引入一种新的生产方法；③开辟一个新的产品市场；④获取一种新的原材料或者半成品的供应来源；⑤实施一种新的产业组织方式。

一、金融创新的定义

金融创新（financial innovation）可以解释为新的或经过完全更新的产品或方法，使人们能够更好地配置资本、分担风险和改变时变消费。金融创新不包括对产品或方法的持续边际改进。这种渐进式改进随处可见，并可能累积大量金融产业改进。金融持续性改进比离散金融创新有更好的经济学解释。金融促进了经济资源的配置和时变风险的分担，而这些配置和分担主要通过金融市场、证券、银行、投资公司和评级机构等金融中介机构的交易来实现。Merton（1992）将金融创新界定为金融体系实现其改善实体经济绩效目标的驱动力。Shirakawa（2011）提出，创新就是改变更好服务客户的业务方式，它既可以是增量的更改，也可以是不连续的改变。Tufano（2003）认为，金融创新就是创造和推新金融工具、技术、制度和市场的行为。

金融创新与产业创新（industrial innovation）类似，金融创新可能带来新的产品或创造新的方式。与产业创新不同的是，金融创新通常是现有产品和方法的微小改进。Van Horne（1985）认为，金融创新既可以是零息债券（zero-coupon bonds）等新产品，也可以是电子资金转账传递系统（delivery system）等新形式。就金融创新来说，人们很少观察并引入整个新的事物。恰恰相反，创新通常是指修正当下产品或方式方法。Ekpu（2015）认为金融创新与产业创新不同，金融创新并不是指完全新的产品。在多数情况下，金融创新来自已经存在的金融制度或金融工具。一般情况下，现代金融工具的创新建立是通过消除些许现有产品特征或添加许多新功能来实现的。

二、金融创新的经济特征

金融创新理论需要体现金融鲜明的创新特征。金融创新是一项创造性的活动，因此可以合理地设定其与非金融创新共享许多重要因素。但是，Mention 和 Torkelli（2014）认为，如果进行设计、管理和持续实施创新方式和战略，金融创新应具有鲜明的特色。

（一）法律层面的非专利性

Al-Sharieh 和 Mention（2013）提出，知识产权（intellectual property rights）可以发挥在激发社会创新方面的重要作用。然而，Lerner（2006）认为，大多数金融创新通常没有获取专利保护（patent protection）的资格。Lerner（2010）证明了金融创新的专利诉讼很多使得其获得专利非常困难。Crotty（2008）认为，非专利性（non-patentability）后果是生产竞争对手难以复制的复杂产品，这将可能增加金融创新的不透明性（opacity）。

（二）金融创新的生命周期较短

与生产周期（lead time）数年到几十年的技术创新（technological innovations）相比，金融创新的平均生命周期缩短为一年。Odgers 和 Nimmervoll（1988）认为，重大技术创新的平均生命周期通常为 20 年。大多数与金融创新较短生命周期相关联的是社会快速扩散（rapid diffusion），因此 Llewellyn（1992）认为，由于金融的节奏较快、多数金融创新很容易被复制，金融产品的生命周期只能按天测度。在多数情况下，生命较短的特征是非专利性的结果。研究发现，快速模仿似乎只适用于某些金融创新。显然，组织结构、操作系统和方法类别的创新比生产类别的创新更加难以复制。金融创新有时具有快速扩散的关键特征，尤其是当人们考虑 Collingridge（1982）控制困境时，即在技术创新的早期阶段，创新者发现知识不足而难以预测其行为的社会后果。然而，当不良后果显现时，创新可能陷入有限的控制能力之内。较短的生命周期在广泛扩散和锁定之前，几乎没有留下识别和应对风险的余地。然而，注意的着重点是有些金融创新需要时间才能扩散，主要是因为金融创新必须要经历漫长的道路。正如现代金融风险管理的扩散起始于 20 世纪 70 年代，直到 20 世纪 90 年代才在金融机构中作为风险基准得以扩散。

（三）金融创新的分解性和适应性

金融创新的一个主要特征是金融工具的组合性质（combinatorial nature）。Llewellyn（1992）认为，这种特征是指分类解构金融工具使金融创新的投资者和借款人等用户遴选出他们理想中的特征工具。与此同时，金融创新的快速变化也组合出新的工具。Herrera 和 Schroth（2004）认为，信用衍生工具（credit derivatives）等金融创新交易必须经历渐进式变革（incremental changes），以满足客户要求并改进产品质量。相关研究表明，金融创新往往具有适应性和高度可定制性，以满足市场需求。Zachary（2011）发现，市场交易的金融创新是标准化的，而银行为客户提供的金融创新可以进行定制。尽管渐进式创新、组合和复杂性作为金融创新特征的研究更多地与产品类别创新关联，但 Menal 和 Torkelli（2014）认为，方法创新本质上也是渐进式的。

（四）金融创新涉及众多利益相关者

金融创新涉及众多利益相关者（multiple stakeholders），包括个人、金融机构、非金融公司、政府、市场、交易所以及技术关联公司。所有人都可以不同程度地作为创新者、中介和用户参与其中。Mention 等（2014）指出，金融机构与合作伙伴进行合作，金融机构内部和金融机构外部都可以涌现金融创新。Lerner（2006）认为，正如金融创新联合以及证券发展和推广，合作（collaboration）是金融创新的一个独特特征。但是，Schueffel 和 Vadana（2015）研究表明，金融行业开放创新（open innovation）使用有限，在少数开放创新情况下，客户参与共同创造似乎也不足。

（五）金融创新创建复杂的相互依存性

金融创新尤其是产品类别的金融创新，通过复杂多层网络创建和运行，继而引发高度的相关性以及相互依存性（correlation and interdependence）。金融创新之间可以存在不同的相互关联源。正如银行通过同业拆款（interbank loans）和资产负债表与其他金融机构直接建立联系，同样地，持有资产或共享投资组合或相同存款人可以在金融机构之间创建间接联系。Tumminello 等（2010）提出，金融市场存在相关网络以及资产之间依赖关系的层次结构（hierarchies）。这就表明，一家或多家陷入困境的金融机构倒闭，可能传染健康金融机构，引发整个金融体系的崩溃。这种鲜明特征使得评测金融创新社会后果成为一项富有挑战性的任务。

第二节　诺贝尔经济学奖引领金融理论创新[①]

2017 年，第 79 位诺贝尔经济学奖获得者诞生。瑞典中央银行从 1968 年起永久出资设立"瑞典中央银行纪念阿尔弗雷德·诺贝尔经济学奖（The Sveriges Riksbank Prize in Economic Sciences in Memory of Alfred Nobel）"，并委托瑞典皇家科学院按照诺贝尔奖同样标准进行颁奖。1969 年，Ragnar Frisch 和 Jan Tinbergen 获得首届诺贝尔经济学奖桂冠。为全面回顾诺贝尔经济学奖获得者在金融学科所取得的开创性贡献，本书对 1969—2017 年诺贝尔经济学奖得主的论文和《美国经济评论》评出的 100 年顶级 20 篇论文进行梳理，并将它们大体分为金融经济理论、宏观金融理论和行为金融理论。

[①] 张立华，张顺顺. 从诺贝尔奖看金融理论创新 [J]. 中国金融，2018（2）：89-90.

一、金融经济理论的发展

20 世纪 50 年代以前，金融经济理论几乎是一片空白。1952 年，Harry Markowitz 在一片质疑声中将《投资组合选择》一文发表在美国金融学会会刊《金融学杂志》（*Journal of Finance*）上，他对金融经济理论做出了开创性贡献，从此世界金融史翻开了现代金融理论里程碑式的新篇章。此外，Markowitz 还创立了一种不确定条件下家庭和企业证券投资组合决策的新学说。证券投资组合理论证明了大量资产在不确定条件下投资的多维度问题可以简化为仅有两个维度的此消彼长问题，首次引入收益和方差的数学概念，描绘出风险—收益平面上的投资组合前沿。传统理论认为，收益率波动较大的资产要求获取较高的风险收益回报。组合选择理论澄清了资产风险的关键并不是孤立的风险问题，而是每种资产对整个投资组合风险的贡献度。Markowitz 也证实了可以通过二次规划问题给出投资组合的最优解析，但当证券投资组合理论在分析个人投资组合的决策问题时，必须要知道各种资产的市场价格。

1964 年，被称为资本资产定价模型（CAPM）的理论由 William Sharpe 在美国金融学会会刊《金融学杂志》第 19 期上发表的《资本资产价格：风险条件下市场均衡理论》一文首创建立。随后，Sharpe 借鉴融入了 Lintner（1965）和 Mossin（1966）等学者的思想，对 CAPM 进行了修改和完善。1990 年，William Sharpe 与 Harry Markowitz、Merton Miller 荣膺诺贝尔基金会颁发的经济学奖。CAPM 模型表明，投资者的最优风险投资组合取决于不同资产的投资组合经理人的预期，并不取决于其个人的风险偏好；风险可以通过资本市场被转移。数十载的实证研究形成共识：资本资产定价模型（CAPM）已经成为现代金融资产价格理论的基石，当前其测度特定股票收益与股票市场协方差的 β 值，已成为分析金融市场和投资决策的标准工具之一。

1958 年，Miller 与 Modigliani 联袂合作，在《美国经济评论》（*American Economic Review*）上发表《资本成本、公司融资与投资理论》，成为现代公司融资理论和世界各国高校课程的奠基之作，被《美国经济评论》选为 100 年顶级 20 篇文章之一。公司融资理论研究发现了公司资本结构与其市场价值的关联性，理清了公司市场价值和股利政策的关系。公司融资理论给出了其成立的基本假设：如果公司的资本结构和股利政策影响了公司市场价值，这是由于假定为完全资本市场所致的偏差。他们还发现，股权融资与完全资本市场借贷之间的选择并不影响公司的市场价值和资本成本，同样，股利政策也不会影响公司的市场价值。Miller 与 Modigliani 首次运用无套利假设理论提出的 MM 定理，开创了现代公司融资理论的先河，并奠定了证券市场套利均衡和套利定价分析方法的数理基础。

20 世纪 90 年代后期，金融衍生品的诞生为金融经济学理论的突破性发展提供了坚实的理论土壤。1997 年，Robert Merton 和 Myron Scholes 荣获第 29 届诺贝尔经济学奖，他们设立的衍生品定价新方法做出了金融经济理论的开创性贡献。Robert Merton 和 Myron Scholes 在 20 世纪 70 年代早期的研究中发现了测算金融风险的全新方法，并在实践中促进了衍生品市场的蓬勃繁荣。实证显示，他们的研究方法已经拓展到保险合约担保、经济合约和建筑投资等领域，在社会许多领域有着深刻的应用价值。

1973 年，Black 和 Scholes 在《政治经济学杂志》（*Journal of Political Economy*）上刊发了《期权与公司负债的定价》的文章，给出了期权定价公式。与此同时，Merton 在《贝尔经济学与管理科学杂志》发表了《理性期权定价理论》的文章，对 Black & Scholes 公式进行了多种扩展。上述两篇文献都将传统模型中的期权估价的风险溢价（risk premium）内生化，假设没有交易成本、风险中性和无套利机会。Merton 等学者极大地发展了期权定价公式，Merton 还着重分析了连续时间的个人消费和投资决策。1973 年，Merton 将 CAPM 模型从静态推广到了动态，他将期权定价公式中的股价波动推广到非连续时间。从 Louis Bachelier（1900）到 Black 和 Scholes（1973），期权定价公式的研究已有 73 年的历史，一直到 1997 年诺贝尔经济学奖颁奖时，期权定价公式有着近百年的研究史。芝加哥期权交易所的交易员在 1975 年开始运用 Black & Scholes 公式进行期权交易，当今世界金融市场上成千上万的交易员与投资商正在使用期权公式估值期权。

20 世纪以来，资产价格的预测和实证研究是资本市场决策中最重要、最活跃的内容。Eugene Fama（1970）在美国金融学会会刊《金融学杂志》上登载了一篇重要文章，即《有效资本市场：理论与实证回顾》。20 世纪 60 年代，Fama 研究发现，当预测近期的收益时，过去的价格几乎没有价值。此外，Fama 等（1969）还研究了股票拆股信息发布后的股票价格波动，发现短期内难以预测到股票收益变化。其他学者也证实了股票价格不能预测到消息发布后的市场初始反应。Robert Shiller（1981）研究了股票价格的波动性和长期股价的预测性，实证发现：尽管不能预测到几天或几周后的股票价格，但能预测到长期的股票价格水平。如何解释资产收益较长期限的可预测性？这需要一个将资产价格、储蓄和风险承担决策关联起来的理论模型——消费资本资产定价模型（consumption capital asset pricing model，CCAPM）。然而，该模型仅具有理论意义，无法进行实证检验。Lars Peter Hansen（1982）提出了一个统计模型——推广的矩方法（generalized method of moments，GMM），适合模拟资产定价数据的特征。

二、宏观金融理论的发展

宏观金融理论在 20 世纪达到了理论和实践的新高峰。Friedrich Hayek 是第一位挑战货币量化理论的经济学家，他首次引入了货币在生产中的作用。由于货币、经济波动以及经济、社会和制度关联的开创性研究，Hayek 和 Myrdal 荣获 1974 年诺贝尔经济学奖，他们是 20 世纪最有影响的经济学家和社会哲学家之一。20 世纪二三十年代，Hayek 和 Myrdal 的主要研究领域是经济周期理论和货币理论。此外，Hayek 还发展了 Ludwig von Mises 奠定的奥地利学派经济周期理论（business cycle）和 Lausanne 学派的一般均衡理论。

1968 年，Milton Friedman 以《货币政策的作用》为题在《美国经济评论》（AER）中发表了一篇颇具影响力的文章，这篇文章也成为《美国经济评论》100 年来的 20 篇顶尖著作之一。该文章沿着 Edmund S. Phelps（2006 年诺贝尔经济学奖得主）的论文脉络，给出了长期菲利普斯曲线（Phillips Curve）的来源。文章首次引入自然失业率，作为与实际和预期通货膨胀率同时匹配的唯一失业率，第一次证明了失业与通货膨胀率之间的此消彼长假设仅是一种临时过渡现象，从长期来看，这种此消彼长现象并不存在。当仅考虑失业与通货膨胀之间暂时的此消彼长，长期菲利普斯曲线表现为垂直状态。为表彰在消费、货币理论、货币历史和稳定政策方面的创新成就，Friedman 获得 1976 年的诺贝尔经济学奖。

Friedman 被称为现代货币主义理论的先驱。很长一段时间，凯恩斯的支持者们在分析经济周期和通货膨胀时，几乎完全忽视了他们的货币和货币政策作用。Friedman 的主要研究是通货膨胀中货币作用的复兴和重新调整货币政策工具，他的重要贡献表现在经济政策的多种"时滞性"，如

"观察时滞""决策时滞"和"效用时滞"。Friedman 提出的现代货币数量论认为，通货膨胀发端于过多的货币追逐过少的商品，政府可以通过调控货币增长遏制通货膨胀。这被称为现代货币经济理论的一次革命。Friedman 研究的最高成就是美国国家局连续出版的经济研究成果：《美国货币历史：1867—1960》（Friedman et al.，1963）和《美国货币统计》（Friedman et al.，1970）。

James Tobin 因为开创性研究金融市场以及与支出决策、就业、生产和价格间的关联机制，当之无愧地荣获了 1981 年的诺贝尔经济学奖。James Tobin 于 1956 年在《经济与统计评论》（*Review of Economics and Statistics*）杂志发表了《现金交易需求的利率弹性》，后又于 1958 年在《经济研究评论》（*Review of Economic Studies*）杂志发表了《流动性偏好的风险行为》。这两篇关于资产投资组合的重要文章，阐述了现金、短期无风险资产和长期风险资产最优组合分散化并简化了模型，使人们关注现金边界的交易成本和无风险与风险资产边界的风险厌恶程度。Tobin 提出的资产组合理论改进了 Markowitz（1990 年诺贝尔经济学奖得主）的资产组合投资模型，引入现金和无风险资产概念，使得证券组合投资理论更有效率。至此，研究资产投资组合不再仅局限于货币，而是延伸到整个资产和负债，分析金融市场对实体经济的冲击，以便获取资产和承担债务时，为家庭和公司主体提供一个行为基准。《流动性偏好与货币政策》（Tobin，1947）和《回应 Warburton 博士》（Tobin，1948）两篇文章，强调实证了货币余额需求的负利率弹性的重要性。

Tobin 于 1969 年在《货币、信用和银行杂志》（*Journal of Money, Credit and Banking*）发表《货币理论的一般均衡分析》一文，研究了金融市场与实体经济的传导机制。Tobin 重新设计了早期的假设：投资主要由现存实际资本与新实际资本获取成本来决定。实证发现，如果现存实际资本价格（如股票价格）下降，投资将会逆向而行。20 世纪 70 年代，Tobin 对金融市场、金融与实体传导机制的创新进行了广泛研究，世界各地的学者也发表了有关货币政策效应、政府预算赤字和政策稳定的大量文献。Tobin 的卓越贡献对宏观金融学说的进一步发展产生了深远的影响。

Franco Modigliani 因对储蓄和金融市场的原创性分析，荣获了 1985 年的诺贝尔经济学奖。Modigliani 理论成就是关于家庭储蓄的生命周期假设、公司和资本成本估值的 MM 定理的构建和推导。1954 年，格斯大学出版社

（Rutgers University Press）在其出版的图书中收录了 Modigliani 和 Brumberg 的《效用分析与消费函数：横截面数据的解析》一文，主要关注该理论的横截面或微观经济含义。之后，麻省理工出版社（MIT Press）出版了 Modigliani 和 Brumberg 合作撰写的《效用分析与消费函数：一个整合》一书，其中《储蓄生命周期假设》一文收录在 Modigliani 论文集第 2 卷，主要关注该理论的时间序列和宏观经济含义。他们均认为，家庭会全力使远期消费效应最大化。Modigliani 则认为，人们计划周期是有限的，储蓄仅是为了他们自己。从效用最大化假设来看，消费在人的一生中应平均分配，年轻时积累的大量财富应用于老年消费。

生命周期假说理论是微观经济学理论，但后来 Modigliani 独立或与他人合作证明了其在宏观经济中的应用。Ando 和 Modigliani（1963）共同实证发展了生命周期模型，这篇文献在 20 世纪 60 年代以大规模宏观计量模型实证研究了美国经济的消费行业。生命周期假说被用作大量实证研究的理论基础，尤其是它被证明是研究养老金体制不同效应的有效工具。生命周期假说的基本思想即人们为了养老而储蓄。Ando 和 Modigliani 的成就主要是将思想有效量化为一个正式模型，开发了不同的应用，建立了一个完备的经济理论，再由模型引申出宏观经济的含义并进行实证检验。这些都是对金融科学做出的重要贡献。生命周期模型对其后的理论和实证研究发展产生了重大影响。显然，其模型代表了消费与储蓄研究的新框架，是当今这类研究中最有效的基础。

1999 年的诺贝尔经济学奖授予人是 Robert Mundell 教授，为的是奖励他提出的不同汇率机制下的货币与财政政策理论、最优货币区域理论。Mundell 的最重要贡献是在 20 世纪 60 年代取得的，他研究了开放经济的政策稳定，同时创新设计了最优货币区域理论。无论是代数语言还是几何图形，Mundell 总是能简明扼要、提纲挈领地将他的理论传递给读者。20 世纪 60 年代，他撰写了一系列稳定政策的论文，研究了开放经济的货币政策和财政政策。1962 年，Marcus Fleming 也完成了一篇《固定和浮动汇率下的国内金融政策》的论文。尽管 Mundell 的论文更全面深刻，但当今教科书中一般称为 Mundell-Fleming 模型。

Mundell 的政策稳定理论主要包括 Mundell-Fleming 模型和货币动力学。1963 年，Mundell 为了解决开放经济中货币政策和财政政策的短期效应问题，在《加拿大经济学杂志》（*Canadian Journal of Economics*）中发表了

《固定和浮动汇率下的资本流动与政策稳定》的重要文章。他在文章中引入了外汇交易和资本流动，扩展了由 John Hicks（1972 年诺贝尔经济学奖得主）提出的封闭经济下的 IS-LM 模型。Mundell 证明了政策稳定效应与金融资产国际流动是关联在一起的，尤其证明了政策效应主要取决于汇率机制。尽管 Mundell 早在 20 世纪 40 年代发表了关于固定汇率与浮动汇率的资本流动理论文章，但各国在 50 年代才开始陆续实行浮动汇率。1960 年，Mundell 在国际权威期刊《经济学季刊》（Quarterly Journal of Economics）上发表了《固定与浮动汇率下的国际调整的货币动力学》一文。1962 年，Mundell 为了使经济趋向于目标，Mundell（1962）运用了一个动态模型实证检验了国家预算与利率应趋向外部均衡和内部均衡的两大目标。1961 年，《美国经济评论》（American Economic Review）出版了 Mundell 撰写的《最优货币区域理论》，该文章提出必须在一定条件下的不同区域放弃货币主权去迎接共同货币，可以设立一个全新而重要的有效机制，统一不同汇率国家的货币。这篇文章也入选了《美国经济评论》评出的 100 年来的 20 篇顶尖著作之一。Mundell 几乎预言般地宣告了国际货币和国际资本市场的未来发展。欧元的诞生是其理论与实践相结合的光辉结晶。

三、行为金融理论的发展

在诺贝尔经济学奖的评奖历程中，大部分关于金融学奖项奖给了研究金融经济学和宏观金融学的经济金融专家。Daniel Kahneman 和 Vernon Smith 开拓了心理学方法与经济金融理论的融合空间，特定设计的实验奠定了行为经济金融研究的基础。特别是 Shiller 教授将心理学直接引入金融学，使得行为金融学在主流金融学中占有一席之地。

传统的"经济人（homo oeconomicus）"假设就是理性地追求自我利益。2002 年诺贝尔经济学奖授予行为经济学的代表性人物 Kahneman 和 Smith 两位教授。实验经济学家 Smith 于 1962 年在《政治经济学杂志》（Journal of Political Economy）刊登了《市场竞争行为的实验研究》一文，该文章为实验经济学奠定了基础，也为研究者们提供了在实验室测试人类行为倾向的有效路径。认知心理学家（cognitive psychologist）Kahneman 和 Tversky（1979）以《前景理论：风险决策分析》为题的文章在国际计量经济学会会刊《计量经济学》（Econometrica）公开发表，提出了一个全新的不确定性条件下决策行为的前景理论（prospect theory）模型。前景理论模型的风险选择行为与预期效用理论大相径庭，前景选择行为服从的是特殊的心理过程和规律，尤其是该模型低估了与确定性相比的可能结果，这种确定性效应的趋势导致当选择确定性所得时规避风险，但当面临确定性损失时去追逐风险。另外，人们往往会放弃正在考虑的所有前景因素，这种称为分离效应的趋势导致不同形式的相同选择偏好也是截然不同的。决策主体对决策行为进行评价的标准是 Kahneman 和 Tversky 提出的价值函数（value function），价值函数总体上呈现为"S"形，一般在收益状态下呈现"凹"形，表示决策行为是规避风险；而在损失状态下呈现"凸"形，表示决策行为是爱好风险；价值函数"凸"形状态变化的斜率比"凹"形状态变化的斜率更为陡峭，表现出决策主体对损失的偏好程度大于收益的偏好程度。由此，我们会发现，阿莱悖论（Allais Paradox）将不再成立。

Kahneman 和 Tversky（1979）的"前景理论"一经提出，迅速成为行为金融研究的权威学说。尽管有一些学者的文献问世，但 Kahneman 的研究已经成为行为金融学说的奠基理论。行为金融学说和行为经济学说成功地将心理学研究引入金融经济理论研究之中，从微观个体的心理学层次解析和预测金融资本市场的深层次问题，为行为金融学研究做出了突破性的创新。

Shiller 教授以其对资产价格的创新实证研究荣获了 2013 年的诺贝尔经济学奖，他的理论方法与其一同获得诺贝尔经济学奖的 Fama 教授是相互对立的。20 世纪 80 年代，Shiller 将心理学引入金融资产价格，成为行为金融学的引领者。过度波动理论是 Shiller 挑战主流金融经济学的主要战场。1979 年，Shiller 在美国芝加哥大学《政治经济学杂志》（*Journal of Political Economy*）上发表了《长期利率波动率与利率期限结构预期模型》的文章，发现利率期限结构预期模型将长期利率看作预期短期利率平均值的延长，表明长期利率不能过度波动。这种过度波动暗示着当短期利率相对较高时，长期利率有少许下降而不是上升。1981 年，Shiller 在美国经济学会会刊《美国经济评论》（*American Economic Review*）上发表的《股票价格大幅波动可以由其股利变化进行合理解释吗？》文章证明，股票价格过度波动不能用随后的股息变化来解释。Shiller 认为，如果对未来股利不确定是用长期指数增长路径实际股利的标准差来测量，过去股价波动明显太高被认为是由于实际未来股利的新变量造成的。有效市场将股票价格的变动归因于预期实际利率的变化。由于预期的实际利率不能直接观察到，除非找到实际利率的其他指标，否则这种理论统计上不能进行评估。有效市场也将通过围绕长期指数增长路径的实际股利变动的标准差，对未来股息不确定性进行度量，由此低估了未来股利的真实不确定性。但 Shiller 发现，预期实际利率的变动显示股票价格的变化比样本期内名义利率变动大得多。实际上，股息的变动比 20 世纪 30 年代大萧条时期要大许多倍。可是，由于市场没有预先确定所观察到的股息增长路径和分配情况，人们确信考虑可能发生重大事件是错误的。这样解释股价波动从根本上依赖不可观察变量，在统计上并不能评估。

1981 年，Shiller 在《金融学杂志》（*Journal of Finance*）上发表《运用波动率评测市场效率》一文，通过显示价格的过度波动，运用共同计量经济学原理，提出与有效市场模型相反的证据。在一定假设下，传统模型的回归检验不再遵循似然比原理，波动性检验在参数的某些区域里具有更高度的显著性。Shiller 证明，投资者的心理情绪是巨大资产价格走势的决定性因素。Shiller 于 1984 年发表的《股票价格与社会动力学》一文指出，预期股票价格受社会动力影响很大的重要原因是对市场参与者观察，以及对社会心理学、社会学和营销学中人性的观察。第二次世界大战结束后，美国股市历史上的研究表明，在此期间的各种社会运动可能会对股票总需求产生主要作用。股票价格数据显示了对股息过度反应的证据，预测收益方程与这种过度反应是一致的。从此，Shiller 奠定了行为金融学研究的范式。

在过往数十载的发展历程中，诺贝尔基金将诺贝尔经济学奖颁发给研究金融经济学、宏观金融学和行为金融学的经济金融教授及专家的概率只占获奖经济学家中的一小部分。当今，科技革命日新月异，金融科技开始颠覆传统的金融理念与思维，面对着不断涌现出来的金融新问题、新现象，我们必须给出理论的合理解析和有效论证。毋庸置疑，当代理论工作者肩负着金融理论创新的光荣使命和历史责任。

第三节　西方金融创新理论的发展过程

1912 年，经济学家熊彼特最先在《经济发展理论》中将生产要素和条件重新组合，并将投入生产体系中的行为定义为"创新"，在此过程中创造了一种过去不存在的新生产函数。随着金融行业的出现和发展，大量主体在金融市场中开展创新活动，金融创新理论逐渐成形。所谓金融创新理论，就是金融机构在逐利动机驱动下，顺应时代需求开展创新活动的理论。西方金融创新理论产生于20世纪50年代，直至70年代初期才真正发展起来的。早期关于金融创新的研究主要关注金融创新产生的原因。20世纪80年代起，学者们陆续从产生、运行和效果三个层次对金融创新活动进行深入研究，形成了丰富的金融创新理论。

一、约束创新理论

随着全球经济一体化和金融市场的不断发展，金融创新与金融监管之间的关系成为学术界和政策制定者关注的焦点。金融约束诱导理论作为解释金融创新与金融监管互动关系的重要理论之一，为我们理解金融市场的动态变化提供了独特的视角。金融业回避或摆脱其内部和外部的制约是金融创新的根本原因。金融机构的创新目的在于摆脱或逃避各种制度约束，实现产品创新下市场创新的高收益。金融机构内部约束是为了保证资产流动性和偿债率的匹配，规避经营风险，确保资产运营安全。外部约束主要是金融当局监管的种种管制和制约，以及金融市场上的一些约束。金融机构通过金融创新逃避约束来尽量降低其机会成本增加所带来的损失，已经成为自由经济理论下的本能反应。"约束诱导论"强调"逆境创新"，即强调金融企业主要是为了寻求利润最大化而摆脱限制和约束，在此过程中，金融创新内涵过窄，如20世纪70年代转嫁风险的创新和20世纪七八十年代产生的信用创新就无法归纳到金融创新范畴中去。逆境创新在中国由于过于强大的外部制度控制和内部制度约束，尚未形成金融文化，因此先行区或自贸试验区可在先行先试政策创新的背景下进行逆境创新与顺境创新相结合，从而推动金融制度的创新。

金融约束诱导理论是由 Silber 为代表提出的。Silber 从供给方面探讨了金融创新理论，认为引发金融创新的根本原因在于内部和外部存在对金融业的约束因素，金融机构为了消除或减轻来自内部和外部对其产生的金融限制而采取"自卫"行为，为了寻求利润最大化而进行金融创新。

约束诱导理论主要强调金融创新的动因来自内外部的约束。当金融机构面临市场竞争、政策监管、技术进步等内外部约束时，会寻求通过创新来规避这些约束，以提高效率、降低成本或扩大市场份额。Silber 主要关注在特定的金融约束条件下，金融机构和市场如何通过创新来适应和克服这些约束。这些约束可能来自政策监管、市场竞争、技术进步等多个方面。在该理论框架下，金融机构面对约束时，会主动寻求创新来优化自身的业务模式、降低经营成本、提高市场竞争力。金融约束诱导理论强调金融创新与金融监管之间的互动关系，认为适当的金融监管能够激发金融机构的创新活力，而过度的监管则可能抑制创新。面对监管政策对某类金融产品的限制，金融机构可能会开发出新的金融衍生品来规避这些限制。

（一）金融约束诱导理论的发展背景和主要内容

金融约束诱导理论的发展背景与全球金融市场的演变密切相关。在20世纪70年代以前，金融市场主要受到政府的严格管制，金融机构在业务范围、定价策略等方面受到诸多限制。然而，随着金融自由化浪潮的兴起，各国政府逐渐放松了对金融市场的管制，为金融机构提供了更广阔的创新空间。与此同时，随着信息技术和全球经济的快速发展，金融市场的复杂性和不确定性不断增加，金融机构面临着更加严峻的挑战。在这样的背景下，金融约束诱导理论应运而生，为金融机构在约束条件下寻求创新提供了理论依据。

金融约束诱导理论的核心内容是解释在特定的金融约束条件下，金融机构如何进行创新以应对这些约束。该理论主要包括以下四个方面：

（1）约束识别。金融机构需要识别出自身面临的金融约束，包括政策监管、市场竞争、技术进步等方面的约束。

（2）创新动机。在识别出约束后，金融机构需要分析这些约束对自身经营的影响，从而产生创新的动力和需求。

（3）创新方式。金融机构需要根据自身的特点和约束类型，选择合适的创新方式，如开发新的金融产品、优化业务流程、提高技术水平等。

（4）创新效果。金融机构需要评估创新的效果，包括是否能够克服约束、提高竞争力、增加收入等方面。

（二）金融约束诱导理论的前提条件和效应分析

金融约束诱导理论的实践应用需要满足的前提条件主要包括以下三个方面：

（1）金融市场具备一定的成熟度。只有在金融市场相对成熟、竞争相对充分的情况下，金融机构才有足够的动力和能力进行创新。

（2）金融机构具备一定的创新能力。金融机构需要具备一定的技术水平和研发能力，以便能够开发出符合市场需求的新产品和服务。

（3）监管政策相对宽松。虽然金融约束诱导理论强调金融创新与金融监管之间的互动关系，但过于严格的监管政策可能会抑制金融机构的创新活力。

金融约束诱导理论的实践应用产生的系列效应主要包括以下三个方面：

（1）促进金融创新。金融约束诱导理论能够激发金融机构的创新活力，推动金融市场的创新和发展。

（2）提高金融市场效率。通过创新，金融机构能够优化自身的业务模式、降低经营成本、提高市场竞争力，从而提高金融市场的整体效率。

（3）增强金融稳定性。适当的金融监管能够规范金融机构的行为，降低市场风险，增强金融体系的稳定性。

在政策实践方面，金融约束诱导理论为政府制定金融监管政策提供了有益的启示。政府需要根据金融市场的实际情况，制定合理的监管政策，既能够维护金融市场的稳定性和竞争的公平性，又能够激发金融机构的创新活力。同时，政府还需要加强对金融机构的监管和评估，确保金融机构在创新过程中遵守法律法规和道德规范。

综上所述，金融约束诱导理论为我们理解金融市场的创新与监管提供了重要的理论支持。该理论强调金融创新与金融监管之间的互动关系，认为适当的金融监管能够激发金融机构的创新活力，而过度的监管则可能抑制其创新。在未来的发展中，金融约束诱导理论将继续为金融市场的创新和发展提供理论支持和实践指导。同时，我们也需要关注该理论在实践应用中的局限性和挑战，不断完善和发展该理论以适应金融市场的变化和发展。

1975 年，金融学家西尔伯在其发表的《金融创新的发展》中指出，金融企业创新是为了应对内外部压制被动采取的自卫行为，其中外部压制来自政府的监督管理活动，内部压制来自金融企业自身的经营目标。西尔伯的约束诱导理论揭示了金融机构进行创新活动的动因，奠定了金融创新理论的基础。但该理论并不完善：一是关于金融企业的探讨没有突出金融机构区别于普通企业的特性；二是无法解释在经济环境繁荣、政策条件向好的情况下产生的金融创新活动；三是割裂了金融机构与其他关联市场的密切联系，具有一定的局限性。

二、制度创新理论

制度创新理论是由以 North、Davis、Scylla 等为代表的学者提出的，认为创新是一种与经济制度相互影响、互为因果的制度改革，金融领域内发生的任何因制度变革引起的金融市场的变动都可以视为金融创新。

从微观层面上看，金融创新是为了降低成本、增加收入；从宏观层面上看，金融创新是为了稳定金融体系。全方位的金融创新只能在受管制的市场经济中出现，中国是金融创新最好的"制度土壤"。在改革开放过程中，中国政府对金融领域的管制和干预行为就暗含着金融制度领域内的创新。在市场活跃、经济相对开放以及管制不算严格的经济政策下，当政府的管制和干预直接或间接地阻碍着金融活动时，先行区和自贸试验区的金融创新就应运而生了。先行区和自贸试验区金融创新将出现各种规避和摆脱管制的金融创新行为，当这些金融创新行为与货币当局现有货币政策不匹配时，政府必然要采取一系列有针对性的制度创新，以促成先行区及自贸试验区的金融创新。

制度创新理论将金融创新的内涵扩大到包括金融业务创新与制度创新两个方面，但将制度创新与金融创新紧密相连，特别是将带有金融管制色彩的规章制度也视为金融创新，这可能为以创新名义开启管制之门创造条件。先行区和自贸试验区在推动金融制度创新的同时，要防范以创新名义塞进过多的金融管制的内容，避免造成制度的倒退。

（一）制度改革目标与原则

金融制度作为现代经济体系的核心，其改革与发展对于促进经济增长、优化资源配置、维护金融稳定具有举足轻重的意义。在全球经济一体化的背景下，金融制度面临着诸多挑战与机遇。本书旨在探讨金融制度改革理论，分析当前金融制度的现状，明确改革的目标和原则，并提出相应的改革措施及建议。

当前，全球金融制度在经历了一系列金融危机后，呈现出以下三个特点：

（1）金融监管体系还在不断完善。尽管各国政府纷纷加强金融监管、完善监管框架、提高监管效率，但是监管过度与监管不足的问题依然存在，从而导致金融市场出现一定程度的扭曲。

（2）金融市场发展不平衡。金融市场发展在不同地区、不同领域还存在差异。发达国家的金融市场相对成熟，而发展中国家则面临着诸多限制与约束。

（3）金融机构竞争激烈。金融机构之间的竞争加剧，促使金融机构寻求创新与发展。然而，金融机构之间的同质化竞争也导致了金融风险的增加。

金融制度改革的目标是建立一个更加稳健、高效、包容的金融体系，以支持经济持续增长、促进社会发展。为实现这一目标，金融制度改革应遵循以下四个原则：

（1）市场导向原则，即充分发挥市场在资源配置中的决定性作用，推动金融市场自由化、国际化发展。

（2）风险可控原则，即加强金融监管，防范化解金融风险，确保金融体系的稳健运行。

（3）创新驱动原则，即鼓励金融机构创新，推动金融产品与服务多样化、个性化发展。

（4）公平竞争原则，即打破市场垄断，促进金融机构之间的公平竞争，提高金融服务效率。

（二）金融体制的改革

1. 金融监管体制改革

金融监管体制改革是金融制度改革的重要组成部分。为加强金融监管、提高监管效率，相关部门应采取以下三点措施：

（1）完善监管框架，即建立健全金融监管体系，明确监管职责，加强监管协调与合作。

（2）强化监管手段，即运用现代科技手段，提高监管的精准性和有效性；同时，加大监管力度，对违法违规行为进行严厉打击。

（3）推动监管创新，即鼓励监管机构创新监管方式，以适应金融市场的发展变化。

2. 金融市场深化改革

金融市场深化改革是金融制度改革的关键环节。为推动金融市场健康发展，相关部门应采取以下三点措施：

（1）扩大市场准入，即放宽市场准入条件，鼓励更多市场主体参与金融市场活动。

（2）推动市场多元化，即发展多层次资本市场体系，满足不同市场主体的投融资需求。

（3）加强市场基础设施建设，即完善金融市场基础设施，提高市场运行效率。

3. 金融机构改革

金融机构改革是金融制度改革的重要内容。为优化金融机构结构，提高金融服务效率，相关部门应采取以下三点措施：

（1）鼓励金融机构多元化发展，即推动金融机构向综合性、全能型方向发展，提高金融服务的质量和水平。

（2）加强金融机构内部治理，即完善金融机构内部控制体系，防范内部风险。

（3）促进金融机构之间的合作与竞争，即打破市场垄断，促进金融机构之间的合作与竞争，提高金融服务的效率。

4. 跨境金融合作与风险防控

在全球经济一体化的背景下，跨境金融合作与风险防控成为金融制度改革的重要议题。为加强跨境金融合作与风险防控，相关部门应采取以下三点措施：

（1）加强国际金融监管合作，即建立健全国际金融监管合作机制，共同防范化解跨境金融风险。

（2）推动跨境金融服务创新，即鼓励金融机构开展跨境金融服务创新，满足跨境投融资需求。

（3）加强跨境资本流动监管，即建立健全跨境资本流动监管体系，防范跨境资本流动风险。

金融制度改革是一个复杂而长期的过程，需要政府、监管机构、金融机构和社会各界共同努力，深化金融监管体制改革，完善监管框架，加强监管协调与合作；推动金融市场深化改革，扩大市场准入，推动市场多元化发展；优化金融机构结构，加强金融机构内部治理，提高金融服务效率；加强跨境金融合作与风险防控，建立健全国际金融监管合作机制，共同防范化解跨境金融风险。

总之，金融制度改革是推动经济持续增长、促进社会发展的关键举措。我们只有不断深化改革、完善制度、加强监管、推动创新，才能建立一个更加稳健、高效、包容的金融体系，为经济社会发展提供有力支持。

三、规避创新理论

1977 年，凯恩（Kane）提出的规避创新理论为金融创新领域的研究提供了一个独特的视角。该理论强调，金融创新行为是对各种金融控制和规章制度的回避，揭示了金融机构在寻求自身利益最大化过程中与政府管制之间的动态博弈。规避管制论的金融创新主要是由于金融机构为了获取利润而回避政府管制所引起的。许多政府的管制与控制实际上隐含的"寻租"和"税收"，阻碍、限制、压抑了金融机构从事已有的盈利活动和利用管制以外创造利润的机会。金融机构通过创新来逃避政府管制，减少管制造成的赢利机会的丧失以及管制造成的成本提高；当围绕利润最大化的金融创新危及金融稳定与货币政策时，金融当局又会加强管制，新管制又会导致新的创新，两者不断博弈、相互作用、相互推动金融创新过程；管制与规避管制所引起的创新相互交替，形成螺旋式辩证发展过程。先行区和自贸试验区的金融创新，是制度创新先行的创新，是制度、管理、产品、技术、市场的综合创新，已经突破了规避管制理论的范畴，因此是更彻底、更完整、更系统的金融创新。

（一）规避创新理论的核心内容

规避创新理论的核心在于"规避"二字，即金融机构为了自身利益最大化，通过各种方式回避政府的金融控制和规章制度。凯恩认为，当外在市场力量和市场机制与机构内在要求相结合时，金融创新行为便应运而生。这种创新不仅是对现有规章制度的挑战，更是金融机构在寻求利润最大化过程中的必然反应。规避创新理论的立论着眼点在于：规章制度是为了保持宏观经济稳定的基本措施，而经济个体为了自身利益最大化，会寻求规避这些限制，从而引发金融创新。这一过程可以概括为"政府管制—个体规避（通过金融创新回避）—新的管制—新规避（新一轮创新）"，形成了一个动态的博弈过程。

（二）规避创新理论的理论基础与实际应用

规避创新理论的理论基础主要来源于对金融机构行为动机和政府管制效果的深入分析。金融机构作为经济个体，其首要目标是追求利润最大化。然而，政府的金融控制和规章制度往往会对金融机构的利润空间产生限制。为了突破这些限制，金融机构会积极寻求创新途径，以规避政府管制。此外，规避创新理论还强调外部环境对金融创新的重要影响。在凯恩看来，金融创新并非孤立的行为，而是与外部环境紧密相关的。外部市场力量和市场机制的变化，会促使金融机构不断调整自身行为，以适应新的市场环境。这种调整过程中，金融创新行为便成了一种常见的反应方式。

规避创新理论在实际应用中具有广泛的指导意义。首先，它揭示了金融创新行为的内在动力机制，有助于我们更好地理解金融机构的行为动机和创新路径。其次，该理论为我们分析政府管制效果提供了新的视角。通过观察金融机构的规避行为，我们可以评估政府管制的实际效果，并据此调整管制政策。在具体实践中，规避创新理论的应用体现在多个方面。例如，当金融机构开发新产品、新业务时，会充分考虑现有规章制度的限制，并寻求通过创新方式规避这些限制。同时，政府也可以根据金融机构的规避行为，及时调整管制政策，以促进金融市场的健康发展。

（三）规避创新理论与其他金融创新理论的比较

规避创新理论与其他金融创新理论相比，具有独特的优势和局限性。一方面，该理论强调了外部环境对金融创新的重要影响，比压制理论更为广泛和深入。另一方面，规避创新理论将金融创新视为金融机构与政府管制之间的动态博弈过程，为我们提供了一个更为动态和全面的分析框架。然而，规避创新理论也存在一定的局限性。例如，它过于强调规避行为在金融创新中的作用，而忽视了其他因素（如科技进步、市场需求等）对金融创新的影响。此外，该理论还过于绝对和抽象化地将规避和创新联系在一起，忽略了金融创新行为的复杂性和多样性。与交易成本创新理论相比，规避创新理论更侧重于分析金融机构与政府管制之间的动态关系，而交易成本创新理论则更侧重于分析交易成本降低对金融创新的影响。两种理论各有侧重、互为补充，共同构成了金融创新理论的多元化体系。

随着金融市场的不断发展和金融创新的不断涌现，规避创新理论也将面临新的挑战和机遇。未来，该理论需要在以下五个方面进行进一步的研究和发展：

（1）深化对规避行为动机的研究，即深入分析金融机构规避政府管制的内在动机和外在因素，揭示其背后的深层次原因。

（2）拓展研究领域，即将规避创新理论应用于更广泛的金融领域和实际问题中，验证其普适性和有效性。

（3）加强该理论与其他金融创新理论的融合，即借鉴交易成本创新理论、制度学派金融创新理论等其他金融创新理论的研究成果和方法论优势，完善规避创新理论的理论体系和分析框架。

（4）关注新兴金融业态。随着金融科技、绿色金融等新兴业态的兴起和发展，规避创新理论需要关注这些新兴领域中的金融创新行为及其影响机制。

（5）推动政策实践，即将规避创新理论的研究成果应用于政策实践中，为政府制定更为科学合理的金融管制政策提供理论支持和实践指导。

凯恩的规避创新理论为我们理解金融创新行为提供了新的视角和框架。该理论揭示了金融机构在追求利润最大化过程中与政府管制之间的动态博弈关系，强调了外部环境对金融创新的重要影响。规避创新理论与约束诱导理论都认为，政府外部压制行为会激发金融企业创新活动的热情。规避管制理论则是将金融企业与金融市场视为一个整体，认为金融企业创新活动会反作用政府政策调整，不足之处在于抽象地认为制度是为约束金融创新活动产生的，但现实生活中并非如此。

四、科技创新理论

科技创新理论是经济发展理论的重要组成部分，其核心在于通过技术革新推动经济社会的全面发展。随着全球科技创新进入空前密集活跃时期，新一代数字技术如电脑、电讯等在各行业中的广泛应用，不仅改变了传统行业的运作模式，也催生了众多新业态、新应用和新模式。特别是在金融领域，科技创新成为推动金融创新的主要动力。

（一）科技创新理论的概述

科技创新理论首次由熊彼特（Schumpeter）在《经济发展理论》中系统提出。熊彼特认为，"创新"就是建立一种新的生产函数，即实现生产要素和生产条件的一种从未有过的新结合，并将其引入生产体系。创新包含五个方面：制造新产品、采用新生产方法、开辟新市场、获得新供应商以及形成新的组织形式。这一理论强调了创新不仅是技术或工艺的发明，还是一种能够实际引入生产体系并对原有体系产生震荡效应的机制。

自熊彼特提出科技创新理论以来，众多学者对这一领域进行了深入研究，形成了多个学派。以索洛为代表的新古典学派，运用新古典生产函数原理，揭示了经济增长率取决于资本和劳动的增长率以及技术创新。新熊彼特学派则更侧重于技术创新的过程和机制。制度创新学派则强调制度创新对经济增长的重要性。而国家创新系统学派则是从宏观层面探讨国家如何构建有利于技术创新的系统环境。

（二）技术革命与金融业的创新

技术革命是指技术的升级创新，它深刻改变了生产方式和社会经济结构。历史上，人类社会经历了四次技术革命：蒸汽机时代、电气时代、信息技术时代以及当前的数字经济时代。每一次技术革命都伴随着金融业的重大变革。Hannon 和 McDowell（1984）指出，电脑、电讯工业和设备成果在金融业的应用是促进金融创新的主要原因。这一观点在现代金融领域得到了充分验证。

1. 自动化与数字化

电脑技术的应用使得金融交易和数据处理实现了高度自动化和数字化。这不仅大大提高了交易效率、降低了操作成本，还使得金融机构能够处理更多的数据，为风险评估、市场预测等提供了更强有力的支持。

2. 互联网与移动金融

随着互联网技术的普及，网上银行、移动支付等新型金融服务应运而生。这些服务打破了时间和空间的限制，使得客户可以随时随地进行金融交易，极大地提升了金融服务的便捷性和可及性。

3. 大数据技术与人工智能

大数据技术和人工智能的应用为金融业带来了革命性的变化。通过对海量数据的分析和挖掘，金融机构能够更准确地识别客户需求、评估信用风险、优化产品设计等。同时，人工智能还能够在客户服务、风险管理等方面发挥重要作用，提升金融机构的运营效率和竞争力。

（三）金融创新的具体呈现

1. 金融产品与服务创新

基于电脑、电讯等技术的金融产品和服务不断涌现。例如，电子支付、数字货币、智能投顾（机器人理财）、区块链金融等新型金融产品和服务在满足客户需求的同时，也推动了金融行业的转型升级。

2. 市场结构与服务模式创新

技术创新改变了金融市场的结构与服务模式。互联网金融的兴起使得传统金融机构面临前所未有的竞争压力，促使它们不断创新服务模式、拓展服务范围。同时，新的市场参与者如 P2P 网贷平台、众筹平台等也为金融市场带来了新的活力和机遇。

3. 风险管理与监管创新

技术创新也为金融风险管理和监管带来了新的挑战和机遇。通过运用大数据、人工智能等技术手段，金融机构能够更准确地评估和管理风险。同时，监管部门也能够利用这些技术手段加强对金融市场的监管和风险防范。

科技创新是推动金融创新的主要动力之一。电脑、电讯工业和设备成果在金融业的应用不仅提高了金融交易效率、降低了运营成本，还推动了金融产品和服务的创新以及市场结构和服务模式的变革。Hannon 和 McDowell（1984）认为，技术革命与进步特别是电脑、电讯工业和设备成果在金融业的应用，是促进金融创新的主要原因。技术创新理论认为，技术创新成果在金融业的应用是促成金融创新的主要原因。科技创新成果推动金融业务电子化、自动化、数字化和通信设备现代化，大大缩短了时间和空间的距离，自动提款机、终端机、网上银行和第三方支付手段极大地便利了客户消费，拓展了金融业的服务时间和客户空间，加快了资金流动速度，既方便了客户、提高了客户效用，又降低了运行成本、实现了价值创新。互联网实现了全球金融市场一体化，24 小时全球性金融交易成为现实，从而实现了不同国家、不同市场、不同产品之间的有效匹配，也实现了全球金融资源的大融合。

科技创新的集聚并在金融产业的应用创新，促成了金融创新，从而实现了科技创新—产品创新—客户创新—市场创新—产业创新—管理创新的循环推进。金融创新是多因素相互作用的结果，"技术创新论"无法解释许多因竞争和政府放宽管制而出现的金融创新。

五、交易成本理论

交易成本理论也称作"交易费用理论"，是一个在经济学领域具有深远影响的理论。虽然该理论最初由诺贝尔经济学奖得主科斯（Coase）在 1937 年提出，用以解释企业的本质和存在的原因，但希克斯（Hicks）和尼汉斯（Niehans）在 20 世纪 70 年代又将其应用于金融创新领域，提出了交易成本创新理论。

（一）交易成本理论的基本定义

1. 科斯的交易成本理论

科斯的交易成本理论主要关注企业为何存在，以及市场与企业的边界问题。他认为，由于经济体系中存在专业分工，市场价格机制虽然有效，但其运作成本（交易成本）相对较高。为了降低这些成本，企业作为一种组织体应运而生，通过内部管理和协调来替代部分市场交易，从而实现经济效率的提升。交易成本包括搜寻成本、信息成本、议价成本、决策成本、监督成本和违约成本等多种类型。

2. 交易成本的定义与分类

交易成本是在一定的社会关系中，人们自愿交往、彼此合作达成交易所支付的成本，即人—人关系成本。它与一般的生产成本（人—自然界关系成本）是对应概念。交易成本广泛存在于各种经济活动中，难以明确界定与列举，但可以大致分为以下六类：

（1）搜寻成本，即商品信息与交易对象的信息搜集成本。

（2）信息成本，即取得交易对象信息与和交易对象进行信息交换所需的成本。

（3）议价成本，即针对契约、价格、品质讨价还价的成本。

（4）决策成本，即进行相关决策与签订契约所需要的内部成本。

（5）监督成本，即监督交易对象是否依照契约内容进行交易的成本，如追踪产品、监督、验货等。

（6）违约成本，即违约时所需要付出的事后成本。

（二）希克斯和尼汉斯的交易成本创新理论

希克斯和尼汉斯提出的交易成本创新理论，其基本命题是"金融创新的支配因素是降低交易成本"。这一理论强调，金融创新的主要动机在于减少交易成本，交易成本的高低直接决定了金融业务和金融工具的实际意义。

1. 交易成本与金融创新的关系

（1）交易成本对货币需求的影响。希克斯认为，交易成本是作用于货币需求的一个重要因素。不同的交易成本水平会导致经济个体对货币需求的预期发生变化，进而推动货币向更高级的形式演变，产生新的交换媒介和金融工具。

（2）科技进步与交易成本降低。科技进步是降低交易成本的关键因素之一。随着技术的发展，信息处理和传输的成本大幅下降，使得金融交易更加便捷、高效。这种成本降低的趋势不断刺激金融创新，产生新的金融产品和服务。

（3）竞争与外部经济环境。除了科技进步外，竞争与外部经济环境的变化也对降低交易成本起到了重要作用。市场竞争促使金融机构不断创新以降低成本、提高效率；而外部经济环境的变化，如政策调整、市场开放等，也为金融创新提供了有利条件。

2. 金融创新的实例

交易成本创新理论可以很好地解释许多金融创新现象。例如，电子支付系统的出现大大降低了传统支付方式的交易成本，提高了支付效率；金融衍生品市场的发展则通过提供风险对冲工具，降低了投资者面临的市场风险和交易成本；而互联网金融的兴起更是通过技术手段打破了传统金融的壁垒，降低了金融服务的门槛和成本。

（三）交易成本理论的现实意义与应用

1. 对金融创新的指导意义

交易成本创新理论为理解金融创新的动因和机制提供了有力的理论支持，它强调降低交易成本是金融创新的首要动机和核心驱动力，有助于政策制定者和金融机构更好地把握金融创新的方向和重点。

2. 对企业管理的启示

交易成本理论不仅适用于金融领域，也对企业管理具有重要的启示意义。企业可以通过优化内部管理和协调机制来降低交易成本、提高效率；同时，也可以通过技术创新和商业模式创新来降低市场交易成本、拓展市场边界。

3. 对政策制定的影响

政策制定者在推动金融创新的过程中应充分考虑交易成本的因素；可以通过优化金融环境、降低市场准入门槛、加强金融监管等措施来降低交易成本、促进金融创新；同时，也应关注科技进步和外部经济环境的变化对金融创新的影响，及时调整政策导向以适应新的发展形势。

交易成本理论作为经济学领域的重要理论之一，在金融创新领域的应用尤为广泛和深入。希克斯和尼汉斯提出的交易成本创新理论不仅揭示了金融创新的动因和机制，也为政策制定者和金融机构提供了有益的指导和启示。未来，随着科技的不断进步和外部经济环境的不断变化，交易成本将继续成为推动金融创新的重要因素之一。因此，深入研究和应用交易成本理论对于推动金融业的持续健康发展具有重要意义。交易成本是指通过买卖行为实现金融资产所有权转移的过程中产生的直接费用和潜在投资风险、预期收益等。希克斯和尼汉斯认为，技术进步可以节约交易成本，使得市场货币需求更加多样化，从而推进货币结构的更新和演进，对金融工具的竞争力和金融服务水平提出更高层次的需求。

也就是说，科技进步引起的交易成本降低才是金融企业进行创新活动最重要的动因，其加速了企业创新活动进程。尽管该理论将金融创新活动归因于交易成本降低，对前两种理论形成了有效的补充，但其认为交易成本的降低完全来源于技术进步的观点是狭隘的，且忽略了外部冲击的影响。

从上述金融创新理论来看，各种理论确实能说明一定时空跨度内金融创新背后的生成机理，但都偏重某个侧面，类似盲人摸象，只顾其一不顾其他，无论是从科技创新、规避管制还是从降低成本的角度来分析金融创新，都缺乏将宏观、微观层面以及供给、需求因素结合起来的综合研究，这种"只见树木，不见森林"的理论具有片面性，无法指导先行区和自贸试验区综合性的先行性以及全局性的金融创新。除约束诱导论外，其他金融创新论都忽略了金融创新目标是价值创新即降低成本满足需求提高效益这个核心。科技创新与应用创新是金融创新的外部条件，若没有价值创新的动机，金融机构不会将科技创新应用于金融创新。约束诱导、规避管制论都强调金融管制是金融创新的逆境推动或逆境上缘，但是，如果金融机构没有价值创新的冲动，就没有通过创新规避管制、增加收益的欲望，金融创新也会胎死腹中。

六、产品创新理论

产品创新理论特别是在金融领域的需求推动理论，是解释金融产品与服务创新现象的重要视角。这一理论根植于 20 世纪 70 年代前后全球经济环境的剧烈变化之中，强调市场需求是推动金融创新的主要动力。

（一）需求推动理论的背景

20 世纪 70 年代，全球经济环境经历了前所未有的动荡与变革。这一时期，布雷顿森林体系崩溃，固定汇率制度瓦解，国际金融市场波动加剧；同时，石油危机导致全球能源价格上涨，通货膨胀率飙升，市场利率波动频繁。这一系列事件对全球经济体系尤其是金融体系产生了深远影响，促使金融机构和市场参与者寻求新的金融工具和服务以应对挑战。

（二）需求推动理论的主要观点

需求推动理论主张，金融创新的根本动力来源于市场对新金融产品与服务的需求。这种需求可能源于多个方面：规避风险的需求、提高流动性的需求、满足多样化投资的需求以及应对金融管制的需求。

1. 规避风险的需求

在经济环境不确定性增加的背景下，投资者和企业迫切需要新的金融工具来规避利率、汇率、通货膨胀等风险。例如，浮动利率债券、利率互换、远期外汇合约等金融衍生品的出现，正是为了满足市场对风险管理的迫切需求。

2. 提高流动性的需求

随着金融市场的日益复杂化，投资者对资产流动性的要求也越来越高。金融创新通过创造新的金融工具和市场机制，提高了金融资产的交易效率和流动性，如货币市场基金、回购协议等。

3. 满足多样化投资的需求

随着居民财富的增加和投资意识的觉醒，市场对投资渠道和产品的多样化需求日益增强。金融创新通过引入新的投资品种和策略，如指数基金、量化投资、私人银行等，满足了不同风险偏好和投资目标的投资者需求。

4. 应对金融管制的需求

在某些国家和地区，严格的金融管制限制了金融机构的业务范围和创新能力。为了规避管制、拓展业务空间，金融机构通过创新金融产品和服务来寻找新的增长点。例如，离岸金融中心的兴起、影子银行体系的扩张等，都是金融管制背景下金融创新的重要表现。

（三）需求推动理论的金融实践

1. 浮动利率贷款与债券

面对市场利率波动的不确定性，浮动利率贷款与债券应运而生。这些产品允许利率随市场变化而调整，有效降低了借款人和投资者的利率风险。

2. 货币市场基金

货币市场基金作为一种高流动性的现金管理工具，满足了投资者对短期资金安全性和流动性的双重需求。其通过投资于短期债券、回购协议等低风险资产，为投资者提供了接近银行存款的安全性和高于银行存款的收益率。

3. 金融衍生品市场

金融衍生品市场是需求推动理论最直接的实践场所。期权、期货、互换等金融衍生品的广泛应用，不仅丰富了金融市场的交易品种，也较大地提高了市场参与者的风险管理能力。

（四）需求推动理论的意义与启示

需求推动理论揭示了市场需求在金融创新中的核心作用，强调了金融创新与市场需求的紧密联系。这一理论对于理解金融创新的动力机制、指导金融创新实践具有重要意义。同时，它也给我们带来了以下启示：

1. 关注市场需求

当金融机构进行创新时，应始终关注市场需求的变化趋势，确保创新成果能够真正满足市场需求。

2. 加强风险管理

金融创新往往伴随着新的风险点，金融机构在创新过程中应加强对风险的管理和控制，确保创新活动的稳健进行。

3. 推动监管创新

监管机构应适应金融创新的趋势，及时调整监管政策和手段，既要鼓励和支持有益的创新活动，又要防范和化解潜在的风险隐患。

4. 促进国际合作

在全球化背景下，金融创新具有跨国界、跨市场的特点。加强国际合作与交流，共同应对金融创新带来的挑战和机遇，是推动全球金融市场健康发展的必然选择。

综上所述，需求推动理论为我们揭示了金融创新的重要动力源泉——市场需求。在快速变化的全球经济环境中，金融机构应紧密关注市场需求的变化趋势，积极开展金融创新活动以满足市场需求并推动自身发展。同时，监管机构和社会各界也应共同努力为金融创新营造良好的外部环境及条件。

七、财富增长理论

财富增长理论是一个解释金融创新成因的重要视角，其核心观点是经济的高速增长所带来的财富的迅速增长是推动金融创新的主要原因。格林包姆（Greenbum）和海沃德（Hayward）作为该理论的代表人物，在研究美国金融业发展历史的过程中，深入分析了财富增长与金融创新之间的内在联系。

（一）财富增长理论的主要观点

财富增长理论认为，随着经济的持续增长，社会财富不断积累，人们对金融资产和金融交易的需求也随之增加。这种需求的增长促发了金融创新，以满足市场参与者对多样化、高效化金融服务的需求。具体而言，该理论强调以下三点：

1. 财富增长是金融创新的主要驱动力

经济的高速增长带来了社会财富的迅速积累，使得个人和企业拥有更多的可支配资金。这些资金需要寻找合适的投资渠道以实现保值增值，从而推动金融产品和服务的创新。

2. 金融需求多样化

随着财富的增长，市场参与者对金融产品和服务的需求日益多样化，其不再满足于传统的存贷款业务，而是需要更加灵活、高效的金融工具来满足自身对风险管理、资产配置和流动性管理等需求。

3. 金融创新满足市场需求

金融机构为了吸引并留住客户，不断推出新的金融产品及服务以满足市场需求。这些创新包括但不限于新的金融工具（如金融衍生品）、新的服务模式（如互联网金融）以及新的金融市场（如离岸金融市场）等。

（二）财富增长理论的金融实践

格林包姆（Greenbum）和海沃德（Hayward）的理论观点在实践中得到了广泛的验证，具体案例如下：

1. 金融衍生品市场的兴起

随着全球经济的增长和金融市场的发展，金融衍生品市场迅速兴起。这些衍生品如期权、期货、互换等，为投资者提供了更加灵活的风险管理工具，满足了市场对风险管理多样化的需求。

2. 互联网金融的崛起

近年来，随着互联网技术的快速发展和普及，互联网金融迅速崛起。通过利用互联网技术，金融机构能够提供更加便捷、高效的金融服务，如在线支付、网络借贷、智能投顾等。这些创新不仅满足了市场对金融服务多样化的需求，也推动了金融行业的数字化转型。

3. 离岸金融中心的发展

离岸金融中心作为金融创新的重要产物之一，在全球范围内得到了广泛的发展。这些离岸金融中心通过提供税收优惠、法律灵活等优惠政策吸引了大量的国际资本流入，促进了金融市场的繁荣和发展。同时，离岸金融中心也推动了跨境金融业务的创新和发展。

（三）财富增长理论的意义与启示

财富增长理论揭示了经济增长与金融创新之间的内在联系，为我们理解金融创新的动力机制提供了重要视角；同时，也对我们当前和未来的金融创新实践具有重要的指导意义和启示。

1. 关注经济增长趋势

当金融机构进行创新时，应密切关注经济增长的趋势和变化。通过深入分析经济增长的动力源泉和潜在风险，金融机构可以更加准确地把握市场需求的变化趋势，从而制定更加有效的创新策略。

2. 加强市场调研和需求分析

市场调研和需求分析是金融创新的重要前提。金融机构应加强对市场需求的研究和分析，了解市场参与者的真实需求和偏好，以便开发出更加符合市场需求的金融产品和服务。

3. 推动技术创新和模式创新

技术创新和模式创新是金融创新的重要手段。金融机构应积极引进并应用新技术和新模式，推动金融产品和服务的创新升级。例如，利用人工智能、大数据等技术提高金融服务的智能化水平；通过构建开放银行、数字银行等新型业务模式提高金融服务的便捷性和高效性。

4. 加强风险管理和合规经营

金融创新往往伴随着新的风险点。当金融机构进行创新时，应加强对风险的管理和控制，确保创新活动的稳健进行。同时，金融机构还应加强合规经营意识，遵守相关法律法规和监管要求，避免违法违规行为的发生。

财富增长理论为我们揭示了金融创新的重要动力源泉——经济增长所带来的财富增长。在当前和未来的金融创新实践中，我们应密切关注经济增长的趋势和变化，加强市场调研和需求分析，推动技术创新和模式创新，并加强风险管理和合规经营意识。只有这样，我们才能更好地把握金融创新的机遇和挑战，推动金融行业的持续健康发展。

财富增长理论认为，经济的高速发展所带来的财富的迅速增长，是金融创新的主要动因。随着财富增长，人们对资产安全、财富管理、金融交易都会产生新需求，因此满足客户需求成为金融创新的动力来源。财富增长理论单纯从金融需求角度探讨金融创新的成因，没有考察科技创新、制度创新、管理创新、资源创新、产品创新和市场创新对金融创新的强大作用，因为制度创新导致的金融管制的放松、替代效应即转嫁利率、汇率和通货膨胀率的各种金融创新都是重要的创新之举。

八、环境创新理论

环境创新理论中的结构变化理论，是探讨金融创新与经济环境结构性变化之间关系的一种视角。该理论强调，金融创新不只是技术或市场的简单演变，而是与全球经济环境的深刻结构性变化紧密相连。

（一）结构变化理论的主要观点

结构变化理论认为，金融创新是全球经济环境结构性变化的结果和反映。这些结构性变化可能包括经济体制的转型、产业结构的升级、科技革命的推进以及国际经济格局的演变等。在这些变化过程中，金融系统作为经济体系的重要组成部分，必然会受到深刻影响并发生相应的创新。

1. 经济体制转型与金融创新

经济体制的转型，如从计划经济向市场经济的转变，会促使金融系统发生根本性变化。在市场经济体制下，金融机构需要更加灵活地应对市场需求，提供更加多样化的金融产品和服务。这推动了金融创新的不断涌现，如新的金融工具、新的服务模式以及新的金融市场等。

2. 产业结构升级与金融创新

产业结构的升级往往伴随着新兴产业的崛起和传统产业的改造升级。新兴产业对金融的需求更加多样化和个性化，而传统产业的改造升级也需要金融的大力支持。这促使金融机构不断创新金融产品和服务，以满足不同产业的需求。例如，针对高新技术产业的高风险、高收益特点，金融机构可以推出风险投资、创业投资等新型融资方式。

3. 科技革命与金融创新

科技革命是推动金融创新的重要力量。随着信息技术的飞速发展，金融科技（FinTech）应运而生，为金融创新提供了强大的技术支持。金融科技通过大数据、人工智能、区块链等技术的应用，极大地提高了金融服务的效率和便捷性，降低了成本和风险。同时，金融科技也催生了新的金融业态与模式，如移动支付、网络借贷、智能投顾等。

4. 国际经济格局演变与金融创新

国际经济格局的演变也会对金融创新产生深远影响。随着全球化的深入推进和国际贸易的不断发展，金融机构需要更加紧密地与国际市场接轨，提供更加国际化的金融产品和服务。这推动了跨境金融、离岸金融等新型金融业务的创新和发展。同时，国际经济格局的演变也带来了金融风险的不确定性增加，促使金融机构加强风险管理和合规经营意识。

（二）结构变化理论的金融实践

结构变化理论在金融创新实践中得到了广泛的验证，具体案例如下：

1. 中国金融体制改革与金融创新

自改革开放以来，中国金融体制经历了深刻的转型和变革。从计划经济体制下的单一银行体系向市场经济体制下的多元化金融体系转变过程中，中国金融业不断创新金融产品和服务模式以满足市场需求。例如，中国推出了股票市场、债券市场等直接融资市场以及银行理财产品、信托计划等间接融资工具；同时，又加强了对金融科技的投入和应用，推动了移动支付、数字人民币等新兴金融业态的发展。

2. 美国硅谷银行与科技创新融资

美国硅谷银行是专注于为科技创新企业提供融资服务的金融机构之一。在硅谷地区科技创新产业蓬勃发展的背景下，硅谷银行不断创新融资方式和服务模式以满足科技创新企业的特殊需求。例如，硅谷银行推出了风险投资贷款、股权质押贷款等新型融资工具，并积极参与科技创新企业的初创期和成长期投资活动；同时，利用金融科技手段提高服务效率和风险管理水平。

3. 跨境支付与金融科技

随着全球化的深入推进和国际贸易的不断发展，跨境支付成为金融科技领域的重要创新方向之一，通过利用区块链、大数据等金融科技手段优化跨境支付流程、降低交易成本和风险、提高交易效率和透明度等方面的创新实践不断涌现。例如，一些金融科技公司推出了基于区块链技术的跨境支付平台或解决方案；同时，也加强了与国际金融机构的合作与交流，从而共同推动跨境支付领域的技术创新和应用推广。

（三）结构变化理论的意义与启示

结构变化理论揭示了金融创新与经济环境结构性变化之间的内在联系，为我们理解金融创新的深层次原因提供了重要视角。同时，该理论也对我们当前和未来的金融创新实践具有重要的指导意义和启示。

1. 关注经济环境变化趋势

当金融机构进行创新时，应密切关注全球经济环境的变化趋势和结构性变化特点，通过深入分析经济环境的变化对金融需求的影响以及潜在的市场机遇和风险挑战，制定相应的创新策略和规划，以确保创新活动的针对性和有效性。

2. 加强科技投入与应用

科技是推动金融创新的重要力量之一。金融机构应加大对金融科技的投入力度，积极引进和应用新技术手段，以提升金融服务的智能化水平和效率，从而降低成本和风险；同时，要加强与科技企业的合作与交流，共同推动金融科技领域的创新和发展。

3. 拓展国际视野与合作

在全球化的背景下，金融机构应拓展国际视野，加强与国际市场的接轨与合作，共同应对全球金融的挑战和机遇；通过参与国际金融合作与交流，引进国际先进经验和技术手段，从而提升自身的竞争力和服务水平；积极参与全球金融治理体系建设，推动全球金融体系的稳定和发展。

综上所述，结构变化理论为我们揭示了金融创新与经济环境结构性变化之间的内在联系，为我们理解金融创新的深层次原因提供了重要视角。在当前和未来的金融创新实践中，我们应关注经济环境变化趋势，加强科技投入与应用，拓展国际视野与合作，以推动金融创新的持续健康发展。

第四节　中国金融的改革发展历程与创新大文章

中国金融的改革发展历程就是一部中国金融业的创新史，更是一部中华民族金融复兴波澜壮阔的奋斗史。1949 年，新中国宣告成立，政府对之前存在的私营企业和机构逐步实施了社会主义改造，最终实现了以公有制为主导的经济体制转型。1950—1978 年，中国的金融体系形成了以中国人民银行（PBOC）为核心的单一银行体制，并由财政部实施监督管理。这一时期，中国人民银行不仅承担中央银行的职能，还直接办理商业银行的业务，呈现出"大一统"的金融格局。

一、中国金融的改革发展历程

中国金融的改革发展历程是一段波澜壮阔的历程，它伴随着中国经济的转型和发展，经历了从计划经济向市场经济的深刻变革。

（一）改革开放前的金融体制（1949—1977 年）

1. 社会主义金融体系的初创与探索

新中国成立后，为了迅速恢复和发展国民经济，我国建立了以中国人民银行为核心的"大一统"金融体制。这一时期，金融工作的重点在于革故鼎新，通过接管官僚资本银行、改造私营银行和钱庄、建立农村信用合作社等措施，逐步构建起新中国金融体系。

（1）统一货币制度，即实现了人民币标价，结束了新中国成立以前货币制度混乱的局面。

（2）建立金融机构，即新设中国人民保险公司（1949 年）、农业合作银行（1951 年）、中国人民建设银行（1954 年）等，并广泛设立农村信用合作社。

（3）高度集中的管理体制，即实行以中国人民银行为中央银行的集中管理体制，外汇管理按指令性计划运行，利率价格由中国人民银行制定并执行。

2. 曲折探索与停滞

在"大跃进"和"文化大革命"期间，中国金融体系遭受了严重冲击。保险行业逐步停办，金融秩序受到破坏，金融机构的职能被削弱。特别是"文化大革命"期间，金融体系运作几近停滞，1969 年中国人民银行并入财政部，金融工作的基本制度、方针政策及业务模式受到严重干扰。

（二）改革开放后的金融改革（1978 年至今）

1. 渐进式改革与市场化探索（1978—1991 年）

党的十一届三中全会后，我国开始实行改革开放政策，金融体系也逐步向市场化转型。

（1）恢复与重建。1978 年，中国人民银行正式从财政部分离出来，成为独立的中央银行。中国银行（1979 年）、中国建设银行（1983 年）、中国农业银行（1983 年）和中国工商银行（1984 年）相继恢复并成立，形成了四大国有专业银行体系。

（2）金融市场初步发展。1984—1991 年，同业拆借市场、证券市场等逐步兴起。1990—1991 年，上海证券交易所和深圳证券交易所相继成立，标志着中国资本市场的正式形成。

（3）外资银行引入。1981 年 7 月，深圳、珠海、汕头、厦门开始试点允许外资银行设立分支机构。

2. 市场化改革加速与金融体系构建（1992—2001 年）

党的十四大确立了社会主义市场经济体制的目标后，中国金融市场化改革加速推进。

（1）法律地位确立。全国人大先后制定了《中华人民共和国中国人民银行法》《中华人民共和国商业银行法》《中华人民共和国保险法》《中华人民共和国证券法》等一系列金融法律，为金融市场的规范化发展提供了法律保障。

（2）政策性金融与商业性金融分离。1994 年，我国先后组建了国家开发银行、中国农业发展银行和中国进出口银行等政策性银行，将政策性业务从商业银行中剥离出来。

（3）利率市场化改革启动。1996 年，中国人民银行正式进行利率市场化改革，将银行之间同业拆借利率放开。

（4）金融监管体系建立。这一时期，我国先后设立了中国证监会（1992 年）、原中国保监会（1998 年）等专业监管机构，形成了分业监管的格局。

3. 国际化进程加快与金融体系完善（2002—2016 年）

随着我国加入世界贸易组织（WTO），中国金融加快了国际化进程，金融体系不断完善。

（1）国有银行股份制改革。中国银行、中国建设银行、中国工商银行和中国农业银行相继完成股份制改革并上市，提高了资本充足率和市场竞争力。

（2）多层次资本市场建设。我国相继建立了中小企业板市场（2004 年）、创业板市场（2009 年）等，丰富了资本市场的层次结构。

（3）金融对外开放扩大。我国逐步取消对境外资本的限制，推出 QFII 制度①和 QDII 制度②，促进资本在境内外有序流动。

（4）金融监管体系优化。我国加大了对金融控股公司、影子银行等新兴金融业态的监管力度，构建了更加完善的金融监管体系。

4. 现代化金融体系建设与高质量发展（2017 年至今）

党的十九大以来，中国金融开启了新一轮的全方位改革开放，并推进

---

① QFII 制度即合格的外国机构投资者制度。
② QDII 制度即"特许国内机构投资者"制度。

中国特色社会主义现代金融体系建设，具体表现在以下四个方面：

（1）防范化解金融风险，即加大了对金融机构不良资产的处置力度，整顿金融秩序，防范系统性金融风险。

（2）金融科技发展，即积极推动金融科技的应用和创新发展，利用大数据、人工智能、区块链等技术提升金融服务的效率和便捷性。

（3）人民币国际化，即稳步推进相关进程，提高其在全球货币体系中的地位和影响力。

（4）绿色金融与可持续发展，即大力发展绿色金融和可持续金融，推动经济社会绿色转型和高质量发展。

（三）中国金融改革的主要成就

1. 建立了较为完善的金融体系

经过多年的改革和发展，我国已经建立了包括银行、证券、保险等领域的较为完善的金融体系。各类金融机构数量众多、业务种类齐全、服务范围广泛，为实体经济提供了有力的金融支持。

2. 金融市场体系不断健全

我国的金融市场体系已经初步形成包括货币市场、资本市场、外汇市场等在内的多层次、广覆盖的金融市场体系。这些市场之间相互联系、相互促进，为金融资源的有效配置提供了重要平台。

3. 金融监管体系日益完善

我国已经构建起了包括宏观审慎管理、微观审慎监管、金融消费者权益保护等在内的较为完善的金融监管体系。这些监管措施的实施，有力地维护了金融市场的稳定和健康发展。

4. 金融国际化水平显著提升

随着中国经济的不断发展及对外开放深化，中国金融的国际化水平显著提升：人民币国际化稳步推进，跨境资本流动更加自由便利，中国金融在全球金融体系中的地位和影响力不断提升。

展望未来，中国金融改革将继续深化和推进：一是继续推进市场化改革，完善金融市场体系，提高金融资源的配置效率；二是进一步加强金融监管，防范系统性金融风险；三是积极推动金融科技的应用与创新发展，打造具有全球竞争力的现代化金融体系。此外，随着共建"一带一路"倡议的深入推进，中国金融还将积极参与全球金融治理体系的建设和改革，为推动全球经济的繁荣和发展贡献中国智慧和力量。

二、中国金融的创新大文章

2023 年 11 月，中央金融工作会议在北京举行，习近平总书记在重要讲话中分析了金融高质量发展面临的形势，并对当前和今后一个时期的金融工作进行了部署。会议提出，要做好科技金融、绿色金融、普惠金融、养老金融、数字金融"五篇大文章"，为牢牢把握推进金融高质量发展这一主题，做好相关金融工作指明了方向。在中国经济持续高质量发展的背景下，金融创新成为推动经济转型升级的重要力量。中央金融工作会议明确提出的"要大力发展科技金融、绿色金融、普惠金融、养老金融和数字金融五大领域"，不仅是金融创新的重要方向，也是构建现代化金融体系、助力经济高质量发展的关键举措。下面将对这五大金融领域进行深入剖析与展望。

（一）科技金融发展

科技金融是指将科技与金融深度融合，通过创新的金融产品和服务模式，为科技型企业和高新技术产业提供全方位、多层次的金融支持。它不仅是科技创新的加速器，也是金融创新的重要领域。科技金融通过优化资源配置、分散创新风险、提高资金使用效率等方式，促进了科技与金融的良性循环，推动了经济的高质量发展。

近年来，中国科技金融发展迅速，政策体系不断完善，市场规模持续扩大。政府出台了一系列支持科技型企业融资的政策措施，如设立科技创新再贷款、设备更新改造专项再贷款等结构性货币政策工具，为科技型企业提供了低成本的资金支持。同时，资本市场对科技企业的支持力度也不断加大，科创板、创业板等市场的设立为科技企业提供了更加便捷的融资渠道。此外，知识产权质押贷款、科技保险等创新金融产品的推出，也为科技企业提供了多样化的风险保障。

未来，中国科技金融将继续深化发展，呈现四大趋势：一是政策支持将更加精准有力，政府将继续完善科技金融政策体系，加大对科技型企业的扶持力度；二是金融产品和服务模式将更加多样且创新，满足科技企业不同阶段的融资需求；三是金融科技的应用将更加广泛深入，通过大数据、人工智能等技术手段提高金融服务的效率和便捷性；四是国际合作将进一步加强，推动中国科技金融与国际接轨，提升国际竞争力。

（二）绿色金融发展

绿色金融是指将环境保护和可持续发展理念融入金融活动中，通过创新金融产品和服务模式，引导资金流向绿色产业和清洁能源领域，推动经济社会的绿色转型。绿色金融是应对全球气候变化和环境问题的重要手段之一，也是实现经济可持续发展的重要保障。

近年来，中国绿色金融取得了显著成效，政策体系不断完善，市场规模持续扩大。政府出台了一系列支持绿色金融发展的政策措施，如设立碳减排支持工具、支持煤炭清洁高效利用专项再贷款等结构性货币政策工具，引导金融机构加大对绿色项目的投资力度。同时，绿色债券市场也迅速发展，绿色债券发行规模不断扩大，为绿色项目提供了重要的资金来源。此外，绿色金融标准体系逐步健全，为绿色金融的规范化发展提供了有力保障。

未来，中国绿色金融将继续深化发展，呈现四大趋势：一是政策支持将更加全面有力，政府将继续完善绿色金融政策体系，以推动绿色金融与产业政策的深度融合；二是金融产品和服务模式将更加多样且创新，以满足绿色项目多样化的融资需求；三是绿色金融标准体系将更加完善统一，以推动绿色金融的国际交流与合作；四是金融科技在绿色金融中的应用将更加广泛深入，以进一步提高绿色金融服务的效率和精准度。

（三）普惠金融发展

普惠金融是指将金融服务覆盖到农村、小微企业等薄弱环节，让更多人能够享受到金融服务。普惠金融是推进社会公平正义的重要举措之一，也是实现经济共享发展的重要保障。它通过降低金融服务门槛、提高金融服务可得性等方式，促进了经济社会的包容性增长。

近年来，中国普惠金融取得了长足进步，金融服务覆盖面逐步扩大，普惠金融服务在国际上处于领先水平。政府出台了一系列支持普惠金融发展的政策措施，如设立普惠小微贷款支持工具、放宽普惠小微贷款认定标准等，为小微企业和农村地区提供了更多的金融支持。同时，金融机构也积极创新普惠金融产品和服务模式，如推出小额信贷、移动支付等便捷化的金融服务方式，提高了金融服务的可及性和便利性。

未来，中国普惠金融将继续深化发展，呈现四大趋势：一是政策支持将更加精准有效，政府将继续完善普惠金融政策体系，加大对薄弱环节的扶持力度；二是金融产品和服务模式将更加多样且创新，以满足不同群体的多样化金融服务需求；三是金融科技在普惠金融中的应用将更加广泛深入，以提高金融服务的效率，扩大其覆盖面；四是国际合作将进一步加强，以推动中国普惠金融与国际接轨，提升国际影响力。

（四）养老金融发展

养老金融是指为满足人民日益增长的养老需求而提供的金融服务。随着人口老龄化的加速，养老金融成为应对老龄化挑战的重要手段之一。它通过提供养老保险、养老金融产品等方式，为老年人提供全方位的养老保障服务，提高老年人的生活质量和经济安全。

近年来，中国养老金融市场逐步兴起，政策体系不断完善，市场规模持续扩大。政府出台了一系列支持养老金融发展的政策措施，如推动个人养老金制度试点实施、鼓励金融机构开发养老金融产品等。同时，金融机构也积极创新养老金融产品和服务模式，如推出养老目标基金、商业养老保险等多样化的养老金融产品以满足老年人的不同需求。

未来，中国养老金融将继续深化发展，呈现四大趋势：一是政策支持将更加全面有力，政府将继续完善养老金融政策体系，促进养老金融市场健康发展；二是金融产品和服务模式将更加多样且创新，以满足老年人多样化的养老需求；三是金融科技在养老金融中的应用将更加广泛深入，以进一步提高养老金融服务的智能化和便捷性；四是国际合作将进一步加强，以推动中国养老金融与国际接轨，提升国际竞争力。

（五）数字金融发展

数字金融是指利用信息技术和互联网平台提供金融服务，并通过大数据、人工智能等技术手段实现风险管理、资产配置等功能。数字金融是金融科技的重要组成部分，也是推动金融创新的重要力量。它通过降低金融服务门槛、提高金融服务效率等方式，促进了金融业的普惠化和可持续发展。

近年来，中国数字金融发展迅速，市场规模持续扩大，创新成果不断涌现。移动支付、数字信贷、数字货币等数字金融业态在全球范围内处于领先地位。政府也积极推动数字金融的发展，并出台了一系列支持数字金融创新的政策措施，如制定金融科技发展规划、推动数字人民币试点等。同时，金融机构也积极拥抱数字金融，通过数字化转型提升服务质量和效率。

未来，中国数字金融将继续深化发展，呈现四大趋势：一是政策支持将更加积极有力，政府将继续完善数字金融政策体系，推动数字金融与实体经济的深度融合；二是金融科技创新将更加活跃多样，区块链、人工智能等新技术将在数字金融领域得到更广泛的应用；三是数字金融监管将更加规范严格，政府将进一步加大对数字金融的监管力度，防范化解数字金融风险；四是国际合作将进一步加强，以推动中国数字金融与国际接轨，提升国际影响力。

综上所述，科技金融、绿色金融、普惠金融、养老金融和数字金融五大领域是中国金融创新的重要方向，也是构建现代化金融体系、助力经济高质量发展的关键举措。未来，随着政策的不断完善、市场的持续扩大和技术的不断创新，这五大领域将迎来更加广阔的发展前景，为中国经济高质量发展注入新的动力。

第二章　普惠金融与地方经济高质量融合发展研究

第一节　普惠金融的历史演进

普惠金融的历史演进过程包括理论起源、国际实践以及中国发展的独特路径。随着数字经济的发展，普惠金融在促进经济包容性增长、缩小贫富差距、提升金融服务覆盖率等方面的重要作用日益凸显。普惠金融的发展需要政府、金融机构和社会各界的共同努力，并伴随着技术创新和政策支持的深化而不断推进。

一、普惠金融的理论起源

金融作为现代经济的核心，其高效运行和广泛覆盖对经济的繁荣和社会的发展至关重要。然而，全球范围内尤其是发展中国家和贫困地区，金融资源配置失衡、金融服务覆盖不足的问题依然突出。普惠金融的概念源于英文"Inclusive Financial"，作为一种旨在扩大金融服务覆盖面的新型金融模式，最初由联合国在2005年"小额信贷年"中正式提出，此后逐渐成为国际社会关注的焦点。该理念强调金融服务的广泛可得性，特别关注那些被传统金融体系排除在外的弱势群体和薄弱领域，如小微企业、农户、低收入人群等。普惠金融的提出，旨在通过可负担的成本，提升金融服务的覆盖面和可获得性，从而促进经济的包容性增长和社会和谐。

二、普惠金融的国际实践

自普惠金融概念提出以来，国际社会纷纷响应，并进行了广泛的实践探索。2008 年，美国金融危机推动了普惠金融联盟（Alliance for Financial Inclusion，AFI）的成立，进一步推动了全球普惠金融的发展。随后，二十国集团（简称"G20"）等国际组织通过领导人峰会，将普惠金融纳入重要议程，并出台了一系列政策和措施以加强国际合作与交流。

在国际实践中，各国根据自身国情和实际需求采取了多样化的普惠金融发展路径。一些国家通过立法和政策支持，推动小额信贷机构的发展；一些国家则通过技术创新，提升金融服务的便捷性和可得性。这些实践为普惠金融在全球范围内的推广提供了宝贵经验。

三、普惠金融在中国的发展历程

（一）1993—2005 年的起步阶段

中国普惠金融的发展可以追溯到 20 世纪 90 年代初。1993 年，中国社会科学院农村发展研究所引入孟加拉国乡村银行小额信贷模式，标志着中国普惠金融进入公益性小额信贷阶段。

（二）2006—2012 年的发展壮大阶段

进入 21 世纪后，中国政府开始重视普惠金融的发展。2006 年，中国人民银行翻译出版了联合国编写的《普惠金融蓝皮书》，进一步推动了普惠金融在中国的实践。随后，中国农业银行、中国邮政储蓄银行、新型金融机构、村镇银行、农村资金互助社等纷纷加入普惠金融行列。这一时期，普惠金融的服务主体呈现多元化特征，服务覆盖面显著扩大。

（三）2013 年至今的深化提升阶段

2013 年，中共十八届三中全会正式将发展普惠金融纳入全面深化改革方案，标志着中国普惠金融进入了一个新的发展阶段。2015 年 12 月 31 日，国务院发布了《推进普惠金融发展规划（2016—2020 年）》，进一步明确了普惠金融的发展目标和政策措施。在这一阶段，数字普惠金融的兴起成为一大亮点，互联网金融、移动支付等新兴技术为普惠金融的发展注入了强大动力。

第二节　普惠金融与地方经济发展的研究背景及面临的问题

本节的主要研究内容在于普惠金融与地方经济发展之间的关系，以及普惠金融在推动地方经济发展过程中所面临的挑战及解决方案。普惠金融作为金融体系的重要组成部分，旨在通过提高金融服务的可得性和包容性，促进社会各阶层的经济发展。然而，在实际操作中，普惠金融的普及与深化仍面临诸多挑战。我们通过文献综述、案例分析等方法，系统梳理了普惠金融在地方经济发展中的现状、问题及其成因，并提出了针对性的政策建议。加强普惠金融体系建设、提高金融服务质量、完善风险防控机制是推动普惠金融与地方经济协同发展的关键。

一、普惠金融与地方经济发展的研究背景

随着全球经济的不断发展和金融体系的日益完善，普惠金融逐渐成为各国政府关注的焦点。普惠金融强调金融服务的普及性和包容性，致力于满足社会各阶层尤其是弱势群体的金融需求。在我国，普惠金融作为支持乡村振兴战略、促进区域经济平衡发展的重要手段，对于推动地方经济发展具有重要意义。然而，普惠金融在地方实践中仍面临诸多挑战，本书将从多个维度分析这些问题，并提出相应的解决策略。

近年来，我国普惠金融发展取得了显著成效，金融服务的覆盖面和渗透率不断提升。然而，随着经济进入新常态和金融科技的快速发展，普惠金融在地方经济发展中暴露出的问题也日益凸显。一方面，普惠金融的供给与需求之间存在结构性矛盾，供给渠道有限、产品单一、服务不足等问题依然存在；另一方面，普惠金融在风险防控、成本控制等方面也面临诸多挑战。因此，深入分析普惠金融与地方经济发展面临的问题，探索有效的解决路径，对于促进普惠金融健康发展、推动地方经济持续增长具有重要意义。

二、普惠金融在地方经济发展中面临的问题

普惠金融在地方经济发展中仍面临诸多问题。

（一）地方经济发展挑战

地方经济是国民经济的重要组成部分，其发展水平直接关系到国家整

体经济的稳定与繁荣。当前，地方经济发展面临多重挑战，包括外部环境复杂多变、人口老龄化程度加深、投资边际效益递减、消费收缩以及创新能力支撑不足等。这些挑战对地方经济的稳定增长和高质量发展提出了更高要求。特别是在经济大省，如广东、江苏、山东、浙江等省份，虽然经济实力雄厚，但在全球政治经济不稳定、国际贸易环境复杂多变等外部因素冲击下，地方经济也面临较大压力。此外，这些省份还需应对人口老龄化带来的社会保障支出增加、劳动力成本上升等问题，进一步加剧了经济发展的难度。

（二）普惠金融供给问题

普惠金融供给问题主要表现为供给不充分不平衡。一方面，我国人口及企业数量众多，普惠金融服务面临供给渠道有限、普惠性金融产品创新不足、服务人性化不足等问题。另一方面，在欠发达地区、农村地区，小微企业、低收入人群等弱势群体难以获得有效的金融服务，金融服务可得性相对较差，部分领域成本过高、期限过短、流程过长，难以与消费者需求相匹配；同时，金融产品创新不足，服务人性化不足，难以满足多样化的金融需求。

具体来说，农村地区金融基础设施薄弱，金融机构网点覆盖率低；小微企业由于规模小、信用等级低等原因，难以获得银行贷款；低收入人群则因收入不稳定、缺乏抵押物等原因被排除在金融服务体系之外。这些问题导致普惠金融供给总体不足，难以满足地方经济发展的多元化需求。

（三）风险控制体系不健全

普惠金融在发展过程中面临较高的风险，包括信用风险、市场风险、操作风险等。然而，当前的风险控制体系尚不健全，难以有效应对这些风险。一方面，普惠金融服务对象多为弱势群体，信用信息不对称和担保抵押不足的问题比较严重。金融机构在提供普惠金融服务时面临较高的信用风险和市场风险，难以实现商业的可持续性。另一方面，普惠金融业务具有小额、分散、高频等特点，对风险管理提出了更高的要求。然而，部分金融机构在风险管理方面存在不足，如风险识别能力不足、风险评估不准确、风险防控措施不到位等。此外，监管机构在风险防控方面也面临挑战，如何建立健全风险防控机制、提高监管效率成为亟待解决的问题。

（四）激励与约束机制缺失

普惠金融的发展需要强有力的激励与约束机制作为保障，然而，当前我国在普惠金融领域的激励与约束机制尚不完善，从而导致金融机构发展普惠金融的动力不足。一方面，部分金融机构过于强调商业利益，忽视普惠金融的社会责任；另一方面，监管机构在普惠金融方面的政策引导与激励措施不够明确、有力，难以有效调动金融机构的积极性。

此外，普惠金融领域的约束机制也存在不足。一些金融机构在开展普惠金融业务时存在违规行为，如收取高额费用、变相转嫁成本等，损害了消费者的合法权益。然而，由于监管不力、处罚不严等原因，这些违规行为难以得到有效遏制。

（五）普惠金融与地方经济关系

普惠金融与地方经济发展密切相关、相互促进。普惠金融通过为弱势群体提供金融服务，促进了当地经济发展及社会和谐。一方面，普惠金融为小微企业和农民提供了资金支持，促进了当地产业升级和农业现代化；另一方面，普惠金融通过降低金融服务门槛，提高了居民收入水平和生活质量，增强了消费能力，为地方经济注入了新的活力。

同时，地方经济的发展也为普惠金融提供了广阔的发展空间。随着地方经济的不断壮大和居民收入水平的不断提高，人们对金融服务的需求也日益增长。这为金融机构拓展普惠金融业务提供了良好的市场机遇和发展空间。

（六）数字化与普惠金融

数字化技术的发展为普惠金融提供了新的动力和机遇。通过运用大数据、人工智能、云计算等先进技术，金融机构可以更加精准地识别客户需求、评估信用风险、优化产品设计和服务流程，从而进一步提高普惠金融的服务效率和质量。

具体来说，数字化技术可以帮助金融机构降低普惠金融业务的运营成本和信息收集成本；通过智能风控系统提高风险管理水平、降低不良贷款率；通过大数据分析精准定位目标客户群体，推出更符合市场需求的普惠金融产品。同时，数字化技术还能打破地域限制，使金融服务覆盖到更广泛的地区，特别是偏远农村地区，从而进一步扩大普惠金融的覆盖面和影响力。

然而，数字化在推动普惠金融发展的同时，也为其带来了新的挑战。首先是数据安全与隐私保护问题。在数字化时代，大量的个人信息和金融数据被收集、处理和传输，如何确保这些数据的安全性和隐私性成为亟待解决的问题。其次是数字鸿沟问题。虽然数字化技术为普惠金融提供了新的机遇，但部分地区和人群由于技术、设备、网络等因素的限制，难以享受到数字化普惠金融带来的便利。因此，在推动数字化普惠金融发展的过程中，金融机构需要注重平衡不同地区和人群的利益，确保普惠金融的公平性和包容性。

（七）基础设施建设滞后

虽然金融基础设施不断完善，但部分偏远地区和农村地区仍面临金融服务基础设施不足的问题，如 ATM 机、POS 机等设备覆盖不足，影响了金融服务的可得性。

（八）政策宣传与认知不足

普惠金融政策宣传不到位，很多潜在用户对其了解不足或存在误解。同时，部分用户由于金融知识匮乏和风险意识淡薄，难以有效利用普惠金融服务。

第三节　普惠金融与地方经济高质量发展的指标体系

普惠金融作为金融服务的重要组成部分，旨在确保所有社会群体和阶层，尤其是那些被传统金融服务边缘化的群体能够获得便捷、可负担的金融服务；而地方经济高质量发展则强调经济的持续性、包容性、创新性增长，追求经济与社会、环境的协调发展。通过对普惠金融的内涵、发展现状及其在地方经济中的具体应用进行分析，结合经济高质量发展的多维度要求，本书构建了一套科学、全面的普惠金融与地方经济高质量发展的指标体系。该体系不仅涵盖了普惠金融的覆盖面、服务质量、效率与可持续性等多个方面，还涉及地方经济的产业结构、创新能力、城乡协调发展等关键指标，包括指标体系的构建、图表展示、公式应用等，并力求在有限的篇幅内提炼出核心要点，提供框架和思路以便进一步扩展。该指标体系的可行性和有效性，为地方政府和金融机构推动普惠金融与地方经济高质量发展提供了理论依据和实践指导。

一、普惠金融与地方经济高质量发展指标体系的研究背景与意义

（一）指标体系的研究背景

金融是现代经济的核心，其有效配置对于经济发展至关重要。然而，长期以来，金融资源分配不均、金融排斥现象严重，制约了地方经济的均衡发展。普惠金融的提出，旨在通过创新金融产品和服务模式，降低金融服务门槛，使更多人群和企业获得所需的金融服务。特别是在我国，普惠金融与地方经济高质量发展指标体系在缓解中小企业融资难、促进城乡协调发展、推动乡村振兴等方面发挥了重要作用。

（二）指标体系的研究意义

普惠金融与地方经济高质量发展指标体系的研究意义主要体现在以下三个方面：

一是理论意义，即通过梳理普惠金融与地方经济高质量发展的关系，丰富和完善相关理论体系及指标体系，为后续研究提供理论参考。

二是实践意义，即构建科学、全面的普惠金融与地方经济高质量发展的指标体系，为地方政府和金融机构提供决策依据，推动普惠金融与地方经济的高质量发展。

三是政策意义，即基于普惠金融与地方经济高质量发展指标体系的实证分析，提出促进普惠金融与地方经济高质量发展的政策建议，为相关政策制定提供数据支持。

二、普惠金融与地方经济高质量发展的指标体系构建

（一）指标选取原则

当构建指标体系时，应遵循以下原则：

（1）科学性。指标选取应基于扎实的理论基础和实证研究，确保能够客观反映普惠金融的实际状况。

（2）全面性。指标体系应全面覆盖普惠金融的各个方面，包括金融服务的可得性、使用情况和服务质量等。

（3）可操作性。指标数据应易于获取和计算，便于实际操作和应用，确保指标体系的可实施性。

（4）可比性。指标应具有可比性，具有统一的标准和口径，便于不同时间、不同地区的比较分析。

（二）普惠金融指标体系

根据国际标准和国内标准，普惠金融指标体系主要包括以下四个方面：

一是覆盖面，包括金融服务网点数量、金融服务人口覆盖率等。

二是服务质量，包括客户满意度、金融服务效率等。

三是普惠金融服务效率，包括贷款满足率和金融科技应用水平。

（1）贷款满足率，主要衡量金融机构对贷款申请的满足程度，反映信贷市场的活跃度和资金投放效率。

（2）金融科技应用水平，主要反映通过数字化、移动化等技术手段提升金融服务效率和服务质量的程度，如移动支付渗透率、智能风控系统应用等。

四是普惠金融可持续性，包括成本效益比和风险管理能力。

（1）成本效益比，主要评估普惠金融服务的成本与效益关系，确保服务的长期可持续性。

（2）风险管理能力，主要评估当金融机构提供普惠金融服务时，有效管理信用风险、市场风险等的能力，保障金融体系的稳定。

（三）地方经济高质量发展指标体系

地方经济高质量发展指标体系涵盖多个维度，其中主要包括经济发展、创新能力、城乡协调发展、绿色发展四个维度。

1. 经济发展维度

（1）经济增长率，主要反映地区经济总量的增长情况。

（2）地区人均 GDP，主要衡量地区经济发展水平和生活水平。

（3）经济结构优化，包括第三产业占比、高新技术产业比重等，反映经济结构的合理性和先进性。

2. 创新能力维度

（1）研发投入占地区 GDP 比重，主要衡量地区对科技创新的投入力度。

（2）专利申请与授权量，主要反映地区科技活动的活跃度和创新成果产出情况。

（3）高新技术企业数量，即作为衡量地区创新能力的重要指标。

3. 城乡协调发展维度

（1）城乡收入差距，主要反映城乡经济发展的均衡性。

（2）城镇化率，主要衡量城市化进程和城乡一体化发展水平。

（3）农村基础设施建设投入，包括农田水利、交通通信等促进农村经济发展的基础条件。

4. 绿色发展维度

（1）单位 GDP 能耗，主要反映经济发展与能源消耗的关系，衡量绿色发展水平。

（2）环境污染治理投资，主要反映对环境污染进行治理的资金投入情况，体现环保意识及力度。

（3）可再生能源占比，即在能源消费中可再生能源的比例，主要反映能源结构优化与绿色发展转型情况。

（四）指标体系权重与综合评估方法

当确定各指标权重时，我们可以采用层次分析法（AHP）、主成分分析法（PCA）等科学方法，结合专家意见和实际情况进行赋值。当综合评估时，我们可以采用加权求和法、模糊综合评价法等，将各项指标得分汇总得到综合得分，以此评估普惠金融与地方经济高质量发展的整体水平。

普惠金融指标体系的构建是一个复杂而系统的工程，需要从金融包容性评估、金融可及性测量、金融稳健性指标、金融效率分析、金融公正性考察、政策环境支持、数字金融服务以及统计与监测机制等多个方面入手。通过构建科学、全面的普惠金融指标体系，我们可以全面、客观地评估普惠金融的发展状况，为政策制定者、金融机构和社会公众提供有力的信息支持，从而推动普惠金融事业持续健康发展。

第四节　普惠金融与地方经济高质量融合发展的路径与实践

随着全球经济的不断发展与转型，普惠金融作为金融服务的重要组成部分，其对于促进经济包容性增长、缩小贫富差距、推动地方经济高质量发展的作用日益凸显。本书旨在探讨普惠金融与地方经济高质量融合发展的路径，通过分析普惠金融的基本概念、地方经济高质量发展的需求、融合发展的理论基础，结合国内外成功案例与实证分析，提出具体的对策建议，以期为政策制定者和金融机构提供参考，促进普惠金融与地方经济的深度融合与协同发展。

普惠金融旨在通过完善金融服务体系，确保社会各阶层及群体尤其是低收入人群、小微企业等弱势群体能够以可以负担的成本获得适当、有效的金融服务。在全球经济向高质量发展转型的背景下，普惠金融不仅是缓解金融排斥、促进社会公平的重要手段，也是激发地方经济活力、促进产业升级的关键因素。本书围绕普惠金融与地方经济高质量融合发展的主题，系统分析融合路径，以期为实现经济社会的全面可持续发展提供理论支持和实践指导。

一、普惠金融与地方经济高质量融合发展路径探索

（一）加强政策引导与支持

政府应制定和完善普惠金融相关政策，提供税收优惠、财政补贴等激励措施，鼓励金融机构加大普惠金融投入力度，降低服务成本，提高服务效率。

（二）创新金融服务模式

金融机构应积极探索适合地方经济特点的金融服务模式，如利用数字技术降低服务门槛、提高服务效率；发展供应链金融、绿色金融等特色产品，以满足多元化融资需求。

（三）完善金融基础设施

金融机构要不断加强金融基础设施建设，包括提升支付结算体系的便捷性、完善征信体系、建设普惠金融服务网点等，为普惠金融与地方经济的融合发展提供有力支撑。

（四）促进产融结合

政府应进一步推动金融与产业的深度融合，引导金融资本支持地方特色产业、新兴产业的发展，促进产业结构优化升级，增强地方经济竞争力。

二、国内外普惠金融示范典型建设实践

（一）中国浙江省普惠金融示范区建设实践

浙江省作为中国普惠金融发展的先行者，自被设为高质量发展建设共同富裕示范区以来，不断探索创新，取得了一系列显著成就，其普惠金融示范区建设实践案例更是为其他地区提供了可借鉴的经验和启示。通过对

浙江省普惠金融示范区建设的深入剖析，一方面，有助于我们总结和推广浙江省在普惠金融领域的成功经验，为其他地区提供可复制、可推广的模式；另一方面，也有助于相关部门进一步完善我国普惠金融理论体系，为政策制定提供科学依据。

浙江省政府高度重视普惠金融的发展，出台了一系列政策措施，为普惠金融示范区建设提供了坚实的制度保障，如《浙江省普惠金融发展专项规划》等文件明确了普惠金融发展的目标和路径；同时，通过财政奖补、税收优惠等手段激励金融机构加大对小微企业和农村地区的支持力度。浙江省依托"数字浙江"建设基础，大力推进普惠金融基础设施建设，如建设浙江省金融综合服务平台，实现政府公共数据与金融机构的数据共享；推广移动支付、数字支付等新型支付方式，提高金融服务的便捷性和可得性。此外，浙江省还积极探索数字技术在普惠金融领域的应用，如区块链、大数据等技术的应用显著提升了金融服务效率和风险防控能力。浙江省构建了多层次的普惠金融服务体系，包括政策性银行、商业银行、农村信用合作社等金融机构以及小额贷款公司、融资担保公司等非银行金融机构；同时，针对小微企业和农村地区的特点和需求，创新金融产品和服务模式，如推广"农户家庭资产负债表融资模式"、实施首贷户拓展行动等措施有效地缓解了小微企业融资难问题，推出"减碳贷""零碳贷"等绿色金融产品促进了小微经济的高质量发展等。浙江省在推进普惠金融示范区建设的过程中，始终注重风险防控和监管创新，通过建立健全风险补偿机制、加强金融监管协调等方式提高金融风险防控能力；同时，创新监管模式如"沙盒监管"等探索性监管手段，为普惠金融发展提供了更加灵活、包容的监管环境。

浙江省普惠金融服务的覆盖面和渗透率显著提升。截至 2024 年 2 月末，浙江省小微企业贷款余额达 9.6 万亿元，普惠型小微企业贷款余额达 4.9 万亿元。浙江省通过推动金融科技应用、优化服务流程、引入竞争机制等手段，有效地降低了小微企业和农户的融资成本。普惠金融服务的可得性和便利性显著提升，小微企业贷款申请流程有所简化，审批时间缩短，贷款利率逐步下降。同时，针对农村地区金融知识普及不足的问题，浙江省广泛开展金融知识教育和培训活动，提高了农村居民的金融素养，增强了他们的风险防范意识。普惠金融的广泛覆盖促进了浙江省小微企业和农村地区的经济发展。小微企业融资难题的解决激发了市场活力，推动了产业升级和转型。农村地区的金融资源得到有效配置，促进了农业现代化和农民增收。同时，普惠金融的发展还带动了相关产业如金融科技、金融咨询等的发展，为社会各界提供了更多的就业机会。浙江省普惠金融示范区建设的一个重要目标是缩小城乡金融服务差距。通过构建多层次的金融服务体系、推广移动支付等新型支付方式、建设农村金融综合服务站等措施，浙江省成功地将金融服务延伸到农村地区，使农村居民也能享受到与城市居民同等的金融服务。这不仅提高了农村居民的生活质量，也促进了城乡经济社会的协调发展。

（二）孟加拉国格莱珉银行实践

格莱珉银行（Grameen Bank）由穆罕默德·尤努斯教授于 1983 年创立，是世界上第一个专门为穷人提供金融服务的银行，其通过向贫困家庭提供小额贷款和储蓄服务，显著促进了孟加拉国的贫困减少和社会经济发展。孟加拉国作为世界上人口稠密且经济相对落后的国家之一，长期面临着严重的贫困问题。在格莱珉银行成立之前，孟加拉国的农民和小微企业普遍难以从传统金融机构获得贷款，不得不依赖高利贷，陷入恶性循环。尤努斯教授目睹了贫困农妇在高利贷压迫下的艰难生活，于是创立了格莱珉银行，希望通过小额信贷可以帮助他们摆脱贫困。

格莱珉银行的总部设在孟加拉国首都达卡，负责与政府部门的合作、资金筹集及员工培训等。其组织架构包括总行、大区行、地区行和支行四级，实行财务自由、自负盈亏的管理模式。总行以 10% 的利率贷款给支行，支行再以 20% 左右的利率贷款给农户，利差收入作为支行运营经费。

格莱珉银行通过设立五人小组、贷前培训、细致的贷款申请审批流程、定期举行中心会议等手段，构建了高效的风控体系。五人小组制度利用了熟人社会的监督机制，降低了信用审查成本；贷前培训提高了贷款者的金融素养，增强了他们的还款意识；细致的贷款申请审批流程确保了贷款发放的安全性和有效性；定期举行中心会议则加强了组内外的相互监督和支持。

在格莱珉银行的推动下，孟加拉国的贫困率显著下降。据孟加拉国国家统计局数据，绝对贫困率从 1972 年的 82% 下降到 2018 年的 11.3%。银行不仅为贫困家庭提供了资金支持，还通过金融知识普及和生产经营指导提高了他们的生产经营能力和生活水平。

格莱珉银行的成功模式吸引了全球关注，并被 41 个国家复制和推广。

尤努斯教授也因此获得 2006 年诺贝尔和平奖，进一步提升了格莱珉银行的国际影响力。银行还与各国政府、国际组织及非政府组织建立了广泛的合作关系，共同推动普惠金融事业的发展。

格莱珉银行不仅是一个提供金融服务的机构，更是一个社区动员和教育的平台。银行在提供贷款的同时，也注重培养借款人的金融素养和自我发展能力。通过定期的培训、讲座和会议，银行帮助借款人了解财务管理、市场营销、农业技术等方面的知识，提高了他们的自主发展能力。这种教育不仅提升了借款人的生活质量，也促进了整个社区的自我提升和可持续发展。

格莱珉银行自成立以来，始终保持着对市场和客户需求的高度敏感性，不断进行创新和调整。随着时代的变迁和技术的发展，格莱珉银行引入了数字化、移动银行等现代金融服务手段，提高了服务效率和覆盖面。同时，格莱珉银行也针对特定地区、特定行业的需求，开发出了更加符合实际的金融产品，如针对气候变化的适应性贷款、针对妇女创业的专项贷款等。

（三）肯尼亚移动钱包 M-Pesa 的实践

通过对肯尼亚移动钱包 M-Pesa 的发展历程、业务模式、技术创新、市场应用及其对肯尼亚经济社会的深远影响进行详细分析，本案例揭示了 M-Pesa 作为非洲最成功移动支付平台的独特价值。研究结果表明，M-Pesa 不仅显著提升了肯尼亚金融服务的普及率，还降低了金融交易成本，对促进经济包容性增长具有重要意义。

在非洲国家中，肯尼亚的移动支付业务尤为突出，其代表性产品 M-Pesa 不仅极大地改善了当地金融服务环境，还成为非洲乃至全球移动支付领域的典范。本案例旨在通过对 M-Pesa 的深入研究，探讨其成功背后的关键因素及其对全球普惠金融发展的启示。

1. M-Pesa 的发展历程与业务模式

M-Pesa 起源于 2007 年，由肯尼亚移动服务运营商 Safaricom PLC 推出。起初，M-Pesa 仅支持基于短信的存取款、汇款及手机充值等基本功能，目的是为那些无法获得传统银行服务的民众提供便捷的金融服务。随着技术的不断进步和市场需求的日益增长，M-Pesa 逐渐扩展了业务范围，增加了跨境支付、短期借贷、工资领取、账单支付等多元化服务。

M-Pesa 的核心业务模式是通过手机及电信网络，将金融服务延伸至未被传统银行覆盖的地区和人群。用户只需要在手机上发送短信即可完成转账、取款等操作，无须银行账户或智能手机。此外，M-Pesa 还建立了广泛而密集的代理网络，用户可以在遍布全国的代理点进行现金充值、取款等业务。这种"手机钱包+支付平台"的组合模式，使得 M-Pesa 能够迅速占领市场，成为肯尼亚最受欢迎的移动支付工具。

2. M-Pesa 对肯尼亚普惠金融的推动作用

（1）降低金融成本，提供廉价金融服务

传统银行服务在肯尼亚等发展中国家往往面临高昂的运营成本和有限的覆盖范围，从而导致许多低收入人群无法享受到基本的金融服务。M-Pesa 通过利用手机这一普及率极高的媒介，极大地降低了金融服务的门槛和成本。世界银行扶贫协商小组（CGAP）调查显示，手机银行处理交易的成本仅是传统银行处理相同交易成本的 1/5，这一优势使得 M-Pesa 能够为肯尼亚大量低收入人群提供廉价且高效的金融服务。

（2）提高账户渗透率，促进金融包容性

账户渗透率是衡量普惠金融发展水平的重要指标之一。在 M-Pesa 推出之前，肯尼亚的账户渗透率相对较低，大量人口游离于银行体系之外。随着 M-Pesa 的普及，越来越多的肯尼亚人开始使用移动货币账户进行日常交易，从而推动了账户渗透率的显著提升。据统计，2014 年肯尼亚的账户渗透率达到 75%，位居非洲第一，其中移动货币账户渗透率对总体账户渗透率的提高贡献了 20 个百分点。

（3）促进经济增长与社会发展

M-Pesa 不仅改善了肯尼亚的金融服务环境，还促进了当地经济的增长和社会的发展。通过提供便捷的支付与转账服务，M-Pesa 降低了交易成本，提高了资金使用效率，促进了商业活动的繁荣。同时，M-Pesa 还为政府提供了高效的支付渠道，如工资发放、社会救助金发放等，从而提高了公共服务的效率和质量。此外，M-Pesa 还通过提供短期借贷服务，帮助小微企业和个体经营者解决资金难题，促进了创业和就业。

M-Pesa 通过技术创新、市场覆盖、政府合作及用户教育等多方面努力，不仅提升了肯尼亚金融服务的普及率和效率，还促进了当地经济的包容性增长。本案例为我国及其他发展中国家在农村数字普惠金融发展方面提供了有益的借鉴和启示。未来，随着数字技术的不断进步和普及率的提高，移动支付等创新金融产品将在更多地区发挥重要作用，推动全球普惠金融事业迈向新的高度。

（四）中国新疆库尔勒农商银行实践

1. 新疆库尔勒农商银行发展背景

党的二十大报告提出"全面推进乡村振兴"，从国家战略层面对农业农村工作作出战略指导，乡村振兴战略不仅是实现全面建成小康社会愿景的决策安排，也是新时代"三农"工作的总抓手，西北地区作为全国农业大区和经济欠发达地区，落实乡村振兴战略任务艰巨。乡村振兴战略的实施需要金融支持作为重要工具，这是推动乡村振兴的重要支撑。近年来，各商业银行在普惠金融服务乡村振兴方面积极行动，强化政策执行，创新金融产品和服务，加大对关键领域的支持力度，以发挥金融的力量促进农业产业转型升级，助推乡村振兴。乡村振兴战略为商业银行提供了历史性的发展机遇，使其服务"三农"和发展普惠金融有了良好的契机。尽管如此，普惠金融在助力乡村振兴过程中仍面临一些问题，如农村普惠金融环境有待改善、农村普惠金融产品创新不足、农村普惠目标群体存在能力局限等。为此，我们认为，相关部门在普惠金融助力乡村振兴方面应采取以下工作措施：①建立多层次、多元化的农村普惠金融机构体系，以满足不同地区和不同群体的金融需求；②通过不断改善乡村金融基础设施，以扩大金融服务的覆盖范围，提高其使用效率；③为乡村振兴战略的实施提供资金支持和风险保障，从而使农村居民更加方便地获取金融服务，进而提高农业现代化生产的效率，推动城乡平衡发展。

《中共中央关于制定国民经济和社会发展第十四个五年规划和二〇三五年远景目标的建议》明确提出，要"优先发展农业农村，全面推进乡村振兴"。"十四五"时期是开启全面建设社会主义现代化国家新征程的第一个五年，也是全面推进乡村振兴、加快农业农村现代化的关键五年。《中国农村金融服务报告》也指出，我国农村金融发展无论是在覆盖面还是在深度上都还有很大的提升空间，普惠金融将成为银行业金融服务创新发展新的蓝海市场。由于农业呈现出周期长、投资回报率低、容易受到自然因素影响的特点，传统农业金融存在高风险、高成本和低收益的问题。尤其在推动农业现代化的过程中，金融机构还需要更加强力地创新金融服务，以满足农业发展的新模式和路径的需求。

首先，研究推动普惠金融因地制宜的发展是十分必要的。此研究可以发现实施多年的普惠金融发展路径不适合现有经济发展的情况，发现被忽视的风险性问题，提出可行的解决办法。其次，扩展普惠金融服务，提升金融服务质量，对新疆农牧区金融体系的发展产生积极促进作用，使得像新疆库尔勒农商银行（新疆库尔勒农村商业银行股份有限公司）等金融机构更加关注农牧区人民的金融需求。金融供给和需求之间的良性循环，将更有助于普惠金融的进一步壮大。在研究新的战略背景下，新疆库尔勒农商银行等金融机构在各地州普惠金融发展中存在的问题、解决办法、创新路径等，为新疆各地州合理而科学地制定普惠金融发展策略具有重要借鉴价值。

在新疆乡村振兴战略中，农业农村发展被赋予优先地位，而实现全面建成小康社会的目标则需要加速农业农村现代化进程。然而，新疆地域广阔，不同地区的经济发展水平参差不齐，其中一些地区的经济发展远远滞后于沿海地区。本书基于新疆库尔勒农商银行相关情况，结合国内外在该领域的研究理论与经验，对新疆地区的普惠金融现状进行了深入研究。通过整理和分析近年来普惠金融在南疆各县的发展状况和存在的问题，为进一步促进农村金融发展提供了有益参考。在此基础上，结合地区普惠金融发展，通过相关工作人员的努力，可以有效推进乡村振兴工作，进一步增加并提升新疆地区居民的经济收入和生活水平。这样，他们也能够享受到便捷、高质量的金融服务，有助于缩小新疆居民之间的收入差距，从而为实现新疆经济的平稳发展做出贡献。此外，这些努力也将为新疆的乡村振兴工作提供经验，具有值得借鉴的意义。通过分析普惠金融在新疆的应用和发展情况，可以为其他地区的类似工作提供宝贵的经验和启示。

2. 新疆库尔勒农商银行支持乡村振兴战略

近年来，新疆库尔勒农商银行作为农村金融发展的主力军，始终坚守初心，坚持服务"三农"定位，积极探索打造金融服务乡村振兴新模式，积极拓展深化普惠金融服务的广度、深度，创新金融产品，提供优质服务，主动为群众办实事，为地方经济和"三农"发展提供了坚实的金融支撑。截至2021年12月末，该行涉农贷款余额达87.47亿元，占各项贷款余额的72.74%。

（1）坚持服务"三农"，全力支持实体经济发展。

新疆库尔勒农商银行重点围绕"产业兴旺"主线，明确支持农户粮食、特色农产品、特色农业、农产品加工、农村新兴产业和三次产业融合发展等重点领域配套金融服务工作，采取"进、保、控、压、退"的策略，将信贷资金向"三农"、涉农企业倾斜，加大"支农""惠农"力度。

截至 2021 年 12 月末，该行粮食种植、收购、粮食加工及食品销售贷款余额达 550.9 万元，棉花种植及棉花收购、加工（籽棉、皮棉）贷款余额达 26.56 亿元，支持特色林果种植收购、仓储、加工销售贷款余额达 6.13 亿元。

新疆库尔勒农商银行还积极与库尔勒市各乡镇进行对接，通过对 19 个阵地建设项目和 35 个生产经营项目进行实地调研，已完成对 9 个项目的信贷资金投放，共计 2 960 万元，有效地带动了乡村振兴产业建设。

（2）创新服务举措不断，延伸金融服务内涵。

2021 年 5 月 26 日，新疆库尔勒农商银行给铁克其乡中恰其村股份经济合作社授信 1 000 万元，这是该行首次为农村集体经济组织提供授信。截至 2023 年年底，库尔勒农商银行已经对 5 个村级合作社共计授信 1 150 万元。

为进一步推进新型农业主体的评级授信工作，该行根据中国人民银行乌鲁木齐中心支行办公室推送的自治区级及以上新型农业经营主体认定名单，对名单中辖内的国家级、自治区级农业产业化龙头企业和国家级、自治区级农民专业合作社、首批自治区级示范家庭农场进行了首轮对接，其中与 17 家企业及合作社已经有了信贷合作，投放信贷资金达 34 880.5 万元。在此基础上，该行不断创新丰富金融产品，服务乡村振兴战略。2021 年，新疆库尔勒农商银行陆续推出了"梨农宝""棉农宝""及时雨""暖心惠农""农游贷""牧游贷""助燃通""活畜抵押""新型农业经营主体"等贷款产品，着力打造农业农村基础设施建设、产业融合、绿色金融、旅游金融以及普惠金融等产品线。巴州首笔"乡村振兴活畜抵押贷款"的成功发放就是一个典型案例。2021 年 5 月，新疆库尔勒农商银行向新疆努祖尔养殖专业合作社发放了 500 万元"乡村振兴活畜抵押贷款"，这不仅是该行认真贯彻落实乡村振兴战略的具体举措，也填补了巴州金融机构活体抵押贷款业务的空白，使该行在担保方式创新方面取得了突破性的进展，对建立"政府主导、金融助力、企业参与"的新兴市场模式起到了积极推动作用。

3. 新疆库尔勒农商银行普惠金融调查问卷数据分析

（1）新疆库尔勒农商银行员工调查问卷数据分析。

①推行普惠金融的最主要意义。

通过调查问卷的显示结果我们可以知道，有 63.5%的人认为推行普惠金融的最主要意义是履行银行社会责任，有 15.7%的人认为推行普惠金融的最主要意义是实现新的利润增长来源，认为推行普惠金融的最主要意义是满足国家政策要求和提升银行公众形象的人各占10%左右，只有少数人认为推行普惠金融的最主要意义是其他方面。所以，根据调查问卷的显示结果，推行普惠金融的最主要意义是履行银行社会责任。意义频数见表2-1。

表2-1　意义频数

水平	计数	合计/%	累计/%
1	101	63.5	63.5
2	16	10.1	73.6
3	15	9.4	83.0
4	25	15.7	98.7
5	2	1.3	100

数据来源：调查问卷。

②在商业银行不良率上升较快的背景下，人们对普惠金融风险偏高问题的看法。

通过调查问卷的显示结果我们可以知道，有68.6%的人认为在商业银行不良率上升较快的背景下，普惠金融风险偏高的问题应该根据风险管控能力强，部分银行收益能够覆盖风险，从而区别化开展；有23.3%的人认为普惠金融是银行社会责任的重要组成部分，应淡化对风险的考量，大力发展；有6.9%的人认为风险与收益不匹配，银行不应大力开展；还有极少数的人具有其他不同的想法。所以，根据调查问卷的显示结果，在商业银行不良率上升较快的背景下，对于普惠金融风险偏高的问题，我们应该根据风险管控能力强，部分银行收益能够覆盖风险，从而区别化开展。风险频数见表2-2。

表2-2　风险频数

水平	计数	合计/%	累计/%
1	11	6.9	6.9
2	109	68.6	75.5
3	37	23.3	98.7
4	2	1.3	100

数据来源：调查问卷。

③普惠金融工作侧重的服务对象。

通过调查问卷的显示结果我们可以知道，有62.3%的人认为普惠金融工作侧重的服务对象是支持"三农"问题，有34.6%的人认为普惠金融工作侧重的服务对象是帮扶小微企业融资，有极少数的人认为普惠金融工作侧重的服务对象是支持低收入人群、残疾人等特殊群体以及老年人群体。所以，根据调查问卷的显示结果，普惠金融工作侧重的服务对象是支持"三农"问题。服务对象频数见表2-3。

表2-3　服务对象频数

水平	计数	合计/%	累计/%
1	55	34.6	34.6
2	99	62.3	96.9
3	2	1.3	98.1
4	1	0.6	98.7
5	2	1.3	100

数据来源：调查问卷。

④改善普惠金融服务。

通过调查问卷的显示结果我们可以知道，对于改善普惠金融服务，加强对农村金融消费者的金融普及教育、加强创新金融产品、加强对金融消费者权益保护、增强互联网金融服务和扩大普惠金融服务范围五项是大多数人认为可行的工作方法。其中，投票数最多的三项方法是加强对农村金融消费者的金融普及教育、加强创新金融产品和增强互联网金融服务。相关描述见表2-4。

表2-4　相关描述

类别	improve (1)	improve (2)	improve (3)	improve (4)	improve (5)	improve (6)	improve (7)	improve (8)	improve (9)
个案数	159	159	159	159	159	159	159	159	159
众数	1	1	1	0	1	0	0	1	0
总数	125	109	83	71	86	63	38	83	0

数据来源：调查问卷。

⑤普惠金融所面临的最大问题。

通过调查问卷的显示结果我们可以知道，这几种问题所投票的人数相差不是特别大，其中有38.4%的人认为开展普惠金融所面临的最大问题是金融科技化建设相对滞后，有31.4%的人认为是信贷数据积累不足、信用体系不健全，还有20.8%的人认为是金融教育普及地区差异大，只有极少数的人认为是信贷定价技术落后、成本高。所以，综合各种因素来说，开展普惠金融所面临的最大问题是金融科技化建设相对滞后。问题频数见表2-5。

表2-5　问题频数

水平	计数	合计/%	累计/%
1	61	38.4	38.4
2	50	31.4	69.8
3	33	20.8	90.6
4	15	9.4	100

数据来源：调查问卷。

⑥推广普惠金融面临的最大挑战。

通过调查问卷的显示结果我们可以知道，有37.1%的人认为推广普惠金融面临的最大挑战是服务对象信用风险较大，有31.4%的人认为推广普惠金融面临的最大挑战是客户需求差异大，还有15.1%和16.4%的人认为推广普惠金融面临的最大挑战是激励约束机制不足和服务成本较高。所以，根据调查结果我们认为，推广普惠金融面临的最大挑战是服务对象信用风险较大。挑战频数见表2-6。

表2-6　挑战频数

水平	计数	合计/%	累计/%
1	24	15.1	15.1
2	50	31.4	46.5
3	26	16.4	62.9
4	59	37.1	100

数据来源：调查问卷。

⑦降低普惠金融的成本。

通过调查问卷的显示结果我们可以知道，在降低普惠金融方面除了其他方法外，还有完善电子支付体系，降低交易成本；推广电子化、网络化多维服务；针对农村信贷，完善小额信贷体制；建立健全信贷数据库，完善信贷体系；加强普惠金融服务监督，避免重大失误五种方法是人们比较认同的。其中，投票人数最多的四种方法是推广电子化、网络化多维服务；建立健全信贷数据库，完善信贷体系；完善电子支付体系，降低交易成本；加强普惠金融服务监督，避免重大失误。所以，在我们现实的工作中，可以着重加大对这四种方法的实施力度，从而进一步降低普惠金融的成本。相关描述见表2-7。

表2-7　相关描述

类别	个案数	众数	总数	标准差
cost（1）	159	1	119	0.435
cost（2）	159	1	124	0.416
cost（3）	159	1	109	0.466
cost（4）	159	1	123	0.420
cost（5）	159	1	119	0.435
cost（6）	159	0	0	0

数据来源：调查问卷。

⑧普惠金融中"三农"的产品和服务。

通过调查问卷的显示结果我们可以知道，从整体上看，普惠金融中"三农"的产品和服务质量是介于比较好和非常好之间的，但是每种情况又都包含非常好和非常差两种极端的情况，说明其产品及服务质量也是存在一定的波动性和差距的。具体来看，服务质量做得是最好的，服务体系做得相对较差，但是两者之间均值相差不大，所以总体来说"三农"的产品和服务质量是比较好的。相关描述见表2-8。

表2-8　相关描述

类别	agr 1	agr 2	agr 3	agr 4
个案数	159	159	159	159
缺失	0	0	0	0

表2-8(续)

类别	agr 1	agr 2	agr 3	agr 4
均值	4.48	4.36	4.37	4.43
中位数	5	4	4	5
标准差	0.683	0.724	0.725	0.689
最小值	1	1	1	1
最大值	5	5	5	5

数据来源：调查问卷。

⑨小微企业普惠金融产品和服务质量。

通过调查问卷的显示结果我们可以知道，在普惠金融中，小微企业的产品和服务质量整体来说是介于比较好和非常好之间的，但是每种情况又都包含非常好和非常差两种极端的情况，说明其产品及服务质量也是存在一定的波动性和差距的。具体来看，服务质量做得是最好的，服务效果做得相对较差，但是两者之间均值相差不大，所以总体来说小微企业普惠金融产品和服务质量是比较好的。相关描述见表2-9。

表2-9　相关描述

类别	msme 1	msme 2	msme 3	msme 4
个案数	159	159	159	159
缺失	0	0	0	0
均值	4.47	4.39	4.38	4.42
中位数	5	4	4	4
标准差	0.644	0.693	0.683	0.659
最小值	1	1	1	1
最大值	5	5	5	5

数据来源：调查问卷。

从小微企业服务质量的平均值和性别的单因素方差来看，其 P 值都要 <0.05，说明性别对于"三农"的服务质量具有很大的相关性。所以，我们应该找出问题的关键所在，如是否女性比男性更具有耐心或者做事较为周到等因素，从而提高小微企业普惠金融产品和服务质量。单因素方差分析见表2-10。

表 2-10　单因素方差分析

方法		F 值	自由度 1	自由度 2	p 值
msme-	Welch's 法	8.39	1	144	0.004
	Fisher's 法	7.29	1	157	0.008

数据来源：调查问卷。

从小微企业服务质量的平均值和教育的单因素方差来看，其 P 值都要 <0.05，说明教育对于"三农"的服务质量具有很大的相关性。所以，我们应该多学习一些金融理论知识，提高整体的金融文化素养，从而提高小微企业普惠金融产品和服务质量。单因素方差分析见表 2-11。

表 2-11　单因素方差分析

方法		F 值	自由度 1	自由度 2	p 值
msme-	Welch's 法	6.62	3	5.38	0.030
	Fisher's 法	3.44	3	155	0.018

数据来源：调查问卷。

⑩低收入人群的普惠金融产品和服务质量。

通过调查问卷的显示结果我们可以知道，在普惠金融中，低收入人群的产品和服务整体来说是介于比较好和非常好之间的，但是每种情况也都包含非常好和非常差两种极端的情况，说明其产品及服务质量也是存在一定的波动性和差距的。具体来看，服务质量、体系、效果以及社会评价都相差不大，其中比较好的是服务质量，相对较差的是服务体系。所以从整体来说，普惠金融中的低收入人群的产品和服务质量较好。相关描述见表 2-12。

表 2-12　相关描述

类别	lin 1	lin 2	lin 3	lin 4
个案数	159	159	159	159
缺失	0	0	0	0
均值	4.39	4.31	4.32	4.36
中位数	5	4	4	4
标准差	0.720	0.747	0.741	0.723

表2-12（续）

类别	lin 1	lin 2	lin 3	lin 4
最小值	1	1	1	1
最大值	5	5	5	5

数据来源：调查问卷。

从低收入人群服务质量的平均值和性别的 T 检验来看，其 P 值是<0.05的，说明性别对于低收入人群的服务质量有很大的相关性。也就是说，不同性别的人在低收入人群的服务质量上具有很大的差距。我们应该从中尽快找到问题的根源，从而进一步提高普惠金融中低收入人群和服务的服务质量。独立样本 T 检验见表2-13。

表2-13　独立样本 T 检验

指标		统计量	自由度	p 值
lin-	Student's t 值	2.36	157	0.019
	Welch's t 值	2.46	134	0.015

数据来源：调查问卷。

⑪残疾人群的普惠金融产品和服务质量。

通过调查问卷的分析结果我们可以知道，普惠金融中残疾人群的产品和服务质量整体来说是介于比较好和非常好之间的，但是每种情况也都包含非常好和非常差两种极端的情况，说明其产品及服务质量也是存在一定的波动性和差距的。具体来看，服务质量、体系、效果以及社会评价都相差不大，其中比较好的是服务质量，相对较差的是服务体系。所以从整体来说，普惠金融中残疾人群的产品和服务质量较好。相关描述见表2-14。

表2-14　相关描述

类别	dis 1	dis 2	dis 3	dis 4
个案数	159	159	159	159
缺失	0	0	0	0
均值	4.38	4.31	4.33	4.33
中位数	5	4	4	4
标准差	0.744	0.772	0.760	0.752

表2-14(续)

类别	dis 1	dis 2	dis 3	dis 4
最小值	1	1	1	1
最大值	5	5	5	5

数据来源：调查问卷。

⑫老年人群的普惠金融产品和服务质量。

通过调查问卷的结果我们可以知道，老年人群的普惠金融产品和服务质量整体来说是介于比较好和非常好之间的，但是每种情况也都包含非常好和非常差两种极端的情况，说明其产品及服务质量也是存在一定的波动性和差距的。具体来看，服务质量、体系、效果以及社会评价都相差不大，其中比较好的是服务质量，相对较差的是服务体系和服务效果。所以从整体来说，老年人群的普惠金融产品和服务质量较好。相关描述见表2-15。

表2-15 相关描述

类别	old 1	old 2	old 3	old 4
个案数	159	159	159	159
缺失	0	0	0	0
均值	4.43	4.38	4.38	4.40
中位数	5	5	5	5
标准差	0.716	0.744	0.736	0.721
最小值	1	1	1	1
最大值	5	5	5	5

数据来源：调查问卷。

从老年人群服务质量的平均值和性别的 T 检验来看，其 P 值是<0.05的，说明性别对于老年人群的服务质量有很大的相关性。也就是说，不同性别的人在老年人群的服务质量上具有很大的差距。我们应该从中尽快找到问题的根源，从而进一步提高老年人群普惠金融产品和服务的质量。独立样本 T 检验见表2-16。

表 2-16　独立样本 T 检验

指标		统计量	自由度	p 值
old-	Student's t 值	2.13	157	0.035
	Welch's t 值	2.24	137	0.027

数据来源：调查问卷。

⑬消费者权益普惠金融产品和服务质量。

通过调查问卷的显示结果我们可以知道，消费者权益普惠金融产品和服务质量整体来说是介于比较好和非常好之间的，但是每种情况也都包含非常好和非常差两种极端的情况，说明其产品和服务质量也是存在一定的波动性和差距的。具体来看，服务质量、体系、效果以及社会评价都相差不大，其中比较好的是服务质量，相对较差的是服务体系和社会评价。所以从整体来说，消费者权益普惠金融产品和服务质量较好。相关描述见表 2-17。

表 2-17　相关描述

类别	con 1	con 2	con 3	con 4
个案数	159	159	159	159
缺失	0	0	0	0
均值	4.47	4.42	4.43	4.42
中位数	5	5	5	5
标准差	0.644	0.678	0.660	0.679
最小值	1	1	1	1
最大值	5	5	5	5

数据来源：调查问卷。

从老年人群服务质量的平均值和性别的 T 检验来看，其 P 值是 <0.05 的，说明性别对于老年人群的服务质量有很大的相关性。也就是说，不同性别的人在老年人群的服务质量上具有很大的差距。我们应该从中尽快找到问题的根源，从而进一步提高普惠金融中老年人群和服务的服务质量。独立样本 T 检验见表 2-18。

表 2-18　独立样本 T 检验

指标		统计量	自由度	p 值
con-	Student's t 值	2.12	157	0.036
	Welch's t 值	2.25	141	0.026

数据来源：调查问卷。

从消费者权益服务质量的平均值和教育的单因素方差来看，其 P 值 < 0.05，说明教育对于"三农"的服务质量具有很大的相关性。所以，我们应该多学习一些金融理论知识，提高整体的金融文化素养，从而提高消费者权益普惠金融产品和服务质量。单因素方差分析见表 2-19。

表 2-19　单因素方差分析

方法		F 值	自由度 1	自由度 2	p 值
con-	Welch's 法	6.88	3	5.5	0.027
	Fisher's 法	2.1	3	155	0.103

数据来源：调查问卷。

⑭对库尔勒农商银行普惠金融业务和服务的改进建议和意见。

通过对调查问卷的整理和归纳，有以下六点建议的人数是最多的：

一是加强金融教育普及，创建良好信用环境。

二是加强金融科技化建设，不断创新普惠金融产品，争取普惠金融差异化考核，发挥该银行服务"三农"的初心使命。

三是大力支持小微企业，推进小额企业信用贷款进程。

四是加强数据库的建立和分析，健全信用体系，降低本行资金成本，提高电子化建设，减少审批流程。

五是对于优质客户区别利率，加大准入力度，扩大普惠金融覆盖范围；对于批量化业务锁定固定利率，对比他行利率来设定本行利率，使自身具备一定的竞争优势。

六是贯彻落实加大对小微企业金融服务力度的政策要求，需要建立起一套能够支持小微企业的金融服务体系。该体系应该具备"敢贷愿贷"的机制，即鼓励金融机构勇于向小微企业提供贷款，同时也要确保小微企业有借贷的意愿。此外，金融机构还应提升其在"能贷会贷"方面的专业能力，确保能够为小微企业提供贴合自身需求的融资方案。在此过程中，应该致力于打造一种独特的金融服务模式，以满足小微企业的特殊需求。这种"特色金融"模式应该充分考虑小微企业的行业特点和经营状况，为其提供个性化的金融产品和服务。这需要金融机构拥有持之以恒的工匠精神，不断改进和强化普惠小微金融服务，以满足企业的多样化融资需求。在此过程中，高质量和高效率的金融服务至关重要。金融机构需要不断优化普惠金融供给，确保小微企业能够获得及时、便捷的融资支持。通过与小微企业的共同成长，金融机构可以为企业创造更多的价值，推动小微企业的发展壮大，同时也可以促进整个经济的稳定和繁荣。

（2）库尔勒农商银行普惠金融客户调查问卷数据分析。

①不同地区的人对理财知识的掌握有所差异。通过独立样本 T 检验可知（见表2-20），p 值<0.05，可得城镇与农村地区的人对理财知识的重要性认识不同。因此，对当地银行来说，应加强对理财知识的普及。

表2-20　理财知识掌握

指标		统计量	自由度	p 值
对理财知识的掌握	Student's t 值	2.44	46	0.019

数据来源：调查问卷。

②被调查者认为小额贷款具有方便快捷，惠及大众的特点，能够完善市场体制（见表2-21）。

表2-21　小额贷款特点

特点	总数	标准差
方便快捷，惠及大众	38	0.410
完善市场体制	17	0.483
仍存较大风险	9	0.394
操作难度大	4	0.279
利息偏高	10	0.410

数据来源：调查问卷。

③银行的程序流程及办事效率在大部分被调查者看来，是复杂的但可以理解（见表2-22）。

表 2-22　银行的程序流程及办事效率

评价	总数	标准差
冗杂麻烦	8	0.377
挺慢的排队会浪费时间	18	0.489
有点复杂但是可以理解	26	0.504
也有便捷的一面——网银	16	0.476
效率较高但程序不少	17	0.483
方便快捷	15	0.468

数据来源：调查问卷。

④不同地区的人对网上银行的了解程度也有一定的差异。经卡方检验可知，p 值小于 0.05，即城镇地区和农村地区对网上银行有不同的了解（见表 2-23）。

表 2-23　对网上银行的不同了解

对网上银行的了解	乡村	城镇	合计	χ^2	p 值
知道并且正在使用	14	20	34		
听说过但不是很了解	10	2	12	6.32	0.042
不知道	1	1	2		
合计	25	23	48		

数据来源：调查问卷。

⑤在被调查者看来，其认为普惠金融属于互联网金融，而且是一种小额贷款（见表 2-24）。

表 2-24　普惠金融

类型	总数	标准差
互联网金融	29	0.494
小额贷款	24	0.505
P2P 个人贷款	5	0.309
金融知识的通识教育	20	0.498
金融市场的完善	17	0.483

数据来源：调查问卷。

⑥被调查者认为，普惠金融目前主要集中在转账汇款与存款方面（见表2-25）。

表2-25 普惠金融主要集中方面

类型	总数	标准差
转账汇款	36	0.438
信用卡还款	13	0.449
买保险、理财产品	12	0.438
民生缴费	19	0.494
贷款	29	0.494
存款	22	0.504

数据来源：调查问卷。

⑦被调查者主要是从银行等正规机构进行贷款，然后是使用亲友借款方式（见表2-26）。

表2-26 贷款渠道

类型	总数	标准差
银行贷款	41	0.357
小额贷款公司	3	0.245
亲友借款	18	0.489
网络贷款	5	0.309
高利贷	0	0
其他	2	0.202

数据来源：调查问卷。

⑧被调查者主要的贷款类型是农业及工商业借贷与房贷（见表2-27）。

表2-27 贷款类型

类型	总数	标准差
农业及工商业借贷	25	0.505
房贷	22	0.504
车贷	13	0.449

表2-27(续)

类型	总数	标准差
信用卡债务	9	0.394
助学贷款	0	0
其他	3	0.245

数据来源：调查问卷。

⑨被调查者办理基本银行业务的主要渠道是银行柜台，然后是利用自动柜员机 ATM 进行办理，也有部分被调查者使用村助农服务点及网上、电话银行进行业务的办理（见表2-28）。

表 2-28　办理银行业务的主要渠道

类型	总数	标准差
银行柜台	42	0.334
自动柜员机 ATM	37	0.425
村助农服务点	23	0.505
网上、电话银行	24	0.505
代办员，代理员	1	0.144

数据来源：调查问卷。

⑩被调查者参与过的金融业务主要是进行存款与取现，少部分的被调查者参与理财活动（见表2-29）。

表 2-29　金融业务

类型	总数	标准差
缴费	30	0.489
取现	39	0.394
存款	41	0.357
保险	9	0.394
汇款	20	0.498
贷款	27	0.501
理财	12	0.438

数据来源：调查问卷。

⑪当面临金融消费权益受到侵害的情况或与金融机构发生金融消费纠纷时，大部分的被调查者采用的是投诉的方法来维护自己的合法权益（见表2-30）。

表 2-30　维护合法权益

渠道	总数	标准差
不想麻烦，选择自己承受	10	0.410
向金融机构投诉	30	0.489
向中国人民银行、银保监会等监管部门或相关政府热线等投诉	24	0.505
向金融消费纠纷调解组织或消费者协会等社会机构申请调解	17	0.483
向法院起诉	4	0.279
不知道	3	0.245

数据来源：调查问卷。

⑫被调查者认为普惠金融具有很好的普及性，同时可以提供一定的便利性（见表2-31）。

表 2-31　普惠金融优点

优点	总数	标准差
普及性	39	0.394
商业性	24	0.505
包容性	20	0.498
便利性	28	0.498
开放性	21	0.501

数据来源：调查问卷。

⑬被调查者认为普惠金融服务的重点对象是农民群体以及小微企业（见表2-32）。

表 2-32　普惠金融服务重点对象

对象	总数	标准差
农民	41	0.357

表2-32(续)

对象	总数	标准差
小微企业	32	0.476
城镇低收入人群	19	0.494
贫困人群和残疾人	15	0.468
老年人等特殊群体	12	0.438

数据来源：调查问卷。

⑭在被调查者看来，发展普惠金融有利于降低交易成本，促进产业链供应链创新（见表2-33）。

表2-33　普惠金融有利影响

影响	总数	标准差
降低交易成本	34	0.459
促进产业链供应链创新	26	0.504
促进数字经济发展	21	0.501
促进信贷体系的完善	21	0.501

数据来源：调查问卷。

⑮被调查者认为，阻碍普惠金融发展的因素主要是缺乏正规机构信任，收入低下且缺乏金融知识（见表2-34）。

表2-34　阻碍普惠金融发展的因素

因素	总数	标准差
收入低下	26	0.504
缺乏正规金融机构信任	27	0.501
缺乏金融知识	26	0.504
信贷体系不完善金融服务监督不到位	16	0.476

数据来源：调查问卷。

⑯被调查者认为，普惠金融在创新方面最应该做的是简化贷款手续（见表2-35）。

表 2-35　普惠金融创新

类型	总数	标准差
简化贷款手续	38	0.41
增加重点对象的贷款额度	22	0.504
增加服务网点服务设施	23	0.505
健全完善信贷体系	23	0.505
开发创新金融产品	18	0.489

数据来源：调查问卷。

4. 研究对策与建议

新疆库尔勒农商银行始终坚持省联社党委的总体工作思路，聚焦服务"三农"和实体经济的初心，加快了新旧动能转换，同时促进了乡村振兴，使得"支农惠商"的服务水平得到了不断提升。该行通过不断创新业务模式和产品服务，提高了服务实体经济的能力，充分发挥了农村金融主力军的作用，为乡村发展和乡村振兴做出了一定贡献。

由于新冠疫情的出现，严重影响了国民经济的恢复与发展，许多小微企业复工复产面临融资难、用款难的问题。新冠疫情对新疆库尔勒农商银行来说，既是挑战又是机遇。新疆库尔勒农商银行结合自身的工作实际，严格贯彻人民银行、省联社以及相关部门的要求，对符合条件的农户、小微企业等提供更为优惠的贷款利率，切实降低企业融资成本，为小微企业复工复产提供支持。

本书提出以下相关对策与建议：

（1）走进乡村，开展普惠金融知识宣传。

新疆库尔勒农商银行可以积极通过各种方式开展公众教育，通过金融便民服务站和基层网点，以及报纸杂志、网点电视、电子屏幕、微信等渠道，持续不断开展特色化、常态化、多样化的宣传活动，将金融知识宣传教育送进乡村，提升农民对数字金融发展的认知，改善使用环境。

（2）加强复合型人才培养，助力普惠金融发展。

在人工智能、人脸识别、大数据等新技术的支持下，智能终端逐渐代替传统柜台服务模式，为客户打造智能、时尚、人性化的全新体验，新疆库尔勒农商银行数字化转型时代已经来临。该行要顺应时代发展要求，实现传统银行服务模式和金融科技的有机结合，打造真正意义上的"智慧银行", 有效实现普惠金融和科技的深层次融合。

（3）大力提高贷款密度, 增加银行存款和保险金融服务的使用。

为促进乡村振兴战略的有效实施, 有必要在农村地区大力提高贷款密度。在此背景下, 边疆农牧民作为金融需求方, 应当主动提升金融素养, 降低寻找所需金融服务的成本, 通过学习金融知识来增加自身的金融认知。金融供给方如银行和保险机构, 应积极利用现代金融科技, 创新农村信贷技术, 增加银行存款, 提高对保险金融服务的使用率。农村地区特别是边疆地区的农牧民常常受制于金融排斥问题, 由于缺乏金融知识、金融服务地理覆盖度低下等, 他们面临高贷款成本、贷款难度增加等困境, 无法享受到公平、普惠的金融服务。金融机构应开发适应边疆农牧民需求的金融产品。同时, 地方政府和金融监管部门需要加强农村地区基础设施建设, 推动普惠金融工作的有序推进。

（4）促进新疆普惠金融与乡村振兴之间的均衡、协调发展。

要实现新疆普惠金融与乡村振兴的均衡协调发展, 应关注解决人才、土地和资金之间的问题。资金在乡村振兴中具有重要地位, 因此普惠金融的发展在为边疆农村提供金融服务的同时, 也能为乡村振兴提供资金支持。这有助于边疆农牧民通过贷款获得资金支持, 增值财富, 提高风险抵抗力, 并与乡村振兴战略相互促进, 实现均衡、协调发展。在推动乡村振兴实施的过程中, 要确保乡村振兴与普惠金融的发展相互协调, 以实现全面可持续的发展目标。

第三章 地方金融科技创新与经济高质量发展测度

第一节 地方金融科技创新的内涵

党的十九大报告提出，要实现高质量增长，实现新旧动能转换，要以科技来引领。中共中央在全国性的金融政策讨论会上明确指出，推动经济的高质量发展是构建中国特色社会主义现代化的核心目标，而金融业为经济发展和社会进步贡献出高品质的服务。我们必须努力创造有利的货币与金融条件，并确保对关键策略、重要行业及脆弱部门给予卓越的金融支持。我们要专注于五个主要领域的金融创新，包括科技金融、绿色金融、普惠金融、养老金融和数字金融。其中，科技金融被列为这五个主要领域的第一部分，显示出了中央政府对其的重要性和未来金融技术发展的关注度。当前我国经济正在实现新旧动能转换，新经济发展不是一蹴而就的，科技创新的投入往往是巨大的，科技进步提升劳动生产率往往不是立竿见影的，或许存在一个较长的时滞，如历史上三次工业革命，从蒸汽机、内燃机、计算机的发明到真正获得商业应用，一般都需要滞后几十年时间。正是基于这样的特点，就需要相应的金融资源配置方式与之对应。技术革命也带来相应的金融创新，如组织形态、市场形势、产品形态、服务模式等金融形态的改变，金融科技创新的迅速发展可以极大地提升信息处理能力，降低信息不对称，有利于资源的合理配置。因此，科技金融对经济高质量发展愈发重要，未来金融与科技的结合也会更加紧密。

一、金融科技发展简史

（一）电汇时代的金融科技

在第二次工业革命之后，电报产生，信息传递方式发生重大改变，提升了信息交换速度。电报主要是以加密文字的形式传递信息。电报中使用编码代理文字和数字，大多数采用摩斯密码进行加密，后来通过摩斯密码将文字转化成 26 个英文字母，通过敲击的间隙进行信息传递。

人们发现，电报不仅可以用来传输文字信息，也可以用于资金汇兑，提供交付指令。因此，在 19 世纪 80 年代，电汇业务开始兴起。付款人通过通知汇款银行，要求其通过电报通知目标银行，指示汇入行支付一定金额给收款人。这种方式提高了信息获取速度，有助于货币在不同地区之间的调动。

在中国最先采用电汇方式的机构是当时的票号。19 世纪 80 年代中期，票号的电汇业务开始出现。到 19 世纪 90 年代初，全国各个省份均出现电汇流转银票的业务。到 20 世纪 40 年代，电汇业务大量普及，货币的流动性也大大增强。

（二）电子信息时代的金融科技

在这个以电脑科技为核心的数字信息化时期里，ENIAC——世界上首部电磁式数值积分和计算器设备的出现标志着人类历史的一个重要转折点：它首次出现在公众视野中是在 1946 年的美国宾夕法尼亚大学莫尔电机学院内。最初，它的主要用途是解决军用导弹轨迹的问题，其运算速度达到几千次每秒。

随着人类对未知现实和认识现实世界的拓展，对于数学运算能力要求不断提升，尤其是复杂计算需求，对计算机的需求也不断提升。20 世纪 60 年代，晶体管成为主要元器件，计算机开始使用操作系统和算法语言，运算速度达到数万次每秒；而到了 20 世纪 70 年代，互联网技术也有了大幅度的提升。起初，互联网用于美国军事领域，由 4 台计算机构成。到了 20 世纪末，计算机的普及与互联网的广泛应用大大降低了信息交流和资源共享的成本，提升了人类的运算能力与效率，对于金融业的发展也带来巨大的冲击与创新。在金融机构的革新中，银行业通过使用电脑替代手动操作，实现了对后台交易与柜面交换服务的自动化管理。例如，ATM 机的发展初衷是应对银行分支机构客户排长队及服务时段限制等问题，首创全天候运营模式。特别是在取消了跨行取款收取一美元手续费后，ATM 的使用率大幅提升，有效地满足了公众的日常需求——无须排队办理基本业务。到了 20 世纪 90 年代中期，第一家不依赖物理网点的纯网络银行出现了。在证券领域，计算机发展使大范围的集中交易成为可能，集中交易市场变得更为高效。随着电子计算机技术和通信技术的进步，证券公司与交易所的计算机已经连接在一起，投资者只需输入买卖指令就能进行交易撮合，形成了一个无形的证券交易市场，并且计算机主机已经取代了传统的交易大厅。金融业是信息敏感型行业，数据是信息承载的重要载体，数据也是支撑金融业发展的重要基础，是金融创新转化为生产力的关键。随着计算机技术与互联网技术的发展，信息获取能力、计算处理能力、数据获取的频率、信息储存效率都得到了极大的提升，为金融业的支付结算、网络借贷、信用分析、数据传输与存储都提供了强有力的支持。

二、金融科技创新的理论内涵

金融学科本身就是理论与实践紧密结合，金融理论一般源自实践，随着实践的不断发展而完善。在理论上，"金融科技"作为学术词语出现在 1972 年的英文文献中，由 Manufacturers Hanover Trust 的副总裁 Abraham Leon Bettinger 提出，他所指的 FinTech 是将银行专业知识与现代管理科学技术和计算机融合。1993 年，中国首次出现了"科技金融"一词，随后中国科技金融促进会的成立正式确立了科技和金融的结合。1994 年，中国科技金融促进会首届理事会在广西南宁举行，从而正式引入了科技金融的概念。除了"科技金融"外，还有"金融科技""互联网金融""数字金融"等类似的词汇，但无论怎样描述，本质都是探讨金融与现代科技的交叉，运用经济学理论分析金融高科技发展的规律和效应，总结技术进步和金融创新之间的关系。

（一）金融科技的范畴

对于"FinTech"，学者们提供了多种解释：它是一种系统的且具有革新性的组合，包括一系列用于推动科研发展及高科创产业进步的相关金融手段（如贷款产品）、法规框架和社会服务；这个集合由多个参与者构成——从公司到个人消费者再到中间商等都可能成为其成员之一，他们通过各自的行为来影响整个流程并形成一种网络结构或生态链条。这不只是一个单独的技术或者经济领域问题，更像是一场涉及多方利益者的综合博弈过程的重要组成部分。

根据中国人民银行公布的《金融科技（FinTech）发展规划（2019—2021）》中对金融科技的界定是基于技术的金融革新，其主要目标是在高品质上推动金融业的数字化进程。无论是在中国人民银行或全球性的金融稳定发展委员会中，我们都明确地认识到：尽管以科技创新为驱动力的技术确实对我们的经济产生了重大变革和深远的影响，但它并不等同于单纯意义上的"纯"科学研究或者纯粹的信息化手段——这是我们必须始终牢记的一点。特别值得一提的是，近年来的网络革命及其带来的深刻变化已经让全世界的人们感受到了其巨大的影响力及广泛应用的可能性了。同时，云技术、区块链技术、大数据应用技术、移动支付技术的发展也赋能金融，改变着金融组织的机构组织形式和金融交易方式。比如，借助于大数据和云计算技术的金融模式，能够使金融机构更加广泛地处理信息，提高风险定价能力和风险管理效率。再比如，运用即时通信技术扩展金融服务边界，通过互联网平台（如微信服务）引流客户资源，从而更加快速便捷地实现资金的有效配置。

（二）金融科技创新的关键领域

金融科技作为金融与科技的结合，必然也受到相关经济规律与科技发展规律的影响，信息技术和网络技术的发展变化规律也将影响着金融业的发展。下面介绍几个重要的与金融业发展密切相关的科技领域理论，并从中找出信息与网络技术发展的规律包含哪些方面。

（1）摩尔定律。由英国 Intel 公司的创立者 Gordon Moore 提出的 Moore 法则指出，预计 2020—2030 年，微型芯片上的组装部件数量将会以每年两倍的比例增长。依据此理论预测，如果成本保持稳定的话，那么大约每一到两个季度的时间内，这些设备所包含的功能就会加倍增强或减少一半（取决于其功能）。这个规律被广泛应用于电子科技领域和计算机科学中。在计算机存储容量、网络传输速度方面一再得到验证。这一定律不仅影响着信息技术行业，对金融业也有重要的影响，意味着数据的处理能力、分析能力不断快速提升。

（2）安迪-比尔定律。该定律是对 IT 产业中软件与硬件升级换代关系的一个概括，其原话是指"英特尔公司的安迪·格鲁夫给出的东西，微软公司的比尔·盖茨会拿走"。这个定律的含义是：尽管硬件性能受摩尔定律的影响在迅速提升，软件功能的增加和改进却会不断抵消硬件性能的提升。这条定律对金融业意味着：只有计算机领域硬件水平的提升，才会有金融业软件的植入，而且随着硬件水平不断攀升，运用科技领域成果开发的金融类相关软件会有更加广泛深入的运用，科技与金融的结合才会越来越深入。

（3）梅特卡夫定律。该定律是一个关于网络价值和网络技术发展的定律，意指一个网络内节点数的平方决定了网络的价值；规模决定了网络的基础价值，用户数量越多，网络的整体价值就越大；网络的价值与用户数量之间存在非线性关系；网络具有外部性，网络用户之间存在外部性；随着新用户的加入，对于原用户而言，网络的整体价值就越大，同时也意味着网络巨头之间的竞争越残酷，一旦跨过网络临界点，龙头企业获取客户将成为指数级增长，最后一定是赢者通吃，市场竞争的最后只有少数企业存活过来。

（4）贝佐斯定律。该定律是关于云计算发展的规律，即每隔 3 年，单位计算能力的价格会下降 50%。众多公司应当舍弃其数据中心，转移数据使用至共享云以节约资金。

（5）长尾理论。克里斯·安德森在《长尾理论：为什么商业的未来是小众市场》一书中首次提出了长尾理论，该理论指出，只要产品的存储与流通渠道足够强大，那些基数大但需求有限的产品市场份额也能创造与热门产品同等的市场价值，产生相应的利润。这一理论背后的经济学原理是范围经济，即生产不同种类产品时，产品种类越齐全，生产成本就越低，进而引发多品种小批量生产。现代金融利用大数据、云计算等技术有效降低了逆向选择和道德风险发生的概率，使金融机构能够针对中小企业和低收入群体提供更多定制产品和服务，从而满足其独特需求，形成金融市场的长尾客户群体。尤其是在中国，其有完备的网络基础设施，有发达的手机等电子设备硬件产业，还有较为稳定的金融市场，所有这些因素都能促进形成有效的、广泛的长尾客户群体。在即时通信领域、电子商务领域、线上—线下结合领域、网络资讯领域等都受益于长尾市场理论，诞生出一批超级企业。当以消费基础互联网的发展形成了网络效应，使得信息的消费过程本身就是信息生产的过程，消费信息的人越多，信息资源的总量就越大，这使得激发金融市场长尾客户群体的能量变为可能。中国一些互联网企业的成功也将业务延伸至金融领域，促进企业运用现代科技，革新金融运营流程、开发金融产品，从而有效获取长尾客户。

（6）区块链技术。区块链是一类使用了加密算法的分布式数据库，数据库里的数据打包成区块，并且衔接成链式结构。数据库的运行，依赖于一种基于共识机制的算法，这个算法具有公开的、可扩展的特性。区块链的底层技术是哈希函数，哈希函数是密码学中的概念，可以理解为数据的"指纹"信息，是一种单向的、过程无法逆转的数据库。区块链技术的特点包括去中心化、防篡改、全程记录、可追溯以及由集体维护，这些特点为区块链构建了信任机制的基础。在金融领域，区块链技术主要应用于跨境转账、数字货币、征信系统和供应链金融等领域。

（7）大数据。随着移动互联网、物联网、云计算、移动智能终端的普及，数据量变得更大，内容更加丰富，更新速度更快，从而催生了一个新的概念：大数据。2008年，顶级科学期刊《自然》推出大数据专刊。2011年，权威杂志《科学》发行了 Deal With Data 特辑，该专题聚焦于探讨如何处理大数据的问题，包括所需的技术手段以及其引发的各种转变和挑战。在《中国金融科技创新发展指数报告（2018）》中，对于大数据给出的定义如下：它是一连串涉及技术的进步、资源的变化及思维方式的转型，这些变化共同构成了大数据这一概念，其中技术方面的表现主要体现在数据储存、分析和管理的创新与改革上。而"大数据技术"这个词则涵盖了一系列内容，如数据收集、存储、管理、分析、治理、可视化、分布式计算等。金融大数据分析包括数据的获取、数据的处理和数据的分析。因此，智能算力在金融业中具有重要价值，算力布局成为金融数智化发展的焦点。截至2023年6月底，全国算力总规模同比增重30%，智能算力规模同比增长约45%。由此可见，金融业对智能算力需求增长迅速，算力能力发展对金融数字化转型有重要价值，算力的基础设施也是金融科技的基础设施之一。

（8）人工智能（AI）。人工智能是一门专注于探究并模仿人类智慧与思维模式的研究领域。简而言之，其目标在于实现机器人能如人一般思考的能力。而作为人工智能的一个子集，机器学习则致力于解决这一问题。早在1950年的《图灵测试》一文中，就已对机器学习的可能性进行了探讨。机器学习旨在通过借鉴人类的学习方式，使得机器能够在数据中获取一定的"智力"。主要关注点集中在开发能在电脑上生成"模型"的算法，即所谓的学习算法。一旦掌握了这种学习算法，我们便可以向其输入经验数据，从而令机器根据这些数据构建出相应的模型，进而应用到实际场景中。

随着以上技术的发展，技术对金融的赋能也体现在金融行业的各方面。在金融行业的客户拓展领域，运行机制方面，内部风险控制领域以及金融监管都产生了深远的影响，金融科技研究也已成为研究的热门领域。

三、我国金融科技创新应用的具体实践

由于技术上的创新，对金融业各领域均产生巨大影响，海量的客户数据行为为金融机构开发客户提供了资源，积累和迭代的金融数据对于金融机构风险定价也起到了重要作用。根据从事业务的不同，国内金融科技应用领域可以分为多个部分。

（一）金融科技赋能银行业

银行是商品经济发展到一定阶段的产物，最早的银行诞生于 1580 年的意大利威尼斯银行，而最早的现代股份制银行则出现在 1694 年的英格兰银行。20 世纪 90 年代初，互联网普及应用，商业银行就通过建立网站来加深与客户的联系。1995 年纯互联网银行出现，2014 年中国首批互联网银行获得金融许可证。随着金融科技的技术基础逐渐完善，金融和科技的结合已经不只是局限于技术层面，而是在思维、观念、业务模式、管理模式等各个方面都有所体现，这对于现代银行的管理、模式、业务、流程等方面都带来了创新性的影响。

在金融领域，人们一直以来都是以汇票、本票、支票和汇款等传统方式进行结算的，然而近年来，随着电子汇款、网上支付、移动支付等新型支付方式的出现，更加提升了支付的安全性和便捷性。在信贷融资领域，传统银行经营模式更加注重对高净值客户人群的开发，借助于云计算、大数据等技术可以实现为广大小微客户服务，在设定的平台之下能够在线为客户提供贷款服务；每增加一个客户，带来的单位成本几乎可以忽略不计，而且用户数量越多，越能发挥科技能力，通过充分利用大数据和风险模型实现风险管理。以纯互联网银行为代表，在发放贷款时以小额贷款为主，充分运用数据进行数据架构整合，处理分析大量终端数据，从而进行个人征信和授信，依据信用评级决定是否发放贷款、发放多少贷款。审贷过程由系统自动完成。例如，微众银行的"微粒贷"，其额度为 30 万~500 万元，通过引入人脸识别、在线认证客户身份、与微信链接共享数据来设立"白名单"，不需要任何担保就能实现信用放款。在风险控制上，充分运用社交场景或者相关交易数据与信用记录，运用信用分析模型构建客户

的立体画像，并对贷款之后客户行为进行风险预警管理监控，使金融科技技术全程参与内部风险控制据预测。到 2023 年年底，基于网络的个人信贷总额超过 3 000 亿元（由"数字化的消费者金融服务联合体"与中国银行卡信息公司共同发布）。金融科技对银行业的赋能还体现在金融科技引领金融资源精准配置上。就制造行业来说，利用金融科技创新可以实现对金融服务的渠道提升改造。我们可以通过构建"金融科技＋工业互联网"的新模式，把工业互联网的数据流与公司贷款信用评估相结合，为高科技产业提供适合其轻资产特点的贷款方案，以此来显著改进小微公司的借贷条件，减少借款费用，并助力这些小型公司完成数字化改革与进步。在金融服务实体经济的过程中，面临着"配置、期限、市场、主题、阶段"等不同类型金融资源配置不平等、不均衡的问题，可以通过金融科技中的数字技术，打通政府、企业、金融机构的数据整合，帮助实现资金资源的精准投放。中国人民银行的数据显示，2023 年 6 月末，绿色贷款、普惠小微贷款、专精特新中小企业贷款余额分别为 27.05 万亿元、27.69 万亿元、2.72 万亿元，同比增长 38.4%、26.1% 和 20.4%，均呈现增长态势。

随着科技的不断进步，智能化银行开始出现，为顾客提供全新的业务办理体验。银行的自动化程度逐渐提高，甚至出现了无人银行。以中国建设银行为例，其于 2018 年在上海开设了国内第一家无人银行，顾客只需通过面部和身份证的识别来绑定身份，以后每次办理业务只需通过"刷脸"即可进入。在银行内，顾客可以通过智能柜员机、虚拟柜员机、外汇兑换机、AR 及 VR 体验区等设备来办理业务。对于复杂的业务，顾客可以通过可视化柜台远程联系人工柜员。此外，顾客还可以体验虚拟超市，并办理从日用品到各类民生服务的需求业务，还可以体验建行建融家园所提供的房屋租赁和图书借阅等服务。

（二）金融科技赋能资本市场

金融科技的发展改变了金融业态，对现代金融交易体系的发展和变迁产生了巨大影响，催生出互联网证券、网络股权众筹、网络财富管理等新型主体机构的同时，也产生了智能投资顾问、量化投资、程序化交易等技术与证券交易融合的新业态。科技赋能证券投融资领域，对于减少信息不对称、开拓客户市场、提升投资效率具有重要意义。

金融科技赋能证券业，主要表现在在线开户、量化投资、智能化交易、智能化投行等。随着互联网技术与智能手机的广泛应用，互联网证券公司成为可能。互联网证券是指金融领域和网络技术的融合，以完成诸如股票买卖代理、基金出售、自我投资管理、借贷交易等多种服务于一体的线上操作。中国互联网证券的主要应用场景包括网上账户开设、新股申请、电子交易、贷款融资、基金推介及私人股权筹集等。其中，最常见的互联网开户推广策略就是利用网络渠道吸引客户流量。早在 2014 年 4 月，中信证券和国泰君安证券等企业就已获得了互联网证券试验权限。在具体的业务模式上，通常是互联网企业与证券公司合作，运用流量优势对证券公司的客户进行导流，如国金证券与腾讯合作的"佣金宝"，利用大数据优势进行智能投顾服务。目前，市场上对互联网证券应用最广泛的是东方财富证券，东方财富证券股基交易额为 19.27 万亿元。在其业务构成中，证券经纪业务贡献的利润占比达到 38.7%。在科技特色方面，公司自主研发的"妙想"金融大模型正式开启内测，模型除了具备文本生成、语义理解、知识问答、逻辑推理、数学计算、代码能力等通用能力，更加关注金融场景的垂直能力。"妙想"金融大模型凭借数据特色和算法优势，在财商进阶、投研提质、交易提效等金融场景中不断探索优化，正有序融入公司的产品生态。公司将持续大力推进研发工作，进一步深化科技赋能，积极布局金融科技前沿，主动挖掘用户需求，引领产品变革和服务升级。

最初是为解决交易中存在的资讯失衡问题而创建了阿里巴巴集团控股有限公司（下简称"阿里"）的电商公司所推出的"蚂蚁金服"，它是一个独立于卖家和买家之间的第三方付款系统；只有当买卖双方同意并确认后才会开始转移款项的过程，"这便是支付宝"。随后，该服务机构又让中国各主要商业银行为其提供支持以处理用户间的转账费用等事务。2011 年，支付宝推出划时代产品"余额宝"，余额宝的投资起点为 1 元钱，主要的客户群体为广大消费者，属于货币市场基金，投资集中在短期政府债券等以及银行间同业拆借市场等低风险领域。因其利率水平远高于银行活期存款，且可以随时支取，故受到人们的广泛欢迎，余额宝的运营基金公司天弘基金也一跃成为市场第一大基金公司。随着京东、腾讯都建立了自身金融平台，开展资管产品（金融产品）代销业务，实现流量变现，通过代理网络大公司的理财产品，实现了流量的转化。

（三）金融科技在其他金融行业领域的具体应用

基于工业互联网平台的供应链数字金融模式，旨在消除产业与供应链上、中、下游企业的信息隔阂，并借助区块链技术推进中小型及微型企业的供应链金融服务。当大量的中小微企业加入工业互联网平台后，它们可以实时追踪自身的供应链数据流动与交易信息，即使没有依靠大型企业的担保，也可以获得金融信用支持。而对于金融机构来说，它们会把风控措施深入企业生产的各个阶段和整个供应链流程，如某些商业银行就使用了物联网技术来监控工厂、仓库和运输设备的情况，以此为基础对企业进行信用评级和风险管理。典型的企业如阿里供应链金融。

2007 年，阿里与中国建设银行和中国工商银行开始共同推动产品和贷款的发放，并向它们提供企业信用数据。2010 年，浙江阿里巴巴小额贷款股份有限公司（以下简称"阿里小贷"）成立，2011 年又创立了重庆阿里小贷并获得特批，此后便开始向全国商户放款，同年停止与银行合作提供供应链金融服务。相关资料显示，阿里小贷一般放款额度在 5 万~100 万元，期限为 1 年，采取循环贷款和固定贷款的方式。2012—2016 年，阿里小额贷款为中小企业提供大量贷款。由于两家小额贷款公司的资金有限，同时还要满足"花呗""借贷"等金融服务的需求，为解决资金问题，阿里小贷进行了多轮资产证券化项目。2010 年 11 月，阿里收购深圳外贸综合服务平台"一达通"，为中小企业提供从"外贸资讯"到"外贸交易"的一站式服务链条。2015 年 6 月 25 日，阿里旗下的浙江网商银行正式开业。该银行主要为阿里生态圈内的小微企业（如淘宝和天猫）提供 500 万元以下的信用贷款。2019 年 1 月，蚂蚁集团推出蚂蚁双链通，即"区块链金融"，利用区块链技术提高了供应链上、下游交易的透明度，金融机构可以基于区块链凭证对中小企业进行融资，建立可靠和稳定的供应链金融生态系统。

（四）数字货币

从历史的发展来看，货币伴随着人类经济社会的发展而出现形态上的变化，从看得见摸得着的实体货币到现在看不见摸不着的数字货币，货币作为一般等价物在进行商品交易的过程中执行货币职能更加流畅。在数字经济的新模式下，科技创新以数字经济为主要代表成为推动经济发展的重要力量。随着大数据、人工智能、云计算、区块链、物联网等数字经济模块的不断发展，数字经济的新形式和新业态逐渐涌现，特别是移动支付得到了迅速普及，为社会提供了方便高效的零售支付服务，培养了人们的数字支付习惯。随着现金使用率的下降和使用环境的变化，数字货币的出现成为必然，它在一定程度上促使了官方引入数字货币，中国的代表性产品即数字人民币。中国人民银行于 2014 年成立了法定数字货币研究小组，开始专门研究数字货币的发行框架、关键技术、发行流通环境以及相关的国际经验。到了 2016 年，中国人民银行数字货币研究所成立。2017 年，经国务院批准，中国人民银行牵头商业机构进行法定数字货币的研发试验。当前，研发试验已完成了顶层设计、功能开发和系统调试等工作，并选择了部分地区进行试点工作。

截至 2024 年 2 月底，已有数字人民币试点覆盖了中国各大经济区域，如北京、天津、河北、大连、江苏、浙江（杭州、宁波、温州、湖州、绍兴、金华）、福建（福州、厦门）、山东（济南、青岛）、长沙、广东、广西（南宁、防城港）、海南、重庆、四川、云南（昆明、西双版纳）、西安等。这些地区积累了丰富的数字人民币运营经验，增进了人们对数字人民币设计理念的理解。同时，数字人民币的应用场景也在不断拓展，涵盖了贷款领域（如 2023 年 6 月，中国银行重庆高新分行成功发放 2 400 万元数字人民币贷款）、零售领域（线下零售：2022 年 5 月 18 日，在杭州传化公路港，许多商家都展示了"本店支持数字人民币支付"的标识，在福州、厦门的 74 个高速公路收费站已全面开通数字人民币支付方式。线上零售：数字人民币 App 可通过"支付宝""微信支付"等平台付款，还可与"携程旅行""京东"等商户平台合作，与互联网经济紧密融合）以及医疗、理财、工资发放、纳税等环节。在 2024 年 2 月，中国人民银行数字货币研究所与香港金融管理局进一步加强了对于数字人民币跨境试点的合作。预计未来，数字人民币的跨境支付业务也会逐渐得到普及和推广。

（五）全国各地金融科技创新具体现状

根据北京大学数字金融研究中心和蚂蚁科技集团研究院组成的联合课题组，编制出北京大学数字普惠金融指数。2016—2020 年全国 31 个省份（除港澳台地区）数字金融数字化程度见表 3-1。

表 3-1　2016—2020 年全国 31 个省份（除港澳台地区）
数字金融数字化程度

地区	2016 年	2017 年	2018 年	2019 年	2020 年
北京	329.90	326.02	420.19	440.83	436.02
天津	339.15	322.91	386.10	402.11	408.74
河北	321.46	313.87	371.55	387.38	391.92

表3-1（续）

地区	2016 年	2017 年	2018 年	2019 年	2020 年
山西	352.96	324.92	367.19	375.07	383.04
内蒙古	404.00	340.10	349.76	362.98	367.40
辽宁	330.21	313.57	375.01	387.77	386.33
吉林	323.59	310.72	378.46	379.62	385.29
黑龙江	350.97	323.77	372.28	382.41	380.09
上海	309.94	330.31	440.26	462.23	450.08
江苏	322.80	324.69	408.62	422.92	421.70
浙江	308.66	322.66	421.07	439.16	429.98
安徽	338.54	324.48	393.79	406.11	408.38
福建	306.70	314.47	407.76	420.25	409.82
江西	341.08	324.38	394.00	400.97	398.52
山东	334.58	319.92	388.48	400.84	409.00
河南	340.80	328.09	389.27	401.16	408.32
湖北	331.83	331.10	402.99	414.89	411.73
湖南	318.07	318.96	382.19	403.46	402.30
广东	295.07	304.92	399.86	421.66	409.05
广西	360.15	326.44	381.93	390.01	390.41
海南	322.83	309.34	377.54	385.58	383.46
重庆	340.10	319.57	384.74	400.62	397.12
四川	335.38	325.14	384.51	398.23	396.05
贵州	353.03	316.99	373.01	383.30	380.81
云南	348.65	316.08	376.06	388.74	387.78
西藏	332.66	314.10	368.33	369.65	361.67
陕西	337.60	317.47	379.31	396.36	402.11
甘肃	310.24	304.10	356.54	363.16	367.35
青海	308.11	301.42	351.43	369.19	379.58
宁夏	293.12	305.24	355.14	362.35	361.52
新疆	303.31	313.56	357.37	366.30	364.88

数据来源：北京大学数字普惠金融指数。

在普惠金融数字化程度方面，便利性、低成本和信用化等都是影响用户使用数字金融服务的主要因素，这切实体现了数字金融服务的低成本和低门槛优势，因此普惠金融数字化程度也成为数字普惠金融指标体系的重要组成部分。具体而言，数字金融服务越便利（如移动支付笔数占总支付笔数的比例高）、成本越低（如消费贷和小微企业贷利率低）、信用化程度越高（如免押金支付笔数占总支付笔数比例高），则意味着数字普惠金融的价值就得到更好的体现。在数字普惠金融快速增长的同时，与中国大多数经济特征一样，中国的数字普惠金融发展程度在地区间仍然存在一定的差异。2018年，数字普惠金融指数得分最高的上海市是得分最低的青海省的1.4倍，但这一差异低于传统金融的地区差异。例如，根据社会融资规模计算得到的2017年最高的上海人均社会融资规模增量是最低的吉林的8.4倍。这些对比都说明相对于传统金融，数字金融具有更好的地理穿透性，形成了更广泛的普惠金融覆盖度。

对普通民众来说，便捷性和较低的价格及信誉水平构成了他们选择利用电子银行产品和服务的关键要素。这种现象充分展示了其价格亲民且无障碍的特点——这也是为什么它被纳入我们所构建的"互联网+"综合评价系统中作为关键评估标准之一的原因所在。简而言之，如果某项在线银行业务更加方便快捷，如手机付款占比超过总体交易量的百分比较高且费用更为合理，并且有较高的可信任感，那么该业务就能更好地展现出它的普及型网络借贷功能的重要性。与此同时，我们也注意到了这样一个事实，即在中国这样一个以众多特色为标志的国家，网上贷款平台的发展速度也是参差不齐的，其中最显著的是不同地区的差距问题依然明显地反映在了相应的数据上。举例来说，上海在此类评级中的表现要优于青海4.4个单位分数值，而这种情况却远没有达到传统的线下借款方式之间的巨大差别那样严重。再比如，通过统计全国的社会资金流动情况可以发现，上海的人均新增社融额度约为吉林的32倍。所有这一切都在向人们表明，相比之下"网络理财工具"对人们的吸引力更大一些，并能带来更多的普遍性的福利效果。

第二节　地方金融科技创新与经济高质量发展测度的现实困境

科技的跃升对金融业发展产生的能量是毋庸置疑的，但是金融机构在运用科技产品进行创新的过程中也不断面临新的挑战。当前，金融机构的科技能力建设和数字化转型都已经步入深水区，科技投入也呈现出两方面特征：一是从投入目标来看，金融机构更加注重业务价值导向。只有能够为业务"增值"的科技投入才是可持续的科技投入，提升投入产出比成为金融机构科技投入的关键目标。科技最终要为企业的提质增效提供指引。二是从投入方式来看，金融机构的科技投入方式已经从全面投入转向精准投入。"广撒网"式的探索性投入逐步减少，向业务聚焦、要落地成效成为其投入的重点方向。金融机构以往提出的方案多是"全面加快数字化"，现在更多的是"数据治理""数字营销""零售数字化"等具体业务领域，并且有具体的业务需求驱动。

一、金融科技创新下金融风险具有强传染性和风险交叉性

金融科技就像一把"双刃剑"，它在提升质量和效率上具有显著的优势。然而，我们也不能忽视其所带来的创新性金融风险，这类风险通常具备传染性强、传播速度快、复杂程度高、破坏性强等特点。

第一，传染性强。在分业运营和分业监管的体制下，传统金融机构的风险相对较低，业务之间的风险相对独立，风险关联性较小。金融科技利用互联网技术、分布式计算和分布式存储技术，使得各业务之间的隔离变得不再明显。互联网机构和客户之间相互交织、相互渗透，不同金融业务种类、金融机构以及国家之间的风险相关性不断增强。金融科技风险如同计算机网络病毒一般，较容易在互联网中繁殖。所以，金融科技风险所导致的损失，无论是预期的、非预期的还是灾难性的，都很容易在各种金融市场领域之间传播并产生影响。如上海证券交易所发布公告称，2020年4月20日的早晨，一些跨市场指数行情出现异常。交易所马上启动了紧急应对预案，与中证指数有限公司共同寻找这种异常的原因，并计划在当天恢复跨市场指数行情的正常显示，但是指数异常构成的非预期损失难以估量。

第二，传播速度快。当代信息技术的发展主要表现为传播速度快。通过网络技术手段，金融科技可以实现远程快速处理金融信息，为客户提供更加便捷快速的金融服务；同时，网络化和便捷度的提高也导致金融风险扩散速度加快。

第三，复杂程度高。随着金融科技企业的快速发展，金融产品、业务、组织和服务等被深度融合，金融科技"混业经营"趋势逐渐增强。在这个环境中，金融科技公司的金融信息搜集、处理和传播使得网络信息系统的复杂性提升，任何漏洞都可能增加金融信息泄露或丢失而导致损失的风险。

第四，破坏性强。由于金融科技创新持续推动了对传统银行业的改造，使得这些平台越来越依靠于以数据为基础的服务模式。相比传统的银行服务，金融科技公司拥有大量信息聚集的特点，这就意味着，如果金融市场出现突发性金融风险，解决问题的困难度会非常大，并且这种问题的影响范围及处理费用也会随着信息的密度增长而扩大。另外，大量的信息汇聚也有可能引发系统的金融风险。

二、地方金融科技创新程度差异巨大

由于技术和政策成熟度的限制，地方金融科技创新程度差异较大，可能出现产品相对单一、创新有偏离本质的情况。以保险行业为例，人寿保险是传统保险公司的主要业务之一，由于人寿保险的功能既涉及投资又涉及风险保障，并且该市场遵循风险定价和收益定价相结合的原则，因此其设计非常复杂，需要在收费及赔付方面进行技术性的调整和组合。目前，部分互联网保险公司相关的技术尚不成熟，相关的政策也不够完善，因此会出现互联网保险没有触及传统保险的主营业务（如人寿保险）的情况。互联网保险产品最早是从与购物、旅行等相关的场景化产品发展起来的，其设计满足了保险消费者的特定保障需求。然而，随着居民保险意识的普遍增强，保险消费者的构成逐渐多样化，差异化、个性化的需求在目前的框架下无法被满足。此外，还有一些与保险核心价值和意义相悖、脱离了保险基本原则的虚假网络保险产品逐渐涌现出来，如空气污染保险、老年人保护保险、防止第三者插足保险、上班或下班时下雨保障保险、违章停车赔偿保险、世界杯失利保险等，这类险种不能使用大量数据统计来确定风险发生的可能性，缺乏保险产品的特性，因此并不属于真正的保险产品。互联网保险产业想要取得进一步的发展，需要以用户的实际保险需求为导向进行创新。

三、金融科技创新导致的伦理风险

随着金融科技的快速发展，其面临的科技伦理挑战日益增多。科技进步导致传统金融中的生产关系发生变化，可能导致一些传统的伦理道德标准受到挑战。借助于互联网、移动互联网、物联网、各种遥感测试技术、大数据、人工智能和区块链技术的发展，一切数据都能被记录、被分析的时代来临。然而，这同时也引发了一系列挑战，如个人信息的安全风险、AI 对传统金融职业的影响、大数据与 AI 相结合产生的新型的数据专制及价格歧视等现象，还有互联网金融公司的大规模影响导致了新一轮的"太大无法倒闭"难题等，这些问题都具有较强的隐藏性和较大的监管困难。与此同时，这些又都是需要在运用科技力量赋能金融的同时需要思考的问题。

第三节　金融科技创新与经济高质量发展测度指标体系

金融科技创新与经济高质量发展测度指标体系是评估金融科技创新程度及经济高质量发展水平的重要工具。由北京大学数字金融研究中心和蚂蚁科技集团研究院联合进行编制的北京大学数字普惠金融指数，是国内衡量金融科技创新的团队之一。该指数包括数字金融普惠指数、数字金融覆盖范围、数字金融深度利用和普惠金融数字化程度等内容，其中数字金融深度利用包括支付、信贷、保险、信用、投资和货币基金等业务分类指数。一般来说，金融科技创新指标包含技术投入，具体包括研发投入占营业收入的比例、金融科技领域专利申请数量等，也包含产品创新，如新产品上线数量、产品多样性指数（如产品种类、功能等）。在衡量市场应用方面，相关指标可以有金融科技产品的市场占有率、用户活跃度（如用户注册数、日活跃用户）、合作与生态系统、与其他行业的合作项目数量以及产业链上、下游合作伙伴数量等。

在经济高质量发展指标上，总的增长指标包含经济增长、GDP 年增长率、人均 GDP 等。在经济结构指标上，通常包含结构转型、服务业占

GDP 的比重、高新技术产业占 GDP 的比重等。对于创新能力，我们可以具体考虑科研经费支出占 GDP 的比例、科技成果转化率等因素。

在金融科技创新与经济高质量发展的耦合指标上，有金融服务效率、传统金融服务的平均处理时间与金融科技服务的对比、贷款审批时间的降低幅度等；在融资可得性方面，有中小企业融资难度指数、个人信贷的普及率等；在风险管理方面，相关指标包括金融科技在风险控制中的应用案例数量、信用评级系统的准确性和覆盖面等。

好的研究离不开精准全面的数据来源，因此数据的收集与分析是研究过程中不可或缺的环节。关于金融科技创新程度的测量，相关数据收集渠道通常包括政府统计局、行业协会、企业年报、市场调研等。在分析方法上，我们一般可以采用定量分析（如回归分析、因子分析）和定性分析相结合的方法，以评估金融科技创新对经济高质量发展的影响。

第四节　地方金融科技创新与经济高质量发展的趋势展望

金融科技创新是推动经济高质量发展的关键因素之一。当前，金融科技创新正推动着金融业的数字化进程。此举主要通过运用大数据、人工智能、区块链等前沿科技手段对金融服务过程进行升级改造，以增强其效能和服务质量的同时，也强化了风险控制的能力。比如，中国人民银行行长潘功胜就曾强调，应积极促进金融行业向数字化方向转变，打造出具有领先的技术水平、高效率的服务模式、多维度的渠道整合及精确的风险管控能力的数字化体系。此外，金融科技创新还能进一步扩大金融服务的普及面，这对于那些地处乡村或偏远地区的金融机构来说尤为重要。通过金融科技创新，金融机构可以更好地解决信息不对称问题，提高信贷融资的可得性，优化服务渠道，实现金融服务的广泛触达。随着金融科技的发展，监管科技也变得越来越重要。监管机构正在加强顶层设计和统筹规划，以确保金融科技的健康与安全发展，包括建设智慧监管平台、加快行业基础数据库建设、加强数据合规管理等。金融科技创新是经济高质量发展的重要驱动力，它将推动金融服务的数字化、智能化和普惠化，同时也将带来新的监管挑战和机遇。

一、中国金融科技总体发展趋势

金融科技的投资已从高速增长阶段进入平稳发展阶段，金融科技应用进入深水区，投入成效与高质量发展成为关键，金融机构将更加注重投入的产出效应。经过多年的实践，金融科技发展和应用的路径逐渐清晰，未来完善金融科技投入产出成效的评估机制将成为重点研究方向，"向技术要收益"观念持续强化，从而平衡短期效益和长期布局。

在实践过程中，金融科技对实体经济的支持依赖于多种条件，如技术应用的认知普及、科技金融人才的储备、传统金融固有模式的路径依赖等因素。金融机构的数字化转型是一个长期的系统性工程，是分阶段、分领域重点推进的过程。金融机构在具体业务和需求的推动下，对阶段性任务进行精准化布局，不断完善有序推进数字化转型的模式，不同主题形成不同侧重点。从整体来看，人工智能的发展仍然处于起步阶段，新一轮的人工智能技术主要关注在专业应用领域，正处于由"不可使用"向"可以应用"的科技转折点上，离"非常好用"还有许多障碍需要克服，因此我们迫切需要创新性的技术来推动其深入发展。接下来，我们可以参照人类大脑的高级思维机制，优化深度学习策略，构建出更为强大的知识表达、学习、存储、推理模式。

二、金融科技关键技术发展呈现新特征

随着数字化转型加速，金融机构正通过前沿技术如大模型、人工智能等赋能客服、营销、风控等应用场景，提升金融服务的智能化水平，推动数字化转型加速发展。例如，中国建设银行的青海省分公司积极推进新的金融服务的实施，全力支持主要援助地区的经济发展。中国工商银行为乡村振兴插上金融科技的翅膀，通过"数字乡村"综合服务平台与800余家区县级农业农村主管部门建立起信息化合作关系，并运用数据分析、网络技术、互联网通信设备（如移动电话）等先进技术手段为农民提供全方位的服务支持。

对数据的安全性和个人隐私的保障日益重视。伴随着金融科技创新的进步，确保数据安全及个人信息保密已然成为金融机构与金融技术公司的主要难题，同时也是监管部门正在积极推动的相关规定和策略。例如，2023年6月，国家金融监督管理总局发布了《关于加强第三方合作中网络

和数据安全管理的通知》，明确指示银行、保险、理财等相关机构需展开全面审查，以了解数字化生态环境合作过程中所面临的网络和信息的潜在威胁，并把数字化环境下的合作作为外包风险管控的一部分予以考虑。

金融科技企业的国际化。金融科技企业正积极"走出去"，通过在境外设立机构、与境外机构合作或投资境外机构等方式开展境外业务，东南亚地区、北美地区以及我国港澳台地区成为热门目的地。金融科技独角兽金融壹账通是中国平安集团培育的，已经开展的业务覆盖了南非、新加坡、泰国、马来西亚、印度尼西亚、阿联酋、菲律宾、越南等20个国家和地区，为186家国外金融机构提供服务。该公司在新加坡、印度尼西亚和中国设有子公司，根据当地市场需求推出个性化产品及服务，确保在海外市场上具有竞争力和适应性，为海外金融机构提供全面的金融科技解决方案。

监管科技的应用越来越受到重视，金融机构和监管机构利用先进技术优化监管和风险预警，以应对金融科技带来的挑战。如浙江优创自主研发的新一代关联交易管理系统，就展现了金融科技在提升金融监管效率和透明度方面的重要作用。该系统通过穿透式管理，深入剖析关联交易的各个环节，确保交易的透明性；运用大数据技术对海量交易数据进行深度挖掘和分析，识别潜在风险；结合智能算法，对关联交易进行智能化识别和预警，提高监管的精准性；建立预警监控机制，利用规则引擎自动触发预警，及时应对潜在风险。通过这种方式，我们能够有效地处理关联交易管理中的难题和痛点，如大股东的贪污行为、违反规定的关联交易以及内部人员的控制等问题，从而显著提高了金融机构的合规性和风险防范能力。通过优化金融科技政策与监管体系，培育具有竞争力的金融科技产业生态，深化金融科技应用场景，提升金融监管的效率和透明度，有助于金融机构更好地应对风险挑战，保障金融市场的稳定与健康发展。这一系列特性揭示了金融科技创新正处于高速技术更新与广泛应用的过程中，伴随着技术的持续发展及使用情境的扩大化，金融科技会在提升资源分配效率、助力创新企业成长、加速行业转型升级方面展现出更为关键的作用，同时也会遭遇到监管、安全性和道德等问题带来的考验。金融机构和科技公司需要紧密合作，以确保技术的健康发展和应用的安全性。

三、金融科技支持实体经济发展的展望

通过技术提升对银行业的助力作用以促进实业的进步被视为推进银行领域革新的关键驱动力之一。虽然面临着如信息保护、道德准则及管理监督等问题带来的困难与阻碍，但利用科技创新来驱动实际产业的高质量发展已经成为一种潮流，并将在未来新型产能建设中发挥核心作用。

首先，金融科技应用大数据、人工智能、区块链等技术，能够显著提高金融服务效率，这对推动实体经济高质量发展至关重要。例如，智能风控系统可以实时分析客户数据，快速识别风险，提高贷款审批速度；智能投顾系统则可以根据客户的投资偏好和风险承受能力，提供个性化的投资建议，优化资产配置。其次，金融科技有助于实现金融资源的精准配置。借助大数据处理与机器学习的技术手段，金融机构能够更为精确地衡量自身的信用等级及偿还债务的能力，进而能更有效率地分配贷款资源以推动实体的进步。最后，金融科技创新也为小型商业和个人创业者带来了更为方便且价格合理的融资途径。这类公司通常会遇到获取资本困难并支付高昂费用的情况，然而，随着金融科技的进步，它们可以通过互联网借款或股权募集等方式获得更多融资选项，这有助于激发它们的创造力和创业精神。

在金融科技助力实体经济转型升级方面，金融科技可以通过提供个性化的金融产品和服务，支持传统产业进行技术改造和转型升级。例如，金融机构可以为传统制造业企业提供技术改造贷款、设备更新贷款等金融服务，助力其实现智能化、绿色化转型。金融科技还可以为新兴产业提供全方位的金融支持。例如，对于科技创新型企业、高新技术企业等，金融机构可以提供股权融资、债券融资等多元化融资渠道，以满足其不同阶段的资金需求。金融科技对绿色金融领域也有着重要的贡献。金融机构可以通过绿色信贷、绿色债券等方式，为环保项目、清洁能源项目等提供资金支持，以推动经济社会的绿色发展。

在金融科技监管与风险防控方面，金融科技发展有助于完善监管体系，随着金融科技的快速发展，监管体系也需要不断完善。监管机构需要加大对金融科技企业的监管力度，确保其业务合规、风险可控。此外，我们还需要构建跨部门、跨地域的监管合作体系以形成共同的监管力量。另外，金融科技的进步有助于提高监管的科技水平，因此监管机构必须持续

提升自身的科技能力，并利用大数据和人工智能等技术手段来实施监管。例如，可以建立智能监管系统，对金融科技企业进行实时监测和风险评估，还可以运用区块链技术实现监管信息的共享和追溯等。

综上所述，金融科技在支持实体经济发展方面将发挥越来越重要的作用。未来，随着技术的不断进步和应用场景的不断拓展，金融科技将为实体经济提供更加高效、便捷、智能的金融服务，推动经济社会的持续健康发展。

第四章　地方绿色金融创新与城乡协调高质量发展

第一节　地方绿色金融创新分析

一、绿色金融的概念

绿色金融的界定跨越国界，展现出多样化的视角与侧重点。根据美国标准英语词典，绿色金融被描述为减少长期、大规模经济发展遗留的环境问题的目标；探索并应用各类金融工具以改善环境状况的金融实践。然而，由于全球各国发展阶段的差异性及国情特色，绿色金融的界定呈现出多元化态势。

绿色金融被视为金融业转型升级过程中的重要成果，其核心在于金融业的桥梁作用。该定义不仅彰显了绿色金融在全球气候治理、环境保护强化以及绿色经济与可持续发展推动方面所扮演的核心角色，还着重指出，借助金融工具的创新实践，可以为绿色转型与生态建设注入一股强大且持续的资金活力，为未来发展铺设坚实的资金后盾，旨在实现可持续发展宏伟蓝图的金融新范式。绝色金融力图通过革新与优化金融服务的方式，催化节能技术与环保金融产品的层出不穷，从而达成社会经济系统与生态环境系统的和谐相融，共同迈向可持续发展的光辉未来。

二、绿色金融的基本理论

（一）可持续发展理论

可持续发展理念（the concept of sustainable development）是追求健康

且长远的进步之道，它强调在满足当前时代需求的同时，确保不对未来时代的福祉与发展造成妨害或隐患。这一理念的萌芽深深植根于生态科学的土壤之中，其正式的轮廓首次在 1987 年由联合国世界环境与发展委员会发布的里程碑式报告《我们共同的未来》中得以勾勒。该报告的横空出世，犹如一颗石子投入平静的湖面，激起了全球各国的广泛共鸣与深刻反思，促使世界各国纷纷将可持续发展的愿景付诸实践，开启了一场全球性的绿色转型与可持续发展探索之旅。

可持续发展理念如同一幅宏大的蓝图，其涵盖的领域极为宽泛，囊括了经济持续繁荣、社会和谐进步、生态平衡维护三大支柱。在这一理念的核心理论体系中，资源永续利用理论、外部性影响理论以及代际间财富公正分配理论占据了举足轻重的地位。这些理论共同强调了全球各国携手并进的重要性，力促经济、社会与环境保护三方面的和谐并进，以及在时间轴与空间维度上追求公平正义的发展。此外，它们还着重于推动经济与环境的高效协同增长，以及倡导多元化、多路径的发展模式，共同编织出一幅多彩多姿、多维度并进的可持续发展图景。

可持续发展的核心理念可精炼为三大支柱：首先，它并非对经济增长的否定，而是对传统粗放型增长模式的深刻反思与转型，旨在导向一种更为持久且质量更高的经济增长路径，其核心仍在于追求经济的正向增长。其次，可持续发展深深植根于环境资源的保护之中，强调在维护生态环境的基础上推动经济发展。过往那种以牺牲环境为代价的传统模式，不仅导致了环境恶化，还因高昂的环境修复成本而可能引发经济衰退，这样的道路显然难以为继，必须摒弃。因此，可持续发展强调依托自然资源的合理利用，促进经济与环境的双赢。最后，可持续发展的终极目标是提升民众的生活质量，而非只停留在生活水平的量化提升上。传统经济模式虽带来了一定程度的生活改善，但生活质量的真正飞跃还需在保护自然环境的前提下实现经济增长。从这个角度来看，可持续发展不仅是对传统模式的超越，还蕴含了更为深远且重大的社会意义，它引领我们走向一个更加和谐、绿色的未来。

（二）环境库兹涅茨曲线

环境库兹涅茨曲线（EKC），这一经济学领域的璀璨明珠，其理论根源可追溯至 20 世纪 50 年代，由诺贝尔经济学奖得主库兹涅茨提出的原始库兹涅茨曲线。该曲线最初是用于剖析人均收入与分配公平之间的微妙关系，揭示了一种倒"U"形的演变趋势：随着人均收入的攀升，收入不均现象先趋于加剧，而后又逐渐缓解。时间的车轮滚滚向前，直至20世纪90年代，这一经典理论迎来了新的拓展与演绎。美国经济学家克鲁格与格鲁斯曼以非凡的洞察力，将环境污染这一重大议题巧妙融入库兹涅茨模型之中，开启了对全球近50个国家收入增长与环境污染关系的深入探索。他们的研究同样描绘了一幅倒"U"形的曲线图景：随着收入的持续增长，环境污染程度先呈现上升趋势，随后又逐渐回落。这一发现犹如一盏明灯，照亮了环境经济学研究的新路径，也由此催生了"环境库兹涅茨曲线"这一崭新概念，为后续的环保政策制定与经济发展路径选择提供了宝贵的理论支撑。

纵观经济发展的壮阔历程，其初期阶段往往依赖于资源密集型产业的强大驱动力，人力资源与物质资源的广泛投入成为经济增长的主要推手。这一发展模式以其粗放式的特征，伴随着自然资源的巨大消耗，且受限于当时社会对于环境保护意识的淡薄，生产活动往往缺乏有序性，经济增长的迫切追求在一定程度上牺牲了环境质量，导致了环境污染的加剧。然而，随着经济的持续快速发展，人民生活水平的显著提升以及科学技术的日新月异，经济发展的模式悄然发生了深刻变革。从昔日的粗放式发展模式逐步转型为技术驱动型经济，这一过程不仅见证了生产效率的飞跃，更伴随着公众环保意识的觉醒与提升。经济增长所带来的环境问题逐渐成为全球各国的共同关切，生态环境治理与改善成了不可回避的时代课题。回溯这段发展历程不难发现，环境污染与经济增长之间呈现出一种独特的倒"U"形关系：在经济发展的初期，环境污染随着经济增长而加剧；而当经济发展到一定阶段后，随着技术革新与环保意识的增强，环境污染又逐渐得到控制并趋于下降。这一历程，既是对过往发展路径的深刻反思，也为未来可持续发展之路提供了宝贵的启示。

三、我国绿色金融改革创新的地方实践与经验启示

自2017年起，国务院以前瞻性的战略眼光，在"七省（自治区、直辖市）十地"这一广阔舞台上精心布局了绿色金融改革创新试验区，包括浙江省的湖州市、衢州市，广东省的广州市，新疆维吾尔自治区的哈密市、昌吉回族自治州、克拉玛依市，贵州省的贵安新区，江西省的赣江新区，甘肃省的兰州新区，以及充满活力的重庆市。这些试验区如同绿色金

融领域的璀璨明珠，各自在绿色金融标准制定、环境信息披露体系完善、激励约束机制强化、产品服务体系创新以及国际交流合作深化等方面均取得了令人瞩目的积极成果。这些试验区不仅在实践中探索出了绿色金融发展的新路径，更形成了一系列具有示范意义、可复制推广的宝贵经验。它们如同绿色金融领域的先锋队，不仅为绿色金融的深入发展提供了有力的支撑，更为全国乃至全球绿色金融的未来发展树立了标杆，引领着绿色金融事业不断向前迈进。

（一）湖州市绿色金融改革创新的经验

1. 绿色金融的概念内涵

自 2017 年绿色金融改革创新试验区荣耀获批以来，湖州市在脚踏实地的日常工作中逐步深化了对"绿色金融"这一前沿概念的独到见解。我们深刻理解到，金融的本质虽无色彩之分，但其赋能的对象——产业、企业及项目却深深烙印着绿色的印记。因此，绿色金融的本质便是那些专注于扶持绿色产业、助力绿色企业成长、推动绿色项目落地的金融活动，它们如同调色盘上的绿色颜料，为经济的可持续发展绘就生动图景。

更进一步地，绿色金融被视为金融领域内供给侧结构性改革的重要实践。在这场深刻的变革中，湖州市坚持信贷总量稳定为基，通过绿色金融这一创新杠杆，巧妙地撬动金融资源流向的绿色重构。这意味着，在保持金融总量平衡的同时，绿色金融以其独特的引导力，促使金融资本从传统领域向绿色领域加速转移，实现了金融资源的高效配置与绿色产业的蓬勃发展相得益彰。

2. 此项工作经验汇总

（1）绿色金融改革创新工作要把握好"三个结合"的工作原则。

一是要改革创新执行模式，将自上而下的顶层设计和自下而上的创新改革结合，贯彻中国人民银行的工作思路，并在湖州当地的金融部门和金融机构落实工作重点。

二是保证市场稳步发展与政府宏观调控相结合。

三是要将金融发展和产业改革创新结合起来，发展实体经济。绿色金融依托于金融产业的发展，又助力于金融业的发展，但是我们深知金融业的发展最终要回归到实体经济上，所以金融发展要结合产业结构发展，找出适合绿色低碳发展的产业、企业和项目，赋能实体经济发展壮大。

（2）绿色金融工作在推进过程中要做好两个领域的重点工作。

一是统计和引导。统计是对当前绿色金融的数据进行统计整理，如绿色信贷（在绿色金融中占比最大的一类金融产品）；引导则是通过国家绿色金融支持，引导发展绿色产业、绿色企业、绿色项目，转变产业发展必将耗能的旧时观念，推动企业绿色低碳发展意识。

二是牵头和协同。牵头是指要保证三家监管机构统筹合力，包括中国人民央银行、国家金融监督管理总局、地方金融监督管理局三者的统筹发展；协同是指在产业部门发展过程中，各方面基础设施配套建设的协同作用。

（二）衢州市绿色金融改革创新的经验与启示

1. 衢州市绿色金融工作的演进历程

衢州市以其先行者的姿态，书写了一段从探索到引领的辉煌历程，其绿色金融工作的演进，犹如一部波澜壮阔的史诗，大致可以划分为三大篇章：2014—2017 年，衢州作为浙江省绿色金融改革的唯一试点城市，犹如一叶扁舟，在未知的水域中摸着石头过河，以无畏的勇气与智慧，开启了绿色金融改革创新的先河，为全国绿色金融的发展提供了宝贵的先行经验；2018—2021 年，衢州绿色金融改革创新试验区的地位得到了国家层面的认可，从此迈入了一个全新的发展阶段；2022—2023 年，衢州绿色金融工作再上新台阶，以转型金融为重点，成功建成了碳账户金融 5e 数智体系，这一体系的建立，标志着衢州在绿色金融领域的探索又迈出了坚实的一步。

2. 衢州市碳账户建设情况

（1）工作背景。

一是中央引领。2020 年 9 月，习近平主席在第七十五届联合国大会一般性辩论上提出了 "30·60" 气候行动目标。

二是浙江行动。2021 年 7 月，浙江省委书记、省碳达峰碳中和工作领导小组组长在省碳达峰碳中和工作领导小组第一次全体会议中提出 "4+6+1" 总体思路，明确了四个指标、六大领域及科技创新。

三是衢州担当。面对传统农业和工业为主的产业结构与生态环境的矛盾，衢州要坚定扛起 "经济大省挑大梁" 的责任担当，全力推动 "工业强市、产业兴市" 再突破、攀新高。

四是凝聚共识。自 2018 年起，衢州率先建立个人碳账户，倡导绿色支付、出行、消费等行为，达成全社会绿色低碳共识。

五是金融助力实现"30·60"目标需巨额资金投入，金融成为关键支撑力量。

（2）工作推进方面。

作为全国首批试点地区，衢州在碳账户体系建设初期面临数据获取瓶颈。为突破这一瓶颈，衢州主要在以下三个方面做出了努力：

一是数据采集。通过安装感知装置，实现高频次（15分钟一次）在线监测，确保数据真实可靠。

二是科学核算。与顶尖院士团队合作，确保碳核算的权威性和科学性。

三是碳效评价。以产品碳排放强度为核心，结合税收和增加值，形成三维四色贴标评价结果。

（3）取得成效。

一是碳排放 e 本账。全生命周期碳足迹核算，增加税收和增加值考评因素，实现三维评价。

二是碳征信 e 报告。碳账户信息授权金融机构查询使用，支持低碳。

三是碳政策 e 发布。整合财政贴息、风险补偿等政策，促进绿色金融发展。

四是碳金融 e 超市。线上申请、受理、反馈，提升金融服务效率。

五是碳效益 e 核算。在线测算贷款减排效果，形成可操作、可计量、可验证的逻辑闭环。

3. 下一步工作思路

一是加快构建五大支柱，包括量化转型金融等。

二是行业转型金融标准，以碳账户为支撑，制定主导行业转型金融标准，引导差别化信贷政策。

三是夯实数据基础，进一步提升碳账户。

四是法治化进程。推动《衢州市碳账户金融促进条例》出台，加快转型金融规范化、法治化。

（三）浙江省绿色金融改革创新的经验

浙江省内有很多地区开展了区域金融的改革试点工作，相关地区绿色金融改革创新经验如下：

1. 绿色金融标准

湖州、衢州等地创设团体标准，细化绿色建材等指标，助力金融机构低成本识别绿色项目。除了在总行设立基本标准之外，湖州、衢州等地的浙江省部分地区有自身特点的绿色标准。其中，浙江省湖州地区结合住建部的绿色标准，出台了《湖州市绿色建材基本要求》。此要求依托绿色建筑和绿色金融双向发展的特点，发展出了具有当地特点的各项相关指标、参数。

2. 环境信息披露

在绿色金融的广阔天地中，环境信息披露扮演着举足轻重的角色，它不仅是金融机构践行绿色责任的重要体现，更是推动绿色转型不可或缺的工具。为此，浙江省积极行动，致力于推动全辖金融机构深入开展环境信息披露工作，通过精心设计与部署，成功上线了信息披露模块，为这一工作的顺利推进提供了坚实的技术支撑与基础保障。步入 2023 年，浙江省在这一领域迈出了坚实的步伐，环境信息披露工作已在全省范围内如火如荼地展开。在这一进程中，浙江省特别注重技术创新与数字化赋能，环境信息披露模块的上线便是其中的一项重要举措。该模块不仅极大地提升了信息披露的便捷性与效率，更为金融机构提供了一个线上平台，使其能够轻松提交并展示其环境信息披露报告，从而更加透明、全面地展现其在绿色金融领域的努力与成果。这一系列举措的实施，不仅彰显了浙江省对绿色金融发展的高度重视与坚定决心，更为金融机构的绿色转型提供了重要的金融工具与支撑，为推动本地乃至全国的绿色金融事业迈向新的高度奠定了坚实的基础。

3. 激励约束机制

浙江省通过"再贷款+绿色信贷""财政+金融"等模式，降低了本地金融机构的绿色金融成本。绿色金融在原有的基础上增加了绿色属性，也增加了金融的创新成本，给金融机构增加了额外的成本负担，所以需要政府的激励来引导金融机构发展绿色金融。浙江省通过政策探索混合融资新模式，创新金融机制，形成了再贷款和绿色信贷的联动机制，发挥政策推动金融机构发展的联动作用。

4. 产品创新体系

截至 2022 年年末，浙江省绿色贷款余额达 2.2 万亿元，绿色债券发行总额全国领先。浙江省着力打造合理的金融产品和服务模式，提升绿色金融市场化的供给能力。截至 2022 年年末，浙江省绿色贷款余额占全省各项贷款比重为 11.53%，同比增长 47.8%。与此同时，其全国绿色贷款增长速度为 9.2%，远高于全国绿色贷款增速。2022 年，浙江省发行的绿色债券总额占全国绿色债券发行总额的 5.2%，占全国第五位。其绿色债务融资工具发行 44 亿元，募集资金用途涵盖当地发展各个行业。

5. 转型金融发展

浙江省对标 G20 转型金融框架，推进转型金融实践。转型金融工作中需要注意转型金融标准和目录的建立，这些金融发展十分重要。浙江省在对标 G20 转型发展金融框架中，按照要求逐步推进金融转型落地实践，鼓励每个地区根据自身特点选定一个高碳行业。

（四）广州绿色金融改革创新的经验与启示

1. 主要工作及成效

广州构建了三级联动的领导架构，旨在高效协调解决区域重大挑战，精心规划并部署实验区的建设蓝图，以此驱动绿色金融的蓬勃发展、深度改革与持续创新。广州还将大湾区与广东自贸试验区的金融创新资源进行了有效整合，实现了三方的紧密协同，充分发挥了改革创新的联动优势。

在政策激励层面，广州引入了第三方专业机构，对绿色票据和碳减排进行精确测算，并推出了绿色票据再贴现、碳减排票据再贴现等低成本金融支持方案。

在产品创新方面，当地政府引导金融机构成功研发并推出了数十种创新绿色信贷产品，如"可再生能源补贴确权融资""绿色充电桩专项贷款"等，全面覆盖了绿色经济的多个核心领域。

为了强化基础设施的战略支撑作用，广州充分利用"粤信融"平台的优势，为本地绿色金融改革创新试验区打造了专属的融资对接系统；与地方政府携手，构建了企业碳账户体系，并推出了"N+1"碳信用体系新模式，为金融机构提供了标准化的碳信用报告；积极推动金融机构环境信息披露系统的完善，以提升金融体系的绿色风险管理能力。

广州绿色金融改革创新的首要亮点在于绿色金融规模的显著扩张与稳健增长。截至 2023 年 6 月的统计数据显示，广州的绿色信贷余额已跃升至约 9 000 亿元的新高度，这一数字相较于 2017 年的基数，实现了令人瞩目的 3.7 倍增长，彰显出绿色金融在广州经济体系中的蓬勃生机与巨大潜力。与此同时，绿色债券领域亦传来捷报，其余额已逼近 900 亿元大关，同比增幅高达 36%，进一步验证了绿色金融产品在市场上的强劲需求与投资者的广泛认可。

更为深远的是，绿色金融在广州绿色发展的进程中扮演着愈发举足轻重的角色，它已成为驱动经济社会绿色转型的中流砥柱。得益于绿色金融的鼎力相助，广州新能源汽车产业迎来了前所未有的繁荣景象，产业规模持续扩张的同时，技术创新与产业升级亦驶入了高速发展的轨道。新能源汽车作为绿色发展的典范产业，其迅猛的势头不仅显著加速了能源结构的优化进程，有效削减了碳排放量，更引领着上、下游产业链的绿色蜕变与协同并进，为广州乃至整个国家的经济社会可持续发展注入了新动力。

综上所述，广州绿色金融改革创新的成功实践不仅体现在规模的快速扩张上，更在于其对绿色发展的深刻影响与持续贡献。这一系列成就不仅为广州乃至全国绿色金融的发展树立了标杆，也为全球绿色金融的深化合作与交流提供了宝贵经验。

2. 心得体会

确保绿色金融改革创新试验区建设稳步前行的基石在于全面而周密的统筹规划，这离不开中国人民银行的睿智引领。秉承服务实体经济绿色转型的核心理念，广州依托其坚实的实体经济根基，精准对接绿色项目融资需求，成为绿色金融实践中的领航者。通过深度挖掘并有效解决绿色产业融资难题，广州不仅孵化出众多具有全国示范效应的金融产品与模式，更以实际行动诠释了金融支持绿色发展的深刻内涵。

此外，汇聚部门间协同力量是推动绿色金融改革创新试验区建设不可或缺的一环，它要求各方紧密配合，形成强大合力，共同为试验区的发展注入不竭动力。

在广州绿色金融改革创新的宏伟蓝图中，其坚持自主决策，既严格遵循市场法则，又全面考量各方利益，从而充分释放了市场主体的活力与创造力。

（五）贵州省贵安新区绿色金融改革创新的经验与启示

1. 绿色金融改革创新的工作经验

在地方政府与产业主管部门的紧密协同与全力支持下，贵州省贵安新区绿色发展的宏伟蓝图正徐徐展开。这一进程显著体现在两大核心策略上。

首先，高层引领与跨部门协作的深度融合。贵安新区以高瞻远瞩的姿态，携手省发展改革委、水利厅、生态环境厅、林业和草原局等关键部门，共同构建起"绿色权益+绿色金融"的创新协作框架。这一机制不仅促进了行业监管与金融服务的无缝对接，还深度探索了绿色权益融资与生态产品价值转化的新路径。同时，该地区与省检察院建立的"绿色金融+生态检察"协作模式，更是将法律监督与金融创新的力量汇聚一堂，形成了生态保护与绿色金融相互促进的强大合力，为区域绿色发展提供了坚实的法律与金融双重保障。

其次，贵安新区充分利用试验区"敢为人先"的政策优势，构建起以银行业金融机构为主导、非银行业金融机构为补充的绿色金融组织体系。在这一体系内，金融机构被鼓励从管理机制、抵押质押模式等多个维度进行大胆尝试与突破，成功推动了超过百项绿色金融产品和服务的创新实践。尤为值得一提的是，"有效盘活绿色信贷资金，赋能贵州绿色发展"等十大标志性案例，凭借其鲜明的贵州特色与显著成效，在全国范围内赢得了广泛赞誉与推广，为绿色金融的可持续发展树立了新的标杆。

2. 下一步工作思路

（1）在绿色金融领域的深度耕耘中，贵安新区致力于将"生态账户"与"碳账户"等实践中的璀璨明珠——那些经过精心提炼、持续优化并验证成功的经验，作为宝贵的财富在全省范围内进行广泛复制与推广。这一举措旨在打破地域限制，让更广泛的市场主体能够沐浴在绿色金融的温暖阳光下，享受其带来的融资便利与成本优化，共同推动经济的绿色转型与可持续发展。

（2）为了构建更加包容与普惠的绿色金融体系，采取战略融合，这不仅意味着将绿色金融的环保理念与普惠金融的广泛覆盖性相结合，更旨在通过创新机制与产品设计，确保绿色金融的福祉能够触达每一个有需要的市场主体，无论其规模大小、行业差异，都能获得量身定制的绿色金融服务，共同迈向绿色繁荣的未来。

（六）重庆市绿色金融改革创新的经验与启示

2019 年年初，重庆市秉持着"申报创建与改革创新并行不悖"的理念，经过三年的不懈努力与持续探索，终于在 2022 年 8 月正式荣膺全国首个实现全省域覆盖的绿色金融改革创新试验区。

1. 绿色金融改革创新工作进展及成效

（1）试验区建设机制的坚实构建。

重庆市政府迅速响应，构筑起绿色金融改革创新试验区的坚固基石。一方面，强化组织保障体系；另一方面，深化专业驱动力，设立10大专项工作组，不仅促进了绿色金融的学术研讨、政策解析与实践交流，还依托这些平台构建了绿色金融政银企常态化融资对接机制。自2022年起，重庆市政府已促成逾60场融资对接盛会。

（2）绿色金融数字化平台的迭代飞跃。

"长江绿融通"绿色金融大数据综合服务系统不断进化与升级，现已初步成型为一个集信息共享、安全互联、业务创新及监测评估等多功能于一体的综合性平台。该平台五大核心板块并驾齐驱，一方面，精准汇聚绿色金融数据，深度挖掘信息背后的价值；另一方面，依托中欧共同目录等国际标准。

（3）绿色金融标准体系的深化探索。

2023年以来，中国人民银行重庆营业管理部携手市级部门，密集出台多项地方绿色金融标准，如《重庆市林业碳汇预期收益权抵（质）押贷款业务指南（试行）》等，并积极参与全国性标准研制，如《碳排放权质押贷款业务服务流程指南》，不断拓宽绿色金融标准的广度和深度。

（4）激励约束机制的全面优化。

重庆市加快实施货币政策工具专项行动，推动碳减排支持工具等精准落地；加大财政政策扶持力度，为碳减排贷款提供财政补贴，多地区出台配套奖补政策；探索多样化应用场景；同时，推进企业碳账户试点，构建实时监测系统，精准掌握企业碳减排成效。

（5）绿色金融交流合作的深化拓展。

重庆市首批17家绿色金融组织获授牌，专业服务能力显著提升。重庆市绿色信贷产品百花齐放，包括全国首创的"碳配额理财融资业务"等在内，已推出270余款绿色信贷创新产品。绿色债券发行亦亮点纷呈，重庆农村商业银行、重庆三峡银行等金融机构在绿色金融债券领域屡创佳绩。

（6）深化绿色金融交流合作。

通过发布《重庆绿色金融发展报告（2022）》等系列报告，当地政府及时分享绿色金融最新成果与典型案例。在中国人民银行的悉心指导下，当地政府与重庆市中新示范项目管理局紧密合作，成功举办中新绿色金融工作组会议、中新金融峰会绿色金融分论坛及西部国际碳中和技术博览会等高端活动，搭建起绿色金融国际交流的广阔舞台，共谋绿色发展新篇章。

2. 绿色金融"三大功能"有效发挥

（1）资源配置效能显著提升，引领绿色经济新飞跃。

"长江绿融通"系统的实时监测数据显示，截至 2023 年 6 月末，重庆市绿色信贷规模已跃升至超 6 200 亿元的新高，年度同比增长率高达 31%，这一数字相较于 2019 年年初更是实现了 3.5 倍的惊人增长。同时，绿色债券市场亦表现强劲，余额突破 430 亿元大关，彰显了绿色金融在资源配置中的主导力量。

（2）风险管理体系日益成熟，筑牢绿色金融安全防线。

在风险管理领域，重庆市银行业金融机构展现出高度的前瞻性与责任感。超过九成的机构已将绿色金融纳入其长期战略规划之中，并积极探索将环境、气候风险融入全面风险管理体系的新路径。这一举措不仅有效降低了绿色贷款的不良率，使之显著低于全市贷款平均不良水平，更为绿色金融的稳健发展筑牢安全防线。

（3）碳市场定价机制稳步构建，激发绿色转型新活力。

自 2022 年以来，重庆碳交易市场持续活跃，累计成交额已超过 2.6 亿元，碳排放权抵（质）押融资总额接近 5 亿元，质押碳量高达 32 万吨。这一系列数据不仅彰显了重庆碳市场定价机制的日益成熟，更为碳排放权的合理定价与高效交易奠定了坚实基础，极大地调动了企业投身绿色转型的积极性与创新能力，为绿色经济的发展注入了新的活力。

3. 未来工作展望：四大导向引领

（1）目标导向，强化改革责任链。

重庆市将进一步完善跨区域、跨部门、跨机构的协调推进机制，以"责任制+清单制+路线图+政策评估"为框架，确保各项改革任务落到实处；同时，鼓励各区县结合本地实际制订年度改革实施方案，并压实金融机构的改革责任，推动新项目、新标准的快速落地与高效实施。

（2）需求导向，深化重点领域改革。

重庆市将聚焦转型金融、绿色小微、绿色农业、生物多样性保护及绿色消费等关键领域，建立项目（企业）库，以国家级绿色工厂为标杆，打造绿色融资示范案例；同时，通过清单制和项目制推动绿色园区、绿色产业链的发展，优化完善基于碳减排支持工具的金融服务体系。

（3）问题导向，夯实数字化基础。

针对绿色金融发展中的痛点与难点问题，重庆市将持续优化数字化基础设施建设，提升绿色金融服务的智能化、精准化水平，通过技术创新与数据驱动实现绿色金融的高效监管与精准服务。

（4）开放导向，拓展国际合作新空间。

重庆市将充分利用西部陆海新通道、中新（重庆）互联互通示范项目等国际合作平台优势，积极吸引国际资本与先进绿色低碳技术落地重庆；同时，进一步加强与中欧、中新等双边绿色金融合作机制的联系与合作，共同推动绿色低碳基金、零碳示范园区及零碳项目的建设与发展，为本地区乃至全球的绿色低碳转型贡献力量。

（七）四川省绿色金融改革创新的经验与启示

四川省绿色金融工作紧盯目标任务，构建起跨部门、跨区域的高效协同机制；通过省级绿色金融"双牵头"模式，强化与地方金融监管局、发展改革委、经信厅等多部门的紧密合作，形成工作合力；拓宽合作视野，创新绿色金融评价结果运用，联合财政厅出台财政金融互动政策。

围绕生态产品价值实现、重点流域生态保护、乡村振兴绿色发展及数字技术助力绿色低碳等关键领域，金融机构不断创新金融产品与服务，如CCER（国家核证自愿减排量）、区域碳权抵质押。四川省还不断深化省级绿色金融创新的试点工作，成功孕育出一系列具有示范意义、可复制推广的经验模式。在此基础上，四川省高度重视对外交流与合作，通过精心编纂报告、案例集等多种方式，系统总结绿色金融的发展成果，广泛传播四川绿色金融的宝贵实践与显著成效，有力地提升了四川在全球绿色金融版图中的知名度和影响力。

综上所述，四川省绿色金融改革创新的实践不仅促进了本地区绿色经济的蓬勃发展，还为全国乃至全球提供了难能可贵的经验与深刻启示，更为绿色金融的未来发展树立了标杆。展望未来，四川省将矢志不渝地深化绿色金融改革创新的步伐，为构建一个更加健全、更加高效的绿色金融体系贡献更加磅礴的力量。

（八）青海省绿色金融改革创新实践与启示

中国人民银行西宁中心支行紧密围绕"双碳"战略与绿色低碳转型大局，立足区域特色，深入探索并构建适配的绿色金融实施框架与综合体系。该行致力于精准对接产业绿色升级的多层次融资需求，不仅助力绿色产业蓬勃壮大，通过金融活水为其扩大产能"添翼助飞"，更是主动地参与到传统产业的低碳改造升级中，致力于为其绿色转型之路扫清障碍、解决难题，从而确保金融资源在推动经济向绿色化转型的过程中发挥关键作用。

1. 青海省绿色金融工作进展及成效

在全力推动绿色产业融资需求满足的进程中，青海省致力于塑造绿色低碳经济的新时代名片；为了紧密贴合"四地"建设中复杂多变的融资需求，积极引领金融机构勇于探索、敢于创新，成功研发并推出了琳琅满目的绿色信贷产品与服务方案，总数已逾百种，为各类绿色项目提供量身定制的金融支持。在绿色有机农牧这一关键领域，青海省全面加大对全产业链的信贷扶持力度，此举不仅为农牧业的绿色转型进程注入了澎湃动力，更为打造独具地域风采的"青字号"绿色有机品牌铺设了坚实基石，显著提升了其市场竞争力和品牌影响力。与此同时，针对清洁能源产业更是匠心独运，青海省创新推出了专项金融产品，对源网荷储一体化及多能互补项目提供了更为优化的融资服务流程，有效削减了融资成本。值得一提的是，部分项目有幸享受到了低至 2.5% 以下的优惠贷款利率，这一举措极大地激发了市场潜能与投资热情，为清洁能源产业的蓬勃发展注入了强劲活力。

至 2023 年二季度末，青海省清洁能源产业所获得的贷款余额已显著增长至 1 117.4 亿元，这一数字在各类贷款余额中占据了尤为突出的份额，彰显出清洁能源产业在其经济中的重要地位及蓬勃发展态势。这标志着绿色金融在推动青海省清洁能源产业快速发展、促进经济结构绿色转型方面取得了显著成效，为其绿色低碳经济的蓬勃发展奠定了坚实基础。

2. 依托碳账户的转型金融探索

聚焦高耗能企业低碳转型，赋予碳账户应用新内涵。为了有效减轻企业在低碳转型过程中的融资成本负担，当地政府携手省发展和改革委员会以及国家电网青海电力公司，共同推进企业碳账户体系的搭建工作；通过依托先进的"碳排放智能监测平台"与"绿电溯源平台"，精准核算了118 家企业的碳排放总量、碳排放强度以及绿电使用比例等关键数据，并成功为这些企业建立了碳账户。在此基础上，当地政府着力打通国家电网青海电力公司平台与"青信融"平台之间的数据安全共享壁垒，引导金融机构以"绿色发展目标清晰界定、低碳转型路径规划明确、碳减排成效显著展现"为筛选标准，对符合条件的目标企业实施差异化的信贷支持策略，以金融力量助力企业低碳转型。

积极推出碳减排挂钩的信贷产品，勇于探索转型金融的崭新路径。秉持着试点先行与风险可控的双重原则，青海省成功引领招商银行西宁分行实现了企业碳账户数据与信贷审批流程的深度融合，开创性地将碳减排成效及绿色电力占比纳入评估体系，作为决定贷款利率与授信额度差异化的关键指标。这一创新实践已覆盖 1 家大型工业企业和 2 家小型工业企业，累计发放碳减排优惠贷款金额高达 6 300 万元。其中，贷款利率的最大优惠幅度更是达到了惊人的 1.65 个百分点，彰显出显著的环保效益与经济效益，充分展现了绿色金融在促进企业低碳转型方面的强大潜力与积极作用。

3. 下一步工作思路

首先，青海省将继续推动绿色信贷、绿色债券、绿色保险等金融工具的广泛应用与深度融合，以形成强有力的支持体系；鼓励金融机构加快创新步伐，致力于研发出既符合市场需求又具备高度竞争力的绿色金融产品和服务，从而不断激发市场活力。

其次，青海省将进一步致力于积极引导金融机构加速构建并优化绿色金融专营体系，旨在通过这些机构的设立，推动绿色金融服务的专业化水平迈上新台阶，确保服务质量的显著提升；同时，加强对绿色金融从业人员的培训与教育，提升其在绿色金融政策、产品与服务等方面的专业素养与综合能力。

再次，青海省将加快推动基于碳账户的金融创新，形成集"核算、评定、增信、激励"为一体的碳账户金融体系，引导金融机构积极向总部争取授信权限下放、信贷政策突破等差异性支持。

最后，青海省将进一步完善低碳转型配套精准发力机制，发挥中国人民银行货币政策工具支持作用，利用充足的再贷款、再贴现额度引导资金流向绿色低碳领域；加强与财政部门沟通协调，致力于推动金融政策与企业技术改造专项资金、财政贴息政策以及政府性融资担保政策之间的紧密衔接，从而更有效地促进工业低碳转型升级。青海省通过这一系列政策的深度融合与协同作用，旨在充分释放金融、产业与财政政策的叠加倍增效应，为工业低碳转型提供强有力的支撑与保障，确保转型过程的稳步推进。

第二节　地方绿色金融创新与城乡协调发展的瓶颈问题

我国绿色金融发展面临的问题主要有以下三个方面：

（1）当前，我国在绿色金融产品和服务领域的市场供应主要局限于绿色信贷与绿色债券等传统产品，这一现状制约了绿色金融市场的多元化发展。尽管我国已陆续颁布了一系列旨在推动绿色金融发展的政策措施，但遗憾的是，仍缺乏系统的绿色金融标准与评估框架，这导致金融机构在开展绿色金融业务时面临一定的操作难度和不确定性。

（2）鉴于绿色金融所蕴含的环境风险与信用风险等复杂因素，当前金融机构在绿色金融风险管理方面的能力尚待进一步提升，以确保能够有效应对各类潜在风险挑战。此外，我国金融机构在绿色金融风险管理方面还存在一定的短板和不足，需要进一步加强风险管理体系建设。

（3）我国的绿色金融环境信息披露不充分，绿色金融环境信息披露的透明度和规范性还有待提高，需要加强环境信息披露的监管与标准化建设。

综上所述，我国绿色金融发展面临的问题包括产品和服务创新不足、政策体系不完善、市场化程度不高、风险管理能力有待提高以及环境信息披露不足等。为了解决这些问题，政府、金融机构和社会各界还需要共同努力，从而推动绿色金融的健康发展。

第三节　绿色金融创新助力城乡协调高质量发展的指标构建

根据前文的理论研究发现，绿色金融创新和城乡协调高质量发展的关系并非单一线性的，而是呈现复杂的非线性关系。在探索非线性关系问题的研究领域中，构建面板门槛模型已成为国内外学者普遍采用的分析手段。本章同样遵循这一研究范式，旨在通过构建面板门槛模型，对绿色金融创新如何驱动城乡协调高质量发展的内在机制进行实证剖析，进而为后续章节的机制设计与优化奠定坚实的理论基础。其基本思路为：首先选取城乡人均可支配收入的比值作为被解释变量，来衡量城乡协调高质量发展；其次选取绿色金融评价指标体系作为解释变量，来衡量绿色发展程度；最后采用前人的做法，选取人力资本存量水平、资本强度、外商直接投资水平和劳动投入规模作为控制变量，来控制影响回归关系的其他分工水平非核心变量。

一、评价指标体系构建

（一）绿色金融创新指标体系构建

对于绿色金融指标体系的构建，多围绕目前的几大发展模式，本书参考现有文献中对绿色金融的衡量，从绿色信贷、绿色证券、绿色投资和绿色保险四个维度来刻画绿色金融发展水平，具体指标如表4-1所示。

在绿色金融的三大支柱领域中，首先探讨绿色信贷方面，其核心在于绿色信贷规模的扩大，这一关键指标深刻体现了地区对推动节能减排与绿色转型发展的坚定决心与实际行动。同时，通过分析六大高耗能企业利息支出占比，我们得以窥见资金流向中对于资源密集型企业的相对遏制态度，进一步细化了绿色信贷政策的实施效果。因此，本书综合采纳此两大维度，以全面评估绿色信贷的发展状况。其次审视绿色证券领域，本书采用节能环保企业市值在总市值中的占比，以及六大高耗能产业市值占比这一反向指标，共同构筑起衡量我国绿色证券市场成熟度与发展趋势的框架。特别是高耗能产业市值占比的增加，实则反映了绿色金融资金对其支持力度的减弱，间接映射出绿色金融市场结构的优化与转型方向的正确性。最后聚焦绿色投资层面，本书创造性地将环保投资占GDP比重与节能环保财政支出占财政支出总额比重纳入考量，作为评估绿色投资活跃度的两大正向指标。前者直接体现了社会资本对于环境治理与保护的投资力度，后者则彰显了政府在财政预算分配中对节能环保事业的高度重视与倾斜。这两大指标相辅相成，共同刻画了各级政府及社会各界在促进绿色经济发展、强化生态环境治理方面的不懈努力与显著成效。

在绿色保险领域，我国目前的焦点主要落在环境污染治理责任险上，其市场规模与赔付效率在一定程度上映射出绿色保险的整体发展状况。然而，遗憾的是，我国环境污染责任保险的相关数据统计尚不健全，即便在强制实施后，参保率依然偏低，难以获取全面而准确的数据。鉴于此，本书借鉴曾学文等（2014）的研究方法，选择以农业保险的规模和赔付率作为替代指标，来间接反映绿色保险的发展态势。

表 4-1 绿色金融创新指标体系构建

一级指标	二级指标	衡量方式	单位	属性
绿色信贷	高耗能产业利息支出占比	六大高耗能企业利息支出/规模以上工业企业利息支出	%	-
	绿色信贷规模	绿色信贷余额	亿元	+
绿色证券	环保企业市值占比	环保企业 A 股市值/A 股总市值	%	+
	高耗能企业市值占比	高耗能企业 A 股市值/A 股总市值	%	-
绿色投资	环保投资占比	环境污染治理投资总额/地区 GDP	%	+
	节能环保财政支出占比	节能环保财政支出/财政支出总额	%	+
绿色保险	农业保险规模	农业保险收入/财产险总收入	%	+
	农业保险赔付率	农业保险支出/农业保险收入	%	+

（二）城乡协调高质量发展指标体系构建

在广泛借鉴国内外学者关于城乡协调高质量发展水平指标体系的研究成果基础上，本书进行了深入探索。研究揭示，城乡协调高质量发展是一个多元因素交织、复杂交互关系显著的进程，其中城乡要素的流动日益显著，成为不可忽视的重要趋势。鉴于此，本书创新性地从人口发展、经济发展、社会发展、空间发展、生态发展五个核心维度出发，精心构建了一套全面评估城乡协调高质量发展的指标体系。

1. 人口发展

人是城乡发展的基本主体，既可以选择地域，又可以按照自己的需求进行空间的改变和经济的发展。户籍制度的松动，使得大量的农村人口向城市流动，加快了城市化进程，可以说，所有的融合发展都是以人为核心的。人口融合选取城乡人口对比系数、非农与农业从业人口之比和城乡人口密度三个指标。城乡人口对比系数选取城镇人口与乡村人口的比值；第二、三产业从业人员与第一产业从业人员的比例表示非农与农业从业人口之比，在突出"以人为本"的前提下，着重于城市和农村居民的就业比值的差异，该比值体现了当地居民的就业意愿；城市和农村人口的密度是以该地区的常住人口和总面积的比值表示。

2. 经济发展

城乡经济融合是指以城带乡、以工业带动农业、产业优势互补、分工合理、体现城乡经济联系的特点。经济融合选取产业城镇化水平、城乡消费差距比和城乡人均文教娱乐对比系数三个指标。产业城镇化通常用第二、第三产业增加值占 GDP 的比重来衡量，这一比值愈高，产业结构愈趋优化，对降低能源、物质消耗、控制环境污染、改善生态环境具有至关重要的作用。城镇化的推进，会对乡村的产业产生一定的冲击作用，利用好的城镇资源环境更有利于发展农村产业。城乡消费差距比和城乡人均文教娱乐支出之比都是反映城乡之间的消费差距，这类指数越大，则表示城乡差距越大，这对促进城乡融合发展是不利的。

3. 社会发展

城乡社会融合表明城乡居民在社会保障、医疗保健和交通通信方面的均等程度，政府通过优化结构和健全的体制来实现对居民的社会保障。社会融合选取城乡居民的失业保险覆盖率、城乡居民人均医疗保健对比系数和城乡居民人均交通通信对比系数三个指标。城乡失业保险覆盖率指的是失业保险参保人数与常住人口的比值。城乡医疗保健和交通通信支出的差异用城乡居民在这两项上的支出比值表示，比值越大，城乡差距越大，越不利于城乡融合。

4. 空间发展

城乡空间融合是城乡融合的基本载体，使得城乡在地域分布上更加科学合理，形成功能凸显、优势互补的空间布局。空间融合选取城乡燃气普及率、人均汽车拥有量、城乡土地配置比和人均道路面积四个指标表示。土地是城乡一切经济社会活动的主要载体和发展平台，城乡土地配置比是指建成区面积与土地面积的比值，将农村土地资源发展为产业优化提供建设用地，土地利用在加快城乡发展、缩小城乡差距中扮演重要角色。所以，比值愈高，对城乡融合愈有利。此外，城乡燃气普及率、人均汽车拥有量和人均道路面积均反映了城乡之间的基础设施要素流动，基础设施相互连通，实现均等化发展，有利于推进城乡融合。

5. 生态发展

城乡居住环境的差异也是城乡发展不平衡的重要表现之一，城镇和乡村地域的相邻决定了城乡生态保护目标的一致性。城乡生态融合指通过增加绿化面积、提高资源利用效率等措施来推动城乡之间的绿色化发展。生态融合选取建成区绿化覆盖率、人均公园面积、生活垃圾无害化处理率和污水处理率四个指标表示。其中，建成区绿化覆盖率和人均公园面积是反映生态环境治理的重要指标，为正向评价指标；生活垃圾无害化处理率和污水处理率是城市环境污染控制的一个重要指标，其比值越高，越有利于促进城乡融合的绿色发展。城乡协调高质量发展指标体系构成及各项指标的具体说明见表4-2所示。

表4-2　城乡协调高质量发展指标体系构成

一级指标	二级指标	核算公式	方向
人口发展	城乡人口对比系数	城镇人口/乡村人口	负
	非农与农业从业之比	第二、三产业从业人员/第一产业从业人员	正
	城乡人口密度	常住总人口/总面积	正
经济发展	产业城镇化水平	第二、三产业增加值/GDP	正
	城乡消费差距比	城镇居民人均消费性支出/乡村居民人均消费性支出	负
	城乡人均文教娱乐对比系数	城镇居民人均文教娱乐支出/乡村居民人均文教娱乐支出	负
社会发展	城乡失业保险覆盖率	失业保险参保人数/常住人口	正
	城乡人均医疗保健对比系数	城镇居民人均医疗保健支出/乡村居民人均医疗保健支出	负
	城乡人均交通通信对比系数	城镇居民人均交通通信支出/乡村居民人均交通通信支出	负
空间发展	城市燃气普及率	家庭燃气拥有量/家庭数	正
	人均汽车拥有量	私人汽车拥有量/常住人口	正
	城乡土地配置比	建成区面积/土地面积	正
	人均道路面积	道路面积/常住人口	正

表4-2(续)

一级指标	二级指标	核算公式	方向
生态发展	建成区绿化覆盖率	建成区绿化覆盖率	正
	人均公园面积	公园面积/常住人口	正
	生活垃圾无害化处理率	生活垃圾无害化处理率	正
	污水处理率	污水处理率	正

二、测度方法

(一) 熵值法对指标进行赋权的步骤

我国城乡协调高质量发展的测量方法有多种，既有主观赋权法，也有客观赋权法。其中，主观赋权法是通过作者的主观思维来赋予权力，而不具有一定的关联性；客观赋权法能够客观、科学地根据各种指标对整体的影响程度进行赋权，从而使评价结果更科学、更精确。综合考虑，本书选用熵值法对城乡协调高质量发展指标进行赋权。

熵值法 (the entropy method) 是根据不同指标的差异性来赋权的，不同的指标数据的差异性越大，就会给出更高的权重。具体的计算方法如下：

1. 构建原始矩阵

设置 n 个样本，m 个指标，则 X_{ij} 表示第 i 个样本的第 j 个指标值（$i=1$，2，3，$\cdots$，n；$m=1$，2，3，$\cdots$，m），从而可以构建原始矩阵为 $\{X_{ij}\}$ $m \times n$。

2. 数据标准化

正向指标：

$$X_{ij}^* = \frac{X_{ij} - \min\{X_{ij}\}}{\max\{X_{ij}\} - \min\{X_{ij}\}}$$

负向指标：

$$X_{ij}^* = \frac{\max\{X_{ij}\} - X_{ij}}{\max\{X_{ij}\} - \min\{X_{ij}\}}$$

3. 标准数据规范化处理

$$P_{ij} = \frac{X_{ij}}{\sum X_{ij}}$$

4. 计算各指标的信息熵

根据熵值计算公式进行测算，e_i 表示第 i 个指标熵值，即

$$e_i = - \ln n^{-1} \sum_{j=1}^{n} P_{ij} \ln P_{ij}$$

5. 计算各指标权重，则

根据信息熵计算公式测算权重

$$W_{ij} = \frac{1 - e_{ij}}{\sum_{i=1}^{m} 1 - e_j}$$

6. 计算总指标得分

把各个单项指标的权 W_j 乘以正规化后的值 X_{ij}，得到的数值就是在整个评价体系中单项指标的分数，也就是本书要测量的城市和农村的融合程度。

（二）各指标权重的确定

根据熵值法对原始数据进行转化分析，得到各指标的权重。

第四节　地方绿色金融创新与城乡协调高质量发展的优化路径

（一）浙江省绿色金融创新与城乡协调高质量发展的优化路径

浙江省作为绿色金融领域的探索先锋与卓越典范，已在绿色金融创新与城乡均衡发展的道路上书写了辉煌篇章。为了进一步深化这一绿色转型之旅，我们可以从多个维度全面推行以下战略举措：

一是强化绿色金融政策的顶层设计。浙江省需要不断深化绿色金融政策的制定与执行，利用税收减免、财政补贴、信贷风险分担等多元化政策手段，充分激发金融机构与企业的绿色活力与创造力，为绿色经济的蓬勃发展注入不竭动力。

二是要激活绿色金融产品与服务的创新潜能。当地政府要鼓励金融机构紧跟地方绿色产业的发展步伐，不断推陈出新，如发行绿色债券、推广绿色保险、设立绿色基金等，以多元化的金融工具精准匹配各类绿色项目的融资需求，推动绿色经济的蓬勃发展。

三是构建绿色金融标准与认证体系的坚固基石。浙江省应建立健全绿

色金融项目与产品的标准化体系，提升绿色金融服务的透明度与公信力，为市场参与者提供清晰、可靠的决策依据，并加强与国际绿色金融标准的对接与融合。

四是促进城乡绿色金融服务的一体化发展。浙江省应通过设立绿色金融专营机构、优化农村金融资源配置、推广数字化金融服务等举措，着力破解农村地区绿色金融服务的瓶颈问题，缩小城乡绿色金融服务差距，推动城乡绿色经济的协调发展。

五是筑牢绿色金融风险管理的坚固防线。浙江省应进一步提升金融机构对绿色金融风险的识别、评估与管理能力，构建全面、高效的绿色金融风险管理体系，加强风险预警与应对机制建设，确保绿色金融在稳健、可持续的道路上稳步前行。

六是拓宽绿色金融国际合作的广阔舞台。浙江省要依托自身的区位优势与开放政策，积极吸引国际绿色金融机构与资本参与浙江的绿色金融项目，促进绿色金融理念、技术与管理经验的国际交流与合作，共同推动全球绿色金融事业的繁荣发展。

七是打造绿色金融人才的高地。浙江省要继续深化与高校、研究机构的合作，构建绿色金融人才培养体系，培养一批具有国际视野、专业素养与创新能力的绿色金融人才，为浙江绿色金融的持续创新与高质量发展提供坚实的人才支撑与智力保障。

八是推广绿色金融最佳实践的示范效应。浙江省要通过举办绿色金融论坛、研讨会等活动，广泛宣传与推广绿色金融的成功案例与最佳实践，提升社会各界对绿色金融的认知度和参与度，营造浓厚的绿色金融文化氛围，为绿色金融的深入发展奠定坚实的社会基础和群众基础。

综上所述，浙江省通过实施上述综合举措，将进一步优化绿色金融创新与城乡协调发展的路径，为全国乃至全球绿色金融的发展贡献更多浙江智慧和浙江方案，续写绿色金融新篇章。

（二）广东省绿色金融创新

1. 完善绿色金融体系建设

广东省正积极构建更加完善的绿色金融组织架构，通过并实施差异化的客户筛选机制、优化业务流程、强化绩效考核体系及完善理赔管理流程。同时，广东省还设立了绿色金融业务中心、培训中心及创新研发中心，着力提升绿色金融服务的整体竞争力，丰富绿色金融市场的产品供给，满足多元化的市场需求。

2. 创新绿色金融服务产业结构优化升级

广东省在推进绿色低碳产业园构建与现代产业体系升级的过程中，为新一代电子信息、汽车制造、智能家电等战略性支柱产业及新兴产业集群提供了强有力的金融支持，有力地促进了它们的低碳转型与高质量发展进程；通过这一系列的创新举措，全产业链的碳排放密度得到了有效降低，加速了产业园的绿色转型与可持续发展步伐。这一系列举措的实施，不仅推动了绿色低碳产业园的建设，更为现代产业体系的优化升级注入了新的活力与动力。广东省主动将环境绩效作为信贷审批流程的重要考量因素，有效激励了钢铁、石化、水泥等高耗能行业的企业积极减排、提升能效。在环境风险治理领域，保险机构也发挥了积极作用，有助于推动高耗能产业的低碳转型。

广东省精心打造了一个涵盖省、市、县三级的绿色项目储备库，精心筛选并收纳了众多重大的绿色产业项目，并定期发布项目的融资需求，旨在推动融资对接的常规化与高效化。此外，政策性银行与商业银行紧密合作，共同加大了对农业绿色发展的扶持力度。

3. 进一步加快碳金融市场建设

为了促进碳金融市场的全面快速发展，当地政府呼吁金融机构展现出开拓精神，紧密围绕碳排放权、排污许可、能源使用权以及绿色项目预期收益等环境相关权益，创造性开发并大力推广一系列创新的抵质押融资产品。此举旨在为企业提供更为多样化的融资途径的同时，切实减轻其融资成本负担。为确保这一创新能够顺利推进，广东省迫切需要加快步伐，建立一套高效且操作简便的抵质押登记及公示机制，确保环境权益及其预期收益能够作为合法有效的融资担保物，增强市场信心与参与度。

在此基础上，广东省应积极鼓励金融机构深度融入碳普惠体系之中，致力于拓宽碳普惠机制的辐射范围与应用领域，为广泛的低碳行为与碳普惠项目量身定制专属金融服务方案。此举不仅将加速个人与企业的绿色转型步伐，还将极大地丰富碳金融市场的服务层次与维度，携手各界共同推动经济社会向绿色低碳的未来发展之路稳步前行。

4. 强化粤港澳大湾区绿色金融领域合作

为了深化绿色金融的合作与发展，强化相关举措，广东省成立粤港澳绿色金融合作专项工作组，以确保各方能够及时获取最新、最全面的绿色金融资讯；充分利用横琴粤澳深度合作区、前海深港现代服务业合作区以及广州南沙粤港澳全面合作示范区的独特优势，探索建立全新的合作开放机制，并搭建一个跨境的绿色金融服务平台。

此外，广东省将进一步建立绿色债券项目储备库，设立绿色债券发行服务中心，积极探索跨境绿色融资与绿色金融资产的跨境转让，为境外投资者提供通过直接投资、合格境外机构投资者（QFII）、合格境外有限合伙人（QFLP）等多元化渠道参与绿色投资的机会。为了进一步提升绿色金融的国际影响力，广东省积极与国际金融组织和机构对接，吸引境外保险公司、主权基金、养老基金以及ESG基金等，为粤港澳大湾区的绿色项目提供投融资和技术支持；同时，探索推出以人民币计价的碳金融衍生品，以进一步推动人民币的国际化进程。

通过上述措施的实施，广东省可以在绿色金融创新与城乡协调高质量发展方面取得更大进步，为全国的绿色金融发展提供示范和引领。

（三）四川省绿色金融创新与城乡协调高质量发展的优化路径

1. 优化农村绿色金融法律政策环境

截至2023年年底，我国绿色金融政策的顶层设计框架已大致构建完成，并基本覆盖了绿色"信贷—债券—基金"各类操作政策，但是农村绿色金融政策仍存在缺位问题。相关绿色金融服务乡村振兴的法律体系应遵循效率与效益相结合原则，并促进农村可持续发展。在实施乡村振兴战略的伟大征程中，四川省需致力于显著提高绿色金融服务"三农"的效能。为此，当地政府需通过法律手段明确绿色金融在乡村振兴中的核心地位，确保其在政策框架内发挥引领作用；制定统一的绿色农业认定标准，为绿色金融的精准投放与高效利用奠定坚实基础。因此，四川省需要清晰界定农业企业及新型农业经营主体在社会发展中所肩负的社会责任与必须履行的法律责任，确保其在经营活动中能够积极践行可持续发展理念。四川辖区内的金融机构一般都实行了"环保一票否决制"，但是针对环境友好、绿色农业的金融激励措施较少或者没有形成统一的标准，还应从立法的层面加以明确与统一。为了激励涉农金融机构积极投身绿色金融、高效服务乡村振兴，四川省需确立一套清晰的考核体系，对表现优异者给予表彰与奖励，对表现不佳者则实施相应的惩罚措施；与此同时，还应配套出台财政补贴与风险补偿机制，为涉农金融机构的绿色转型与乡村振兴服务提供强有力的支持与保障。

此外，四川省还可以探索实施一系列方法或出台相关政策，激励金融机构创新开发针对"三农"的绿色金融产品与服务，从而有力地推动乡村普惠金融的发展，为乡村振兴战略的实施按下加速键。

2. 逐步细化政府支持机制

为了更有效地发挥农村绿色金融在助力乡村振兴中的积极作用，进一步调和农业脆弱性与金融机构经营"三性原则"（流动性、安全性、营利性）之间的固有张力，提升服务效率与综合效益，四川省亟须采取一系列创新举措，全面优化并强化政府支持体系。这一进程涵盖了资金引入、政策激励、信息共享平台构建以及融资渠道创新等多个维度。

首先，在资金引入方面，四川省应积极探索多元化资金渠道，为了推动绿色农业的蓬勃发展并改善农村人居环境，进一步加大对这两个领域的支持力度，确保绿色转型与环境保护在农村地区得到切实有效的推进。鉴于绿色金融投资中民间资本占据主导地位的现状，当地政府应通过税收减免、低成本担保机制等优惠政策，吸引并引导企业、个人及外资积极参与乡村振兴，共同推动绿色农业与循环农业的发展。

其次，为鼓励金融机构深入农村绿色金融领域，服务乡村振兴，四川省需从财政、税收、利率等多个维度制定并实施一系列优惠政策。具体而言，当地政府可以对积极投身绿色金融业务的金融机构给予补贴或奖励，以表彰其在绿色农业产业化与乡村生态文明建设中的贡献；建立健全考评机制，通过量化指标如"三农"绿色金融业务量、涉农绿色金融产品创新等，对金融机构进行综合评价，并据此实施奖惩措施。

再次，鉴于当前信息维度多元、数据来源广泛但精准获取困难的现状，当地政府应主导建立统一的信息共享平台，制定统一的信息标准，明确绿色农业项目界定，促进涉农金融机构与"三农"主体、企业部门、社会资本之间的信息流通与共享。这一举措将极大地提升农村金融服务的精准性与效率。

最后，在融资渠道创新方面，针对我国农村金融市场"高风险、低效益"的固有矛盾，以及传统信贷业务难以全面覆盖"小农业"种养者的现状，当地政府可以尝试在四川省特定地区探索"农户+企业"的小组互助绿色贷款模式；在政策性银行的积极引领与鼎力支持下，携手地方农业企业发挥其在产业链中的核心作用，共同构建贷款小组互助联保的创新机制。这一机制犹如一座桥梁，为"三农"主体开辟了更为宽广的绿色融资渠道，让资金之水源源不断地流向农村经济的绿色田野，助力其苗壮成长。

在绿色金融的蓬勃浪潮中，绿色发展已蔚然成风，成为不可逆转的时代趋势。在此背景下，那些深耕农村、服务于农村的金融机构，正面临着回归初心、勇担使命的历史机遇。它们亟须转变为绿色金融的中坚力量，这不仅是对农村金融机构的深切呼唤，也是对其未来发展路径的明确指引。因此，农村金融的发展势必要顺应这一时代潮流，积极拥抱绿色转型，以满足新时代赋予的新要求。因此，四川省必须要以绿色金融为最终的发展方向。

（四）贵州省绿色金融创新与城乡协调高质量发展的路径优化策略

在推动贵州省绿色金融创新与城乡协调高质量发展的过程中，当地政府需聚焦两大核心领域：一是通过绿色金融业务创新深度融入乡村振兴战略；二是优化绿色产业基金配置以促进可持续发展。

首先，针对贵州省内新兴产业、环保产业等相对集聚的领域，公司环保信息披露较为完善，这为绿色金融业务的精准实施提供了良好基础。因此，贵州省各银行机构可以通过设立专门的绿色金融中心，集中力量负责相关绿色项目的评估、审批及后续管理工作，以提高服务效率和专业性。而对于广泛分布的特色农业、旅游业等中小微企业，由于它们通常具有"短、小、频、急"的贷款需求，传统金融中介模式显得成本高昂且效率不足，在此情境下，贵州省应秉持金融功能观，充分利用互联网技术的便捷性与覆盖面，打造线上绿色金融服务平台，实现金融资源的精准对接与高效配置，有效降低服务成本，提升金融服务的可得性和满意度。

其次，绿色产业基金的优化是推动贵州省绿色经济发展的关键一环。一方面，当地政府应积极鼓励机构投资者如国有保险公司、社保基金、养老基金等参与绿色产业基金，通过政策引导和市场机制，促使这些资金优先配置绿色资产，并将其纳入 ESG（环境、社会与治理）评级体系，强化对环境风险的识别、分析与披露能力，引领绿色投资风尚。另一方面，鉴于贵州省独特的地理与经济特点，即重工业比重相对较小，环保产业投资潜力巨大，当地政府应构建具有贵州地方特色的绿色基金体系。这一体系应紧密结合贵州省情，聚焦清洁能源、生态旅游、生态农业等绿色产业领域，借助政府引导基金与社会资本合作的多元化模式，广泛吸纳各类资金注入绿色项目，构建出一个既多元又可持续的绿色产业投融资生态系统。这一生态系统的构建，旨在为贵州省城乡之间的协调与高质量发展注入强劲的金融动能，确保其在迈向更高层次的发展道路上拥有坚实的资金后盾。

最后，加强绿色保险法律法规建设。当地政府应尽快出台贵州省内与绿色保险相关实施细则，在省内各市县试点初步建立强制绿色保险制度；完善贵州保险业相关法律法规，加大贵州环保法规合规力度，加强保险和环境风险管理意识，使污染企业能够开办污染责任保险；鼓励保险公司联合发行证券和签订联合合同，推动市场导向的"绿色"保险。

第五章 地方养老金融创新与人民生活高质量发展

纵观历史长河，"老年人得到照顾和依靠"始终牵动着社会和谐与家庭福祉两大纽带。确保众多年长者能够安享晚年，过上心安、惬意、和谐的生活，一直是我国发展养老服务的核心追求。特别是当下中国人口老龄化和少子化的双重压力下，解决好老年人日益增长的养老需求显得尤为迫切。

新中国成立以来，中央与各级地方政府持续把老年群体的权益放在优先位置，陆续推行了一系列惠及老年人的政策，并加快了为老年人服务的设施建设步伐，从而显著提升了老年人的满意度、幸福感和安全感。截至2023年年底，全国已建成16.38万个各类养老服务机构，并拥有746.3万张养老床位；在众多养老机构中，多达93%的机构为老年人提供了包括医疗服务在内的综合服务内容，如设立医疗点及签订服务协议等；同时，全国所有的省级行政区都已普及了针对高龄老年人的津贴制度，其中有30个省份开展了养老服务补贴政策，29个省份实施了老年护理补贴方案。根据民政部发布的数据，社区养老服务已经覆盖到所有的城市社区和大半的乡村社区。而养老金融作为养老事业的重要一环，在很大程度上决定了养老事业的效率，所以及时地创新改革是必要的，对养老事业效率的提升尤为必要。

起始，针对高龄化社会所面临的问题，养老财经涉及社群个体对于晚年生活各项需求下的财经行动总体。在应对人口高龄化趋势时，财经手段和策略扮演关键角色，因而发展出了专注于养老的财经分支。尽管在全球多数情况下侧重于养老金领域，但此一范畴并不足以支撑我国面对迅速高龄化时对养老事务发展的诉求。我国学术界依据国内外差异且结合中国的现实情况，对养老财经的理论架构、含义和边界进行了彻底考察与明确划分，认定其是围绕顾及社会个体对于养老所需的各项财经行为的汇总，此外还包含养老基金财经、养老服务财经及养老相关产业财经三大子领域。养老基金财经关注的是管理和储备养老金的财经操作，包括养老金的制度安排与资产管理，旨在积聚和保值增值养老资金；养老服务财经专注服务老年群体，通过金融机构展开的针对老年消费者需求的各种金融服务，旨在满足老年人的全方位金融消费需求；而养老产业财经旨在为养老相关产业提供资金支持和投资机会（董克用 等，2016）。

第一节　养老金融创新的历史过程

自新中国成立以来，退休金体系的构建便跻身于《中华人民共和国宪法》的规定与各届党的政策决定之中。到 2020 年年末，全国加入职工基本养老险的人数达到 45 621 万，城乡居民养老险的参保人数为 54 244 万，累计基本养老保险参保总人数达到 99 865 万，让绝大多数人群的基本生活得到了保障。我国从农业国向工业国转型的历程中，汲取了国外的成功经验，并结合本国实际情况不断推进制度创新，历经公有制养老金时期、社会化养老金时期、全国统筹与多支柱养老金体系三大发展阶段，打造出全球规模最庞大的基本养老保障体系。

一、公有制养老金时期

在新中国成立之前，中华工农兵苏维埃第一次全国代表大会通过实施了《中华苏维埃共和国劳动法》，同时逐步构建了薪酬福利制度。到了1951 年年底，全国范围内开始施行《中华人民共和国劳动保险条例》。该条例规定，各族资本企业需在缴税前将所得收益的 3% 的薪资总和划出用于建设企业本身的劳动保险基金，并由工会组织进行监管；如基金结余，则应依据相关规定上缴国库。这些集资主要用于支付产假津贴、生活资助、工伤治疗及生活资助、建设门诊以及社区医疗设施、承担丧葬费和逝者亲属赡养费，以及向退休人员支付养老金。此种养老金在职工中常常被称为"退休工资"。通常情况下，退休人员的养老金发放额会超出其退休前工资的 60%~70%，若有劳动者荣获省级以上荣誉，其退休金将可以享受 15% 的额外奖励。1954 年颁布的《中华人民共和国宪法》第九十三条明确指出，国家要确保那些因年迈、疾病或其他原因而失去劳动能力的工作者得到物资帮助的权利，同时强调国家应发展包括社会保险、援助以及公共卫生项目在内的社会保障体系，并持续扩充这方面的设施以确保工作者权益的实现。这一宪法原则不仅在随后的多个宪法版本中得以保留，且不断得到完善。伴随1954年我国对民族资本企业社会主义改造的深入，劳动保险制度亦在国营企业全方位铺开。自1958年起，行政部门着手推行离退休政策，公职人员的退休金达到其原工资的80%～90%。随后，农村人民公社在集体经济模式中抽取了一部分集体资源用以支撑"五保户"，确保他们在食物、住房、服装、丧葬、医疗五个方面得到基本保障。

二、社会化养老金时期

1978—2010年，在经历了改革开放及社会主义市场经济体系确立后，中国的城镇化率提高到了33.22%。在此过程中，居民搬迁的速度明显加快，中国共产党带领人民跨越了国有企业的限制，进入了设立社会统一养老保险体系的新阶段。这一变化迫使企业职工开始负起缴付养老金的义务，结束了之前在企业内部闭环生存的状态，走入了更广阔的社会生活。到了2000年，我国迎来了进入人口高龄化社会的关口。借鉴国外发达国家的做法，明确政府担当和加强基本养老保险（核心支柱）显得尤为关键。为了满足这一变化的要求，我国及时推行了涵盖职工和公民的基础养老保险体系。

在1997年，我国实施了遵循《国务院关于建立统一的企业职工基本养老保险制度的决定》的规范，施行了一项整合社会互助与个人积存的退休保险计划。该计划促进了原先根据劳动保险而设立的11个不同行业的退休基金制度逐渐整合进以各省（自治区、直辖市）为单位的一体化基本退休金保障体系，确定退休金计算的标准是企业发放给职工的总薪资，而职工本人缴纳的基数取决于他们所得到的实际工资额。通常情况下，企业发放的总薪酬包括基本工资、奖金、补贴以及其他各种形式的附加福利。个人应缴纳的薪酬额度是按照职工薪资收入来决定的，它依据特定的百分比范围来做出适当调节，规定最低缴纳限度是本地区平均工资水平的六成，而最高不得超出该平均水平的三倍。自1997年起，根据政治法规，企业需承担工资总额20%的缴费额度，而职工个人的缴费比例则自4%起逐渐增加至8%；企业的支付比率是员工个人缴纳的2.5倍，两者加起来的总缴费率达到 28%。这样的政策安排显露出了对国有企业责任的重视，同时也为以后的民营企业以及互联网平台经济的成长潜藏了问题。遭受新冠疫情的打击，在国家政府的决策下，企业社保缴纳比率降至 16%，从而企业与员工共同应缴纳的社保费比重减至 24%。在确定退休金额度的过程中，我国政府综合参照了地区工资水平、参保人员的缴纳基数及其累计期限，以及社会共济的多重因子，此做法彰显了社会主义分配方针中劳动报酬与集体互助的协调统一。养老金的核算方式为：（上年当地员工的月均薪资加上个人工资指数化的月均缴纳数额）除以 2，再乘以缴纳年数（每年算作1%），加上个人养老账户的累计金额除以拟定的发放月数，再加上临时性退休金，最终得出基础退休金的总计。

自 1992 年起，我国在农村启动了一个集合了自愿存款、集体互助、利息滚存以及政策扶持的养老金方案。至 2014 年年底，我国城镇化比例攀升至 54.77%。为了促进城乡协同发展，国务院出台了《国务院关于建立统一的城乡居民基本养老保险制度的意见》。该政策以官方资金为骨干，开展了一套廉价的社会保障养老体系，此体系融合社会共济与个人积累，逐渐增加居民自主缴纳的份额。这是一场旨在探索出一条符合中国国情的居民养老保障新路线的改革和创新。此时，政府部门和事业单位的退休制度画上句点，开始与企业职工养老保险制度实行衔接。

自 20 世纪 80 年代中期开始，我国逐步引导经济体制向改革方向迈进，在地区层次上展开试验，先后确立了以社会集中手段来管理职工退休金的制度，并相继成立了办理此类业务的劳动范畴专职部门。1991 年，经过对各地经验的总结，国务院颁布了《国务院关于企业职工养老保险制度改革的决定》（以下简称《决定》），不仅规定基金管理自县级起执行整合，还要求劳动部门和地方劳动行政机构要担起城乡企业（含非城镇的国营企业）退保工作的管理责任。此举对先前《中华人民共和国劳动保险条例》中的体制进行了革新，把劳动管理机构由监督者转变为负责者，并明确工会仅负责监督不再直接处理。进入 1993 年，基于党的十四届三中全会《决定》提出的划分社会保障行政管理与社会保险基金经营的方针，劳动及社会保障部门设立了社会保险事业管理局（后更名为"管理中心"），各级地方也纷纷设立了依附于劳动行政部门的社会保险服务机构，其中承办企业职工养老保险成为核心任务。

遵循党的十四届三中全会《决定》的指示，在试点验证的基础上，我国于 1997 年将全体企业职工的基础养老金制度统一，确立了一种结合社会整体规划和个体储蓄账户的混合积累方案；同时，提出了迈向省级层面整合资金的策略。1998 年，我国启动了一个重大调整，即由各行业统筹改为地方管理，此举顺应了上述策略。考虑到省级整合机制的复杂性，自 2006 年起，原劳动和社会保障部以及财政部提出两套可行方案：理想状况下，实现基金在全省范围内的统一收支，过渡期则采取基金在省一级进行平衡调节，同时依据预算级别管理。两种模式均须坚持"六统一"原则，即制度和政策、缴纳比例与基数、收益计算方式和共济范围、资金运用、预算制定与执行、业务流程要求全省统一执行。根据这一标准，部分区域开始实施基金在全省范围内的统一征收和支出，并建立了直接管理的服务机构；而大多数区域则采取了在省一级进行资金调节和分级管理的模式。

因此，本书针对省级养老保障效益进行考察，并且分析其在异质经济发展水平条件下的差异体现。以下指数被运用于全面判定各省份老年福利效率：覆盖率即职工投入养老金方案的百分比，缴纳基数占平均工资的比重（基数的规范化程度）、企业承受的实际费用比率（与官方规定的 20% 的政策费率相较），以及退休金的发放标准，这些建议表征了在都市级别的统筹体系中，各地区的养老福利成效；同时利用 GDP 增长率和人均 GDP 指标来衡量各省份经济增长的差异。关于职工退休金缴纳绩效考核的具体计算方法为：缴费基数的遵循率是用来衡量参保员工上交的退休金基数与其真实薪资的一致性水平，计算这一指标的公式为：缴费基数遵循率＝累计的退休金缴费基数/薪酬总和，即＝（实征养老金总额/按地方政策的费率）／（缴费人员总数×员工在各省份的平均工资水平）。实际缴纳的比率指出了工作人员所缴纳的退休金与工资总额的关系，可以通过以下计算方式得出：工作人员实际退休金比率＝收取的退休保险费用÷（纳费工作人员的总数×各地区工作人员的平均月薪）。参与职工养老保险的员工比例反映了养老保护的普及范围，其测算方法为：城镇在职人员中参保的比例＝加入员工养老保险计划的职工数量除以城市就业总人数。每位退休人员所领取的平均养老金数额映射出了退休保障的发放水平，计算公式为：平均养老金数额＝总的养老保险基金支付额÷领养老金的员工总数。

2009—2015 年，我国职工养老保险的平均缴费率水准达 83.35%。尽管如此，省际缴费率参差不齐，以海南省的 45.37% 居低，仅占标准工资的一小部分；反观甘肃省，以 132.50% 的缴费率高居首位，显现出不同地区在养老金保险缴费基数与薪酬之间的差距。纵观全国企业实际缴费比例，总体平均值为 15.72%，未达预期的政策目标 20%；省级层面差异更加显著，以广东省低至 8.02% 的缴费比率垫底，甘肃省则以 24.97% 的比例领先。就养老保险涵盖面而论，全国整体平均覆盖率为 69.77%，然而省级之间覆盖率也大不相同；西藏城镇劳动群体的参保率最低，只有13.4%，而广东的覆盖率最高，达 114.83%，这一超标现象是因广东将部分乡村职业人员纳入统计所致。关于养老金的实际领取情况，全国人均每月养老金发放额为 1 816 元，其中吉林省的人均领取额最低，仅 1 362 元；西藏则以每月 2 942 元的养老金领取额位居最高。我国 31 个省份（除港澳台地区）职工养老保险绩效（2009—2015 年平均值）见表 5-1。

表 5-1　我国 31 个省份（除港澳台地区）
职工养老保险绩效（2009—2015 年平均值）

省份	人均生产总值/万元	生产总值增长率/%	基数遵缴率/%	企业实际费率/%	覆盖率/%	人均领取额/元
北京	87 890	8.31	61.43	11.77	85.22	2 571
天津	89 536	13.70	73.72	13.80	82.75	1 959
河北	34 680	9.23	76.00	15.14	83.86	1 897
山西	31 085	8.47	94.83	17.80	75.37	1 982
内蒙古	59 876	11.74	97.70	19.20	57.09	1 803
辽宁	53 892	9.50	82.72	16.14	93.81	1 706
吉林	41 215	10.91	89.79	17.67	66.72	1 362
黑龙江	33 464	9.38	89.27	18.78	79.80	1 544
上海	87 751	7.98	73.44	14.30	94.26	2 372
江苏	67 528	10.43	71.92	13.60	71.30	1 748
浙江	62 583	8.79	75.47	10.21	88.72	1 884
安徽	27 693	11.63	84.51	15.66	59.88	1 853
福建	51 900	11.40	49.16	8.79	58.69	1 853
江西	28 101	11.36	67.83	12.45	71.61	1 364
山东	51 068	10.21	75.29	13.53	88.97	2 159
河南	30 796	10.23	70.31	13.23	67.78	1 670

表5-1(续)

省份	人均生产总值/万元	生产总值增长率/%	基数遵缴率/%	企业实际费率/%	覆盖率/%	人均领取额/元
湖北	37 681	11.72	85.03	15.84	66.03	1 519
湖南	32 614	11.50	65.36	12.03	65.49	1 434
广东	54 331	9.23	56.65	8.02	114.83	1 975
广西	26 916	11.21	100.60	18.97	53.28	1 546
海南	31 346	10.71	45.37	9.25	81.91	1 678
重庆	38 128	13.74	93.30	17.99	58.95	1 424
四川	28 374	11.94	101.10	19.50	82.44	1 425
贵州	19 822	12.40	84.94	16.21	56.90	1 652
云南	21 701	11.43	104.97	20.47	35.66	1 647
西藏	23 278	11.87	125.41	23.38	13.40	2 942
陕西	36 871	11.94	80.45	15.84	67.23	1 876
甘肃	21 065	10.71	132.50	24.97	48.84	1 757
青海	31 958	11.34	98.31	19.53	56.12	2 184
宁夏	34 733	10.69	100.14	18.79	69.16	1 851
新疆	32 389	10.36	76.35	14.47	66.87	1 938
全国	40 746	10.77	83.35	15.72	69.77	1 816

资料来源：根据国家统计局和《中国社会保险年度发展报告》相关资料整理。

通过将 2009—2015 年的人均国内生产总值按升序进行排列后分析其对养老金制度表现指数的影响，发现人均 GDP 的增加伴随着单位养老保险的基础缴费率和实缴费率出现递减的趋势，而参保率的波动则不甚明显。同时，随着人均 GDP 水平的提升，从养老金发放角度来看，职工人均养老金领取数额的变化并不显著。这种现象的潜在解释可能在于退休工资的计算不仅与区域内职工的平均薪资挂钩，同样和缴纳保险费用的紧密连接有关，因此退休人员在领取养老金时由于缴费和替代缴费基数大致相同，其领取金额的变化幅度有限。

2009—2015 年，中国各个省份的工作人员养老保险有效缴费比率及保障范围的统计数据显示，全国范围内各地的养老保险成效参差不齐。在缴费比率方面，广东的比例最为低廉，到 2015 年时仅为 7.11%；而西藏和甘肃则高居榜首，约在 25% 的水平（2009—2015 年，养老保险缴纳比率整体呈降低趋势）。至于保险涵盖的适用人群比例，各省（自治区、直辖市）的养老保险普及率均在 60% 的水准，广东的比率突破了 100%，但西藏的覆盖率大约只有 12%（2009—2015 年，工作人员养老保险的普及率逐年递减）。

随着改革开放的推进，人力资源向海滨城市集聚，以深圳为代表的经济特区推动我国渡过了经济增长的难关，迈入了高速发展的新阶段，并显著增强了区域人口组成的差异性。进入 2000 年，我国开始面临人口老龄化增压，被称作 "63 婴儿潮" 的女性员工群体陆续达到退休高峰期，各地养老保险基金出现了资金短缺的现象，迫切需要对养老金的管理体系进行改革。到了 2010 年，《中华人民共和国社会保险法》明确规定，应逐步推行全国范围的基本养老保险基金统筹管理。2012 年，党的十八大报告再次强调，实现养老基金的全国统筹是必要举措。2009—2015 年我国 31 个省份（除港澳台地区）人均 GDP、基数遵缴率、企业实际费率、覆盖率四指标发展趋势见图 5-1。

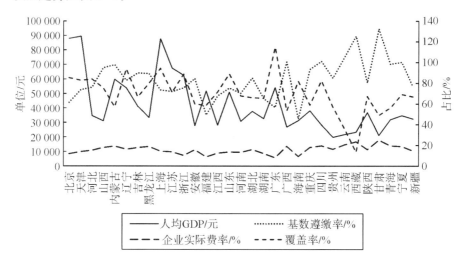

图 5-1 2009—2015 年我国 31 个省份（除港澳台地区）人均 GDP、
基数遵缴率、企业实际费率、覆盖率四指标发展趋势

资料来源：根据国家统计局以及《中国社会保障年度发展报告》相关数据整理。

2018 年，我国政府设立了职工基础退休金中央平衡调节机制。最初，中央调节基金的比例是从地方征收的养老金中抽取 3%，而到了当年这一比例增加到了 4%。2020 年，调增和调拨的总和达到了 7 000 亿元，超过 20 个面临基金短缺的省份地区从中受益。人力资源和社会保障部、财政部负责中央调节金的分配工作，人力资源和社会保障部的社保中心与各地社保机构利用数据统计和信息系统来验证参保人员的缴费及待遇发放等信息，以此作为资金划拨的根据。这一做法基本达到了养老金省级统一管理的目的，并为将来全国范围内的统筹打下了坚实的基础。

三、全国统筹与多支柱养老金体系

2021 年成为中国逐步进入深度老龄化的转折点，同时城镇居民的比例也已提高到了 63%。当前，我国养老保障机制正遭遇三大挑战：其一，居民流动呈现失衡现象，各省（自治区、直辖市）人口差异加剧。其二，在逐渐加重的抚养负担下，2020 年的养保金缴费者与领取者之比跌至 2.57∶1，养老基金的累计收入达 44 376 亿元，而开支则超出至 51 301 亿元，产生了 6 925 亿元的赤字。其三，"63 婴儿潮"时代即将步入"退休潮"高位线，抚养负担预计将持续增长。最终，从事灵活工作的人群已构成了新增就业人数的半数多，他们在投入养老保险时还需面对较高的费率和政策上的持续性难题。

基础养老金制度带有接近公共产品的特征。在提升国家治理体系与治理效能现代化的进程中，我们应当"摒弃过时的思维模式及体系纰漏"，以提升改革的系统集成、全局性和互动性，扩大和深化改革的范畴；通过优化公权力资源的分配及公共管理的效率，实现从行政体制管理向国家治理框架的转变，统筹考虑；在新的改革参照框架下，建立一个全面、科学、严谨、高效运作的体制架构。针对人口日增的年龄结构老化问题，散布养老金的制度风险需要采取的措施是"分别投放在三个不同的篮子中"，即搭建一个三大支柱的国家养老金体系及其运作机制，扩大养老金方案的涵盖面，提升整体替代率，从而增强老年人群的消费实力。

因此，我国应优先巩固基础养老金保障机制，该机制包括向雇员与居民们提供的基础养老金保险。截至 2023 年年底，企业为员工缴付的基础养老保险费率是薪资总和的 16%，职工本人则需支付 8%，养老金的计发主要是根据个人支付部分占 60%，加上全社会平均收入的 40% 来确定的。为了稳固退休金根基架构即庞杂网络，需从多方面着手，其中就包括实施全境的一致调度。为了消弭因地区发展不均与人民迁徙引起的地域歧异，依据 2010 年出台的《中华人民共和国社会保险法》和 2012 年党的十八大提出的"基本退休金需实施全国统一管理"方案，党的十九届四中全会的决策又一次明确指出，必须逐步加大中央政府在知识产权维护、退休金保障、跨区域环保等职能的权力，并界定中央与地方在共同管理领域的权限范围，以期缩减之。此项措施将促进基础养老金制度治理结构自下而上的转型，并重塑中央与各省级政府间的权责架构，进而增强中央政府在全国性养老保障体系协调中的主导作用，同时推动在国家层面构建完备的养老金服务平台及形成统一的全国服务体系。这种重要的改造步骤需按部就班地实施，因此相关部门决策优先设立国家统一的养老金调控体系，进而不断地对中央与地方的共同管理职能进行规范化，并且强化中央对于退休金管理权的掌控；以普遍寿命预期作为依据，建立个体精确算法，顺应高龄化趋势调整法定退休年限；推行领取退休金的弹性政策，即提早支取减少退休基金，延后支取则相应增加，以此刺激民众延迟退休时间，增长退休金储蓄；统筹全国的一体化管理服务网络，助力国家政府适应互联网时代并开启服务型新时代，这是三大关键措施之一。2009 年，中国共产党第十七届中央委员会第四次全体会议首次提出"早日实现社会保障一卡通便利化"的倡议，该卡片融合了如确认身份、记录信息、自主查询、医疗结算、费用缴付、福利领取及金融交易等多项功能，以期达到社会服务一卡通操作、数据资源一卡通共享、民生服务一卡通应用，从而让市民可通过手机完成各种服务的办理、查阅及支付。2019 年 9 月 15 日，我国的统一社会保障公共服务平台正式上线运行，提供年度社保信息查看、领取条件认证、退休金计算预估、社保信息跨地域转接等服务，实现了全国范围内跨地区服务。在线平台支持以身份证和社会保障卡或其关联银行卡两种方式注册。到 2020 年年底，社保卡的持卡人数已经达到 13.35 亿，电子社保卡用户也达到了 3.66 亿人次，全国共有 425 个地级市开通了多条申领服务渠道。到 2021 年年底，服务项目增至 74 项，覆盖了诸多领域，包括户口迁徙、医保结算备案、社保卡跨区域使用，以及高校毕业生管理、低保扶贫、居住证与户籍管理、退休金市场等服务。遵循党的十九届四中全会决议所阐述的"革新政务管理与服务流程""完善有效权威的体制落实机制"以及"促进全国统一的政务服务体系发展"的指示，我国逐步构建数据资源高度集中的服务型政府架构。该架构实现了"中央政府的决策与资金筹集、地方政府的监管与行动实施、基层政府的日常管理与民众服务"三者之间的协调共进。通过这种机制，旨在达到节约资源、方便民众、提高工作效率的目的，同时也为适应疫情过后兴起的居家经济和互联网社会生活工作的新趋势。

我国政府必须主动促进企业与行业养老基金的发展壮大。2004年5月，中国人口老龄化趋势初显，人力资源和社会保障部推出了《关于企业养老金试行的规定》与《企业养老金基金运作条例》，确立了以信托为基础的一整套企业养老金基金的信托机构体系，蕴含了账户处理、资金监理及投资策略等相关职务的责任主体。此项措施意图在我国建立一个稳健、可信赖的退休金市场架构。到2020年年底，已有105 000家公司启动了养老金方案，覆盖了2 718万名工作人员，累计的养老金基金数额增至22 497亿元。同时，对于国家机关及公共事业单位的职工退休金基金的投资与操作也进行了初步探索，2020年年底的投资总额达129亿元，全年累计收益额为1 010.47亿元。对于企业养老金的发展不足以及拓展企业养老金与职业养老金两种途径可能带来的社会问题，一些专家提出了改良现行制度的意见，鼓励在职员工在拥有个人房产后，实现养老金与住房公积金的互通使用，倡导"置业先行、养老跟进"及"早置业、充分养老"的策略。

启动某些特定养老金计划的深入普及工作刻不容缓。截至2019年年底，我国人均GDP已经冲破了1万美元的重要门槛。2020年，国民平均预期寿命提升至逾77岁。与此同时，选择灵活就业方式的人群规模亦增至超过2亿人。虽然个人收入差异较大，但是公众对于设立个人养老金方案的需求却持续上升。回顾2000—2015年，经济合作与发展组织（OECD）成员国个人养老金开支占GDP的比例平均上涨了0.3个百分点。详细来看，丹麦提高至2.6%，澳大利亚上升了1.8%，冰岛提高至1.7%，美国上升了1.6%，荷兰提高至1.2%，瑞士达到1.3%，瑞典提高至1.1%，英国和西班牙的比例是0.4%，韩国为0.2%，德国和意大利则各自只有0.1%的增长。2018年，我国财政部、税务总局、人力资源和社会保障部等五部门共同发布了《个税递延型商业养老保险试点实施通知》，象征着个税递延型商业养老保险政策试点工作正式启动。

综合考虑吸纳国际经验及中国实际情境，在符合民众健康长寿的消费模式的前提下，基于个人经济生活的全周期规划和积累资金，本书就以下五方面提出建议：一是确立个人退休金的含义、覆盖范围以及全民教育的接入点；二是设计灵活的缴纳途径与税收减免等财政优惠措施；三是建立一个终身、便捷、合法并且具有可查询、领取以及遗传功能的退休金账户体系；四是创设投资运营的模型和市场化的管理体系；五是由相关部门建立退休金资讯与大数据平台，建立健全监督评价机制，完善税务处理方案。总体而言，退休金制度的完善需要政府、市场与个人三方面的共同努力。

总之，我国政府要积极面对人口趋向高龄化的挑战，致力于推进全国性基本退休金制度的统一协调及建设多元化的退休金体系，包括加固基础退休金、扩大企业退休金规模以及全方位促进个人退休储蓄的发展。这些措施反映了党和政府在治理能力和水平上的努力，并要求以法律手段进行保障。

第二节　地方养老金融创新与人民生活发展的新问题

一、养老金融体系结构失衡

我国的退休金财务结构仍欠缺平衡性，基础养老保险占据了养老体系的大部分，比例高达78.2%，使一级养老金的发放承担了沉重的压力。尽管在2019年，基本退休金经历了调整，增加了领取者的福利金额度，但增长率已连续四年大幅回落，显示出养老金增长正在受到经济支撑力道削弱的影响。这一养老金部分的可持续运行过分依赖于政府的经济补贴，这对财政健全性可能产生不小的挑战；与此同时，企业年金的发展状况亦参差不齐，并且增速较缓。在北京、上海、南京等经济发达城市，企业年金的增长速率超过了经济发展较慢地区。纵观企业年金在各行业的分布，主要集中在铁路和石油等国有行业，而在私营领域中的普及则显得较低。个人储蓄养老金的发展则最为迟缓，其在整体养老金体系中所占的比例和总额均是最少的，从而导致养老资金的分配比例失衡，严重倚重于社会保险养老金部分。为了实现这一状况的均衡化，推动企业年金和个人储蓄养老金的进展迫在眉睫。

我国的养老金体制显现出以政府主导型养老保险的权重占比较高，伴随而来的却是赡养比偏低和财政压力大增等多方面难题逐步呈现。虽然我国的养老金体系在设计上像其他提供较高社会福利国家那样，包括了强制性的国家养老保险、由企业负责的职业养老保险和个人可自行储蓄的养老资金三个层次，但长久之下仍旧是以政府管理的首要保障机制为核心。尽管国内职业养老金总额高达 17 985 亿元，覆盖人群约 2 548 万，但整体替代率未能达到 50%。当前，我国社保资金实施的是收支同步进行的模式，结合了社会统筹和个人账户的特点，但在精算层面仍形成了重大缺口。据估算，2015 年我国面临的养老金潜在缺口约为 11 万亿美元，预计到 2050 年，这个数字会激增至 119 万亿美元。中国社会科学院世界社保研究中心在 2019 年的《中国养老金精算报告 2019—2050》指出，在 2028 年我国养老金或将呈现首次负结余，金额达到-1 181.3 亿元；如此趋势不变，2035 年城镇职工基本养老保险基金累计盈余有可能全部耗尽。另有保险行业协会在 2020 年 11 月的报告中预估，2025—2030 年，养老金短缺可能达到 8 万亿~10 万亿元，并且随时间推移，这一缺口仍旧会进一步放大。随着年度推移，政府承担的公共退休金相关的经济负担不断增加，对公共退休金的过分依赖可能无法持续应对不断增长的人口老龄化所带来的风险。

商业化个人养老体系在中国尚显不足，亟须促进第三支柱的增长。市场驱动的第二、第三支柱包括企业安排的统一养老计划和个人自主选择的养老金商业产品。然而，由于第三支柱的体系不够成熟，其在管理框架、政策监管以及产品构想等多方面面临众多挑战；而且，某些个人养老金产品的加入门槛相对较高、普及性不够，更侧重于财务管理功能而非养老保障功能，因此社会接受度尚不够广泛。此外，由于个人辨识不同养老产品能力的限制，购买热情也相对缺乏。截至 2019 年年底，我国第三支柱养老金的规模仅有 12.4 万亿元，占比养老金总资产的 0.01%。相对而言，养老金制度较为成熟的国家如美国和日本，第三支柱的规模都已达到万亿级别。总体来看，无论是与我国的第一支柱相比，还是与国际上第三支柱养老金对比，我国在该领域的发展均显著滞后，体量极小，迫切需要改革和促进进步。

二、养老服务金融创新不足

在我国退休金融市场中，各商业银行推出的相关产品的种类及规模都呈现较小的局面，多数产品通缺定制化设计。对比其他参与同域发展的机构，如养生机构或是养老社区建设者，这些商业银行在退休金融行业的成长明显要缓慢一些。保险、基金及信托等公司则早于银行行业进入退休金融领域。虽然当前我国退休理财产品的增长速度颇快，提供的相关退休类产品也在逐渐增加，然而，这个领域仍然面临缺乏创新和产品同质化严重的挑战。部分产品的设计并不能充分满足老年人的现实生活需要，大量产品仅提供标准化的退休服务，难以全面覆盖老年人在退休金融服务上的需求，缺乏创新性。那些针对特殊需求的退休金融产品更是数量有限，设计与老年人的需求不符，造成了潜在资金的巨大浪费。金融市场上大部分产品的服务对象并不专注于老年群体，而是迎合普通消费者，尤其偏向年轻消费者。众多金融机构推出的产品依然不够关注老年人的具体需求，大多数仍是常规性质的金融服务产品。这些产品在设计时往往更注重金融机构本身的收益，而忽视了老年人在实际生活和长期规划上的必要性，因而难以实质性地满足他们对于退休产品的期待，这一点限制了产品供给的方向。再者，养老金融服务行业自身的发展还停留在起步阶段，尚未构建起覆盖老年服务、健康医疗以及养老综合项目的成熟系统。金融机构在退休服务方面的投入仍显不足，缺少创新且能够精确回应老年人需求的金融产品。同时，我国老年群体在选择老龄化金融服务时也显示出了一定的局限性。根据市场调研数据分析，在我国，老年人普遍以银行定存收益作为主要的退休收益来源，通过金融理财获取收益的方式并不多见。当然，因为国内老年人保持着传统和谨慎的退休生活观念，新型的增值养老产品在市场上的需求并不旺盛，这同样也成为制约养老金融服务创新与发展的一个因素。

随着我国社会的发展和人民生活水平的不断提高，公众对退休生活品质的要求越来越高，且对老年照护服务的需求日益多样化。人们不再只是满足于经济上能保障基础的生计，而是更加深入地渴求各种形式的照护服务。家庭看护、社区支持以及养老院等不同的照护方式日趋流行，已成为老年人日常生活中不可或缺的部分。尽管如此，我国在养老服务领域还存在发展不足的情况，无论是基础设施、专业人才还是服务品质，都有不尽如人意之处。面对目前养老市场的问题，构建个人养老金体系可以有效整合资源，对于提供包括理财指导和个性化保障在内的全面养老计划大有益处，能更有效地发挥市场调节作用，推进跨界合作，加速养老服务产品创新，以解决资金短缺和服务供应不均等问题。

三、老年群体金融素养滞后

我国居民对于退休理财的了解程度相对较低，主要反映在两个方面：

首先是守旧的退休观念根深蒂固。大多数居民依旧坚持传统的"赡养儿女"心态，据《世界概况统计》数据，我国在 2022 年的储蓄收入排行中高居全球第三，然而这些储蓄主要花费在孩子教育、购买房产、医疗保障等领域，用于退休金的比例显著低于西方发达国家。在西方，人们更注重个体独立，成年子女与父母分开生活，成年人更加注重积累退休金。中国这种传统的养老理念使得国人对退休金的积蓄较为薄弱。其次是退休金融知识的普遍缺失。我国大多数居民对金融市场、法规和产品的理解显得不足，特别是老年人对投资产品的认识存在偏差，易受骗。一些欺骗行为频繁出现，利用"私募众筹""天使投资"等名词误导老年人，诱发多种金融诈骗。研究显示，55 岁及以上的群体在金融投资领域中更容易上当受骗，这也反映出该年龄段在防范金融诈骗方面的意识普遍较弱。调查对象金融基础知识等级情况见图 5-2；不同岁数层次的受访者在基础金融常识问题上的正确答题率见图 5-3。

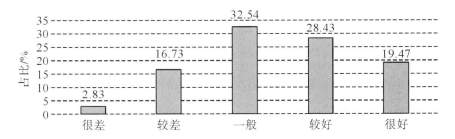

图 5-2　调查对象金融基础知识等级情况

数据来源：根据《中国养老金融调查报告（2020）》相关数据整理。

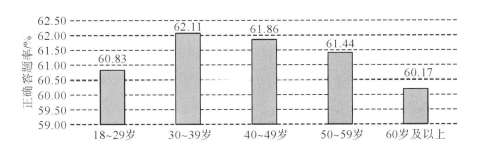

图 5-3　不同岁数层次的受访者在基础金融常识问题上的正确答题率

数据来源：根据《中国养老金融调查报告（2020）》相关数据整理。

四、制度可持续性面临风险

随着中国社会逐步步入高龄化阶段，老年人抚养比率持续提高。这一趋势意味着享受退休金的人群不断扩大，从而导致退休金的需求日益增长；同时，劳动人口的减少将导致缴纳退休金的人数减少，从而限制了退休金的供应，并对退休保险基金的收支平衡构成威胁。人力资源和社会保障部的数据表明，自2014年起，若不计算政府补助，企业退休保险基金便开始出现收不抵支的现象，并呈现逐年增加的态势。从长远来看，《党的二十届三中全会〈决定〉学习辅导百问》中首次预计，到2029年将出现退休金收入不足以覆盖支出的情况，到2036年累积盈余将被耗尽，自此以后每年都将面临资金缺口。《中国退休金精算报告》预测，到2040年我国退休金缺口或达到3万亿元，2050年可能高达11.3万亿元，2035—2050年退休金每年收支缺口的累计总和可能达到87万亿元，体系的持续运行面临极大挑战。

当前实施的基本养老保险金制度旨在确保老年人群最基本的生活保障，以城镇工作人员的基本退休金制度为参照标准。纵观养老金制度从传统到混合模式的转变，我国预期的退休金替代率已经达到了59.2%。该系统实施之初，由于人口年龄结构偏向年轻化，1997年退休金替代率曾上升至70.79%。但是，随着人口日益老龄化的明显趋势，退休金替代率年年递减，2020年替代率约为43%，恰好在国际劳工组织（ILO）推崇的40%~50%预警线范围之内。至于农村及小城镇居民的基本养老保障则显得更为薄弱，2020年，我国城乡居民的月均养老金大概只有252元。总体而言，中国的退休保障体系在经济保障层面明显存在短板。

在积存式退休金体系中，人们所储备的退休基金金额基本是固定的，然而每个个体所面临的生命存续概率与延年益寿的不确定性则各不相同。虽然目前采取购买养老年金保险的办法能够在某种程度上对抗长寿带来的风险，但是随着平均预期寿命的不断上升，运用年金保险来缓解长寿风险的基础将不得不通过减损退休金收益来实现。假如力求退休金收入的稳定，则可能令该体系的长期维持面临困境。从结构性来看，受制度抚养比"南高北低""东高西低"格局的影响，我国东部沿海地区企业职工基本养老保险基金的收支形势要好于中、西部地区和东北老工业基地，但这种优势是暂时的。东部沿海发达地区受全国人口总量限制、城市发展规模限制、国家区域平衡战略实施等因素影响，不可能持续吸纳更多的外来人口来维持制度抚养比，其制度抚养比也将呈逐步下降趋势。当前吸纳的外来人口越多，就意味着将来供养的老年人口越多，现在的人口结构优势在将来会变成人口结构劣势，基金收支形势也会随之改变。

因此，在人口老龄化带来的挑战下，企业员工基本退休金保障基金的财政平衡正面临着矛盾，在眼前看来这是一个由地缘分布不均所导致的结构性问题。而从长远来看，则变成了一个关于制度能否持续的问题，这是因为老年人口比例的增长导致了"养老者少、领取养老金者多"的状况，这种状况在将来有可能对基金的财政状况造成显著的冲击。间接影响体现在人口老龄化通过制约经济发展而影响基本养老保险制度。经济发展与企业职工基本养老保险之间是决定与被决定的关系，企业职工基本养老保险筹资依赖于缴费和财政投入，前者与就业总量及结构、收入水平及分布结构等因素相关，后者与税收状况相关，而两者都由经济发展水平及质量所决定。因此，企业职工基本养老保险根本上是经济问题，而不只是计算筹资与待遇的财务问题。具体而言，人口老龄化主要通过影响经济产出效率和经济运行成本来影响企业职工基本养老保险筹资。考虑到经济资本的利用与产值效益，总的来说，劳动年龄人口对生产活动是有贡献的，他们作为社会生产的主要力量，其投入产出比较高；而老年人口是消费性的，其投入产出比较低。随着年龄的增加，人们体力精力下降，决定其在知识结构更新、新技能学习、熟悉新环境等方面比较缓慢，甚至难以适应。这说明，在老龄化人口的背景下，哪怕是在经济资金投入不变的情形下，其经济发展的速度也会明显放慢。以一项研究为例，该研究聚焦了 1980—2010 年美国人口构成对经济增长的影响，并发现 60 岁及以上年龄段人口每增长10 个百分点，美国的人均国内生产总值增速就会相应降低 5.5 个百分点，而其中三分之二的下降幅度是由于老年群体在劳动力市场中增加，从而拖累了整体的劳动生产率。经济增速下降会制约新增就业、收入水平和财政能力，进而影响企业职工的基本养老保险筹资。

从经济运行成本来看，人口老龄化意味着要从当期的社会产出中拿出更多的份额用于支付养老金待遇，或者表现为就业人群和企业缴费负担的加重，或者表现为财政补贴规模的增长，或者兼而有之，这都会提高经济运行成本，进而引起链式反应。因为企业缴费负担增加，加之"刘易斯拐点"出现之后劳动力成本上升，只要技术上和经济上可行，企业大概率会实施"机器换人",更多的劳动密集型企业向资本密集型企业和技术密集型企业转型,一部分人将进入较低收入的行业或企业,另一部分人则变成灵活就业者。如此,总体上企业缴费水平会下降。特别是随着以灵活就业人员身份参保的人数不断增长,由于他们的缴费基数通常较低,总缴费率低于企业和职工的缴费率之和,这也会降低企业职工基本养老保险整体的筹资能力。如此看来,面对日益严峻的人口老龄化冲击,现收现付的企业职工基本养老保险制度的局限性渐渐明显。

第三节　地方养老金融创新与人民生活高质量发展的指标体系

一、养老资产入市

我国养老体系以第一支柱养老金和第二支柱养老金为主要支撑,第三支柱养老金的发展空间还较为长远。我国养老金制度的构成主要涵盖三个组成部分:首先是作为基础的第一支柱养老金和发挥补足作用的全国社会保障基金;其次是形成第二支柱的企业和职业退休金计划;最后是个人退休存款和投资产品,这些属于第三支柱,其中还涉及各类保险、银行理财产品以及部分公开募集的基金等更为详尽的金融资产。我国养老三支柱体系以第一支柱和第二支柱为主,2022 年资金规模分别约 10 万亿元和 5 万亿元。若将产品端各类个人养老金产品纳入计算,第一支柱养老金和第二支柱养老金占比仍超过 90%。

基本养老保险是我国养老保险中最重要的支柱,覆盖范围广且规模增长稳定。基本养老保险由城镇职工基本养老保险和城乡基本养老保险组成,在养老保险体系中起到"保基本"的作用。2022 年年末,全国基本养老保险累计结存余额为 7 万亿元,同比增长 10% 以上。2022 年,我国基本养老保险实际委托投资规模占比仅 14%。人力资源和社会保障部披露的 2022 年我国基本养老保险累计结余为 6.98 万亿元,其中委托社保基金投资的基本养老保险基金余额为 1.62 万亿元;直接投资和委托投资的基本养老保险基金余额分别为 0.63 万亿元和 0.99 万亿元,占比为 39% 和 61%;委托管理规模占基本养老保险结存余额的比重为 14%。基本养老保险基金来自结存预留额度,从两维度测算权益配置占比为 2%～19%。第二支柱涵盖了作为补充退休金的企业养老金和职业养老金，截至 2022 年年底，它们在三大养老金来源中所占的份额接近三分之一。企业养老金主要针对公司员工，由公司根据自身的实际状况自主决定是否为员工设立这一养老金计划，并基于双方共同出资的原则执行；职业养老金则针对公务机关和事业单位的工作人员，这一制度在一定程度上具备强制性，也是通过雇员与雇主双方分担费用并通过累积基金的方式运作。2022 年，全国职业年金和企业年金分别为 2.11 万亿元和 2.87 万亿元，分别占养老金三支柱的 13.8% 和 18.8%；委托投资管理人有 23 家，权益上限比例提高，但实际权益配置比重偏低。2020 年发布的《人力资源社会保障部关于调整年金基金投资范围的通知》准许年金基金投入港股通所列项目，并把股权型资产配置的最大比例提升至 40%。鉴于"包含股权型资产"的企业年金产品定义为年金方案中包括此类资产的产品，基于整体资产净值而引起的计算总额明显偏高。根据 2020 年发表的企业年金基金业务国家数据简报对养老金产品的分析可以观察到，在企业年金投资结构当中，股权型资产的配置仅占 6.3%，其比例显著低于标准。企业年金和职业年金采用委托管理模式，截至 2022 年年末，共有 23 家投资管理机构参与市场化投资。企业年金和职业年金成立至 2022 年年末的年均投资收益率分别为 6.58% 和 5.29%。从长趋势投资收益率来看，企业年金收益率中枢相对低于全国社保基金，2008—2022 年全国社保基金和企业年金年均收益率分别为 7.66% 和 6.58%，2018 年职业年金启动投资运营至 2022 年，其年化收益率为 5.29%。个人养老金产品端和账户端陆续发力，未来入市潜力较大。个性化退休金方案涵盖了退休资产管理产品、退休金保障保险、个人所得税延期缴纳型退休险、特定商业退休险以及退休规划目标基金等多种形式。2015 年以来，以保险、银行理财、养老目标基金等产品形态的个人养老金制度陆续推出，当前市场体量约万亿规模。自 2022 年 11 月起，顶层策划的个人退休金制度正式实施，在全国先选 36 个城市（地区）作为试点。截至 2022 年年底，已有大约 1 954 万名公民成功设置了个人退休金账户，实际参与缴纳的人数约 613 万，累计缴费总额达到 142 亿元。

我国老龄化的复杂性和长端利率下行趋势推动养老资产入市提高投资收益。我国人口老龄化呈现老年人口规模最大、老龄化速度快、老龄化区域和城乡发展差异大等复杂特征。根据经济合作与发展组织和国际金融集团的分析，我国 20 世纪 60 年代达到的人口顶峰暗示着我国老年群体自

2025 年起将会激增，而到了 2035 年，年满 65 岁及以上的人口占比将超过五分之一。中国老龄协会在 2021 年 5 月公布的《认知症老年人照护服务现状与发展报告》中提到，估计 2035 年我国年老居民的依赖率会超过一半，这意味着每两个劳动年龄的人将有一个老年人需要他们供养。伴随长端利率持续下行，养老资金难以通过配置固定收益类资产实现稳定高回报，配置风险资产是未来养老资金获取高回报的重要方向。全球权益配置占比和养老资产长期投资收益率存在正相关关系。根据全国社会保障基金理事会研究分析，全球 11 家养老基金 2012—2021 年权益类资产占比和 10 年年化投资收益率具有正相关关系，R^2 为 63.97%下具有一定解释力度。从多样本长期经验来看，权益配置比例提升有利于提高养老资产长期投资收益率。养老金入市降低资本市场波动性，养老制度完善与资本市场长牛形成正向循环。通过测算部分样本保险和养老金配置发现，权益资产比重的提高与当地资本市场长期上涨具有明显相关关系，其中养老金入市相关性较为突出。

促进资本市场投融资动态平衡，养老金入市空间广阔。人口老龄化加速带来负债端压力，长端利率下行带来风险资产需求。根据全国社会保障基金理事会研究发现，全球公共及私人养老基金权益配置比例与其长期投资收益率存在明显正相关关系。养老金入市有望降低资本市场波动，从而进一步吸引居民财富向权益市场迁移。长期资金入市需要完善的资本市场制度和优化的委托考核机制，是一国资本市场形成良性循环的可控环节。2023 年 8 月，监管部门对于激活资本市场的策略安排进行了详细阐述，明确强调了推动退休金市场化配置的改革举措以及多个部门之间的合作与协调计划。同年 9—12 月，监管部门对保险公司的偿还能力监督和评估体系进行了精进，并且陆续发布了公共养老金的投资办法。2024 年 1 月，监管部门的公开讲话和政府常务会议均提到了"促进投资与融资之间动态均衡"的议题以及"制定资本市场投资端改革实施方案"的研究工作。预计中长期资本进入市场的大纲不久将得以实施，资本市场与实体经济、居民资产之间将逐渐建立起正向循环机制，证券与保险领域的长远增长潜力备受看好。

二、商业养老保险

全球大多数国家在持续上升的老龄人口比率的影响下，相继建立了包含三个主要部分的养老金体系。1994 年，世界银行首次在其发布的报告《规避老龄化的困境——确保老年人保障并刺激经济发展的战略》中，清晰提出了涵盖国家社会保险（首支柱）、企业年金（次支柱）及个人积蓄（终极支柱）的三大支柱退休金制度理念。2005 年，世界银行引入了一项全新的致力于保障最低生活标准的非缴费制度，即所谓的第零支柱，同时也加入了以家庭和代际互助为基础的第四支柱，由此将原本的三支柱退休保障体系扩展为五支柱模式。当前世界各地退休金的管理机制大体以三大构件为核心，涉及政府、雇主和个体三者分担退休金筹措的义务。我国已建立起三大支柱式的退休养老保障体系：第一支柱是由政府强制推行的基础性退休保障，该体系旨在满足退休群体的基本生活所需，包括城市员工及城乡居民的基本退休金制度，并得到全国社会保障基金的财政资助；第二支柱涉及公司与公共机构所创立的附加退休金制度，旨在向员工提供基础退休金以外的更多退休收益，其主要实现方式诸如企业退休基金及职业性退休基金等；第三支柱即个人自行选择参与的商业性养老金方案，这些方案的账户登记在个体名下，包括不同类型财务投资项目，如寿险、基金产品、信托投资与不动产等。值得一提的是，当前尚未建立一个共同的准则用于衡量总体规模，只有那些延期缴税的商业养老金产品被包括在官方的统计数据之中。

自 2020 年四季度开始，各级政府部门频繁地强调加快建设退休金体系的第三支柱，并接连发布旨在促进该体系发展的政策指导。回顾早期的政策演变可以看出，2007 年，原中国保监会发布了《保险公司退休保险业务管理规定》，此项规定自 2008 年 1 月 1 日开始实施，它是中国保险行业首份对退休保险业务做出全面规定的官方文件，触及了经营体系、产品监控及日常运行等诸多方面，旨在规整退休年金相关的商业活动。2018 年，财政部、税务总局等部门联合发布了《财政部 税务总局 人力资源社会保障部 中国银行保险监督管理委员会 证监会关于开展个人税收递延型商业养老保险试点的通知》，自同年 5 月份开始执行个税递延退休保险的试点程序，标志着我国第三支柱退休金体系的发展上了正轨。最新的政策审查结果显示，从 2020 年年底开始，不同级别的公共机构和行业组织经常着重加速发展我国社会养老保险体制内独立的第三支柱的建立，这项工作包括了从远景布局、政策构思、保障方案革新到试点落地等各个方面：就第三支柱养老基金增长战略而言，中国保险行业协会已于 2020 年 11 月 20 日发布了研究报告，明确了到2030年让该基金达到10万亿元规模的目标，并且分阶段制定了改进策略，首个阶段（2021—2024年）主要聚焦于构建账户体系和推广专注于企业的退休资金特别政策，后一阶段（2025—2027年）计划以纳税优惠措施作为扩增资金规模的主要手段，最后阶段（2028—2030年）的目的是达到个人退休储蓄普遍化，成为国民普遍的习惯与标配。2021年3月12日，随着《中华人民共和国国民经济和社会发展第十四个五年规划和2035年远景目标纲要》的发布，进一步明确了建设多级老年人保障网络和规范化发展的第三方商业退休保险的设想。有关构筑第三支柱退休金保障体系的话题，人力资源和社会保障部于2021年2月26日在国务院的新闻发布会上建议，须推行以个别储蓄账户为核心，结合国家财政补贴和资本市场化管理的个人退休基金制度。此外，2021年3月5日，在第十三届全国人民代表大会常务委员会第四次会议上传达的政府工作报告中也明确提出，将会"实施全国范围的养老金统一管理，并对第三支柱养老保险机制进行规范化发展"。全国人大和全国政协的代表们呼吁，要在提高养老金税收优惠政策、迅速推动个人账户养老金体系建立以及拓宽退休资金的投资渠道等方面给予建设性的提议。而在金融产品类型和试点方案上，金融街论坛的年会中，银保监会于2020年10月21日提出了要发展包含退休储蓄账户、退休理财和相关基金、专门定向养老险等在内的多样化养老金融产品；同在2020年12月16日的国务院政策发布会上，银保监会就拓宽保险服务领域及其品质提升所实施的稳步发展计划给予答复，宣布有意推出更多针对积累与支取养老金阶段提供柔性化服务的商业养老保险试验项目。而在此之前，即2020年12月9日，时任总理李克强已经主导召开国务院常务会议，计划推进保险业务服务领域及品质的拓展与增强，作为稳妥发展的措施之一，其中就包括将标准的商业养老保险纳入养老保障的三大支柱，并加速实施发展战略。

自2018年5月1日开始，商业养老保险领域推出了一项税款缓交的试点项目。该项目准许纳税者在扣除应纳税额后缴付保险费用，并在领取退休金时补缴个税，这一机制通过税收优惠刺激公众参保。2018年4月，《财政部 税务总局 人力资源社会保障部 中国银行保险监督管理委员会证监会关于开展个人税收递延型商业养老保险试点的通知》颁布，明确自5月1日起于上海、福建（含厦门）以及苏州工业园区展开试验，税收优惠型的养老保障计划开始进入实际操作阶段。同年5月7日，《个人税收递延型商业养老保险产品开发指引》与其他相关政策文件相继公布，并对实施细节进行了具体规定。商业养老保险的税延产品被划分为 A、B 两类及 C 类一种，具有不同的风险与收益特性，其中 A 类保障固定收益，B 类提供最低收益保证，而 C 类则是收益波动性产品。根据利润结算的周期，B 类产品又划分为逐月结算的 B1 和逐季结算的 B2。投保人在享用退休金之前，可以通过中保信平台完成不同保险公司和产品之间的账户价值转换。针对 A、B 类产品，保险公司为之创建了统一账户；对于 C 类产品，则设有专属账户，以实施不同的投资组合和资产负债管理。所有这些投资活动都需遵从目前保险资本使用的相关监管规则。通过分析销量统计我们发现，A、B、C 三类产品在总销售额中所占比例分别为 40%、50%、10%，这一数据清楚地揭示了消费者对风险规避的强烈倾向。在最初得到官方认可以开展业务的上市寿险企业群体内，咱们拥有五个重量级的公司，包括中国人寿、中国平安、中国太保、中国太平以及新华保险，中国人民保险集团则位于第二批次当中。

养老金税收减免试点方案未达预期成效的根本原因在于：受惠人数太少、税减幅度未能令人满意，以及办理手续繁杂。我国税制的主体是间接税，这就导致实际可享受税收延后养老金政策的人口比例不足总人数的 5%。由于间接税占据主导，尤以增值税和消费税占较高比重，居民多是通过消费间接缴纳了一定比例的税务；与之相比，收入税的应税范围较狭窄，且税率偏低，换言之，只有极少数人能够享受到税收递延的好处，且其税收减免额度相对有限。2019 年的统计数据表明，结合内地及进口环节的增值税与消费税占据了 57.4% 的比例，而公司利润税为 23.6%，个人所得税却仅占 6.6%，这一百分比远低于当期美国（联合联邦税、州税及地方税）的 52.4%。同时，自 2018 年 10 月 1 日起，我国将个人所得税的免税额由月薪 3 500 元调整至 5 000 元，由此导致负税人口减少至大约 6 400 万，仅占总人口的 4.6%，进一步缩小了可享受税收优惠的人口基数。退休金领取时的税率较高、节税上限较低，实际上减税优势十分有限。在该试点项目中所实行的 EET 税收优惠模型中，缴纳阶段的保险费用可在税前抵扣，投资收益免交个税，然而到了领取退休金时期，则需按 7.5% 的税率缴纳税款。2019 年，位于上海的职员在社会保障与公积金方面共支出其薪资收入的 17.5%。以一位三十岁的上海男职工为例，他若每月收入标准值为 1 万元，便能在税前扣除的保险费中省下 600 元，进而每月在个税上减少 35.5 元的开销。即便不将货币的时间价值纳入考虑，30 年累计将节省开支 12 780 元，但这对他的总收入而言仅仅是微不足道的 0.036%。此外，一旦月均工资达到或超过 16 667 元，他每月能税前扣除 1 000 元保费，以此可减免个税 100 元，30 年共节约税金 36 000 元，收入的占比不超出 0.06%。尽管税收延迟付款的激励政策与市场的实际要求并不匹配，加之程序的复杂性减弱了消费者的满意度。虽然这种保险产品实质上是为中高收入人士所设，但因其税优力度有限，吸引力并不强。对于中低收入群体，由于工资水平普遍未触达征税点，因此他们无缘享受该项制度。投保人每月可在税前划扣的上限是其所得的 6% 或 1 000 元中较小的一项，需每月进行核算。绝大多数情形下，个人所得税是由雇主担任代扣代缴的，但由于扣除环节的不便捷，这对人事部门而言，无疑增加了劳动量。

2021 年 3 月 1 日起，北京与浙江启动了针对自由职业者设计的定制化商业性退休金保险项目。此前，银保监会在 2020 年的金融街论坛年会上讲话指出，为了响应养老资本的需求，有必要创设专业的退休险等解决方案。到了 2020 年 12 月底，在国务院的媒体政策说明会中，银保监会公布了计划推出一项更具灵活性的累积和中国银保监会办公厅支取养老金的商业养老保险试点项目。2021 年 5 月，《中国银保监会办公厅关于开展专属商业养老保险试点的通知》发布，旨在贯彻落实党中央、国务院关于规范发展第三支柱养老保险的重要部署，推动商业养老保险加快发展，更好地服务多层次、多支柱养老保险体系建设，积极满足人民群众多样化养老保障需求。此次政策的推出是基于新经济模式和灵活就业形态带来的养老保障不足。根据国家统计局 2019 年的数据，中国的"三新"经济（新产业、新业态、新商业模式）产值达到了 1.62 万亿元，占到了 GDP 的 16.3%。从事快递、外卖配送、网约车以及视频内容创作者等新兴职业的工作者人数不断上升。"中华邮政"颁布的数据显示，截至 2018 年年底，我国从事速递业务的人员数量已经突破 300 万大关。《2019 年及 2020 年疫情期间美团骑手就业报告》显示，到 2019 年年末，美团平台的配送员规模达到了 398.7 万，据此推测整个领域的外卖配送员总数已经超出 600 万人次。中国人民大学国家发展与战略研究院发布的《灵工时代：抖音平台促进就业研究报告》显示，抖音平台在 2019 年 8 月至 2020 年 8 月带动就业机会 3 617 个，尤其是在新冠疫情期间，该平台带动的直接带货等就业机会使大量从业者获得了收入。伴随着灵活用工制度的广泛实施，各企业得以降低开销，同时工人们也获得了更加柔性化的职业安排。然而，由于这部分劳动者大多未与雇主建立正规劳动合同，未形成标准的劳雇关系，因此他们未能参与到城镇职员统一的基本养老金制度或是公司提供的退休方案中，从而使得他们在退休金的保障上暴露短板。针对这一情况，新推出的商业养老金保险的缴费与领取机制极具灵活性，更符合这些灵活用工人群的实际需要。据《北京商报》报道，这款保险方案只为 60 岁及以上人群开放领取资格，且领取年限需要达到至少 10 年。这项保险的主要优势在于，企业可以合法地为各式灵活工作者购买保险，保费在扣除必要的初始费用之后，将存入个人的账号内，归个体完全所有。由此显示出，保险可能是政府利用税收优惠等政策激励企业为灵活用工人员购买商业养老保险的产物，预测中，企业的支付将要低于正规员工的城镇职工基础养老金。通过此种方式，新兴职业领域如快递配送、网约车驾驶以及其他临时工作人员可能会享受到专属的退休福利。此外，这款养老保险的投资收益积累方式灵活，至少需 5 年的积累时间（适用于 60 岁及以上投保者），并引入了"本金保障+浮动盈利"的积累策略，投保者在积累期间可以在各种风险等级的投资组合之间自由转换。尽管尚需观望商业独享型养老险试运行的成效，但此举确实为第三支柱的受众范围增添了新维度，并促进了商业养老保险意识的扩散和普及。该类保险产品为新经济形态下工作者提供了之前缺失的养老安全网，并且其灵活的利益积累方式增加了其市场吸引力。从公司视角分析，在人口老龄化、劳动力数量减少的大环境下，企业有动力推广灵活就业岗位，自然而然地也就更有意愿参与这类养老险计划。可是，因为独享养老保险非强制性的特点，加之税收减免条款细节尚未发布，企业真正参与程度还未可知。本书建议，我们要持续关注该商业养老保险试点项目的未来发展情况。

考虑到以下因素，我们认为中国的商业退休金保险业在未来有着广阔的成长空间：第一，我国老年人口占比骤增，人们对退休保障的迫切需求随之上升；第二，现行的国家基本养老金体系存在养老金支付不足的问题，增加养老金的需求亟待通过发展第三支柱养老金来补充；第三，税收优惠型的商业养老金保险和相关的试点专业养老金保险陆续实施，这部分实践经验对业界发展甚为有益；第四，商业养老金保险业需要一体化的产业生态配套，整合"保障+社区生活+服务"的模式能给保险公司带来风险管理与投资方面的双重利好；第五，账户体系的不完善、住房的替代效应及高额的机会成本曾经阻碍了商业养老金保险业的发展，然而随着账户制度的建立和完善、住房价格的稳定、长期借贷利率的下降、对股权资产配置限制的放宽以及人们对保险认识的增强，这些难题正逐步得到解决，也使得商业养老金保险产品的市场竞争力显著增强。

我国在养老金方面主要依靠职工基本养老保险和城乡居民基本养老保险的安排，而额外的经费补贴则取决于国家社会保障基金的支持。综合来看，虽然这套制度应用范围广，但是城乡居民基础养老金数额较少，同时对政府的经济负担造成了沉重的压力，所以不宜作为单一的依托。

商业性养老保险为老年人提供了一种更为高效的财务保障方式，在这一领域中显现出竞争力。其目的在于保障老年人的财政收入，尤其是面对社会老龄化背景下，许多老年人因病或身体衰老无法独立生活的现状。此外，传统住宅条件往往无法满足老年人的居住标准，人们对生活品质的追求也不断推高了对养老服务的期许。综合养老金、退休居住社区、照护服务和健康管理等多方面的需求，能够更加周密地构建养老的安全网络，这也正符合国家政策指引的趋向。考虑到基本养老保险和补充养老保险主要专注于发放退休金的职能，因而商业养老保险在整个养老保障体系中呈现出其独特的优越性。

养老金融服务展现出良好的营收潜力，促使各保险企业踊跃参与其中。首先，推广针对养老的理财产品可以推动公司的债务规模增长和保险业务效益提升。从事养老金融服务，能够扩大保险机构的保费规模；同时，考虑到养老保险本身是一种长线的储备金类型产品，在提供保障的同时，虽然成本率高于单一的长期保障产品，却依旧低于那些中短期的储蓄产品，并且它牵涉的保费单价较高且具备较高的保险效益。其次，结合"养老基金+社区养老+养老服务"的模式，行业内部可以深度挖掘其中的价值。从投资角度来看，涉入养老地产有助于拓宽资产配置的广度，降低投资风险，并伸长资产的持有周期，旨在获取长远且稳定的投资收益。美国的市场案例显示，养老地产拥有比办公大楼、商场或酒店更高的入住率，并且养老护理设施在资本收益方面的回报率超过中长期国债，呈现更高的吸引力。

三、个人养老金

三大养老金柱状体系中的第三柱涵盖了由政府统筹的个人退休金以及

包括退休理财产品、退休金公共基金、私营退休金保险在内的各类商业养老金融服务。在此之中，私营退休金保险又进一步细分为私营年金保险、个人所得税递延型退休金保险以及专门的私营退休金保险。然而，这些产品还处于发展初期阶段，广泛看法认为，我国的第三支柱养老金体系尚存在明显不足。但实际上，目前人寿保险、年金保险以及部分基金已部分具备第三支柱自主长期投资的特性，是退休人员的一大收入来源，只是类型难以界定，且总体规模相比于第一、第二支柱要小。替代率（退休后收入／退休前平均收入水平比例）是衡量一国养老金体系是否健全的重要指标，2020 年我国第一支柱养老金可以实现的替代率不足 50%，而国际上一般将 60%~70% 作为合适的养老金替代率水平，因此在第一支柱养老金支付压力较大且难以继续提升替代水平、第二支柱养老金又面临增长瓶颈的情况下，第三支柱养老金的发展或长期存在必然性。

借鉴世界范围内第三支柱退休金制度的构建之经验可知，税收优惠措施以及它们的实施强度是由政府指导下私人退休金计划迅速兴起的关键因素。然而，考虑到我国的实际情况，预期在短时间内这种制度大规模增长将面临一些阻碍，这主要是由于税收优惠政策所能提供的余地较小。此前税延商业养老保险试点结果差强人意，主要原因在于税收优惠激励不足。税延商业养老保险试点开始于 2018 年 5 月底，试点地区包括上海、福建（包括厦门）以及苏州工业园区，根据银保监会披露，截至 2021 年 10 月底，试点三地的个税递延型养老保险累计实现保费约为 6 亿元，覆盖群体约为 5 万人，市场反响与政策预期有一定反差。具体来看，起征点拔高、个税税率低、税前扣除限额低是降低税收优惠效应的三大原因。

当前个人养老金顶层设计上仍延续 12 000 元的限额设置，具体税优政策尚未推出，不排除多地试点时采用不同方案以验证政策效果。但整体而言，我国税制中个税占比较低，个税缴纳人群范围相对有限，使得个税优惠政策操作空间较小，预计可能成为短期内制约个人养老金快速上涨的重要掣肘。我国税制结构以增值税（占比为 36.8%）、企业所得税（占比为 24.3%）为主。2021 年，我国个税占比仅 8%，而美国个税占比达到 41.1%。第一支柱养老金在长期视角下难以满足群众日益增长的美好生活需求，因此政策方向上势必需要加大引导力度，通过财税杠杆撬动居民个人对养老金储备的参与。当前的个人养老金账户制及优惠政策只是整体养老金制度体系持续完善的第一步，后续我国将陆续出台相关激励政策。

短期视角下，税优政策是个人养老金规模提升的核心驱动，我们以此为基础进行测算。首先，目前的具体税优方案及力度尚未明确，我们参照此前个税递延商业养老保险试点的方案进行测算：①若允许将个人养老金缴纳额予以税前抵扣，预计能够抵扣个税 360~5 400 元/年；②综合考虑免征额（5 000 元）、"五险一金"和 7 项专项扣除等，我们预计税前抵扣方案对月收入 1 万元以上的人群才具备吸引力。其次，结合国家统计局及相关数据，我们估算出全国月收入超过 1 万元的人口达 2 500 万人，假定养老金账户平均年化收益率为 4.0%，则中性情形下，假设月收入过万人群 50% 均按照 1.2 万元缴纳（后续覆盖率逐年提升 1%），则预计个人养老金账户年增量为 1 500 亿元，5 年和 10 年后个人养老金累计资金规模可分别达到 10 054 亿元、30 616 亿元；乐观情形下，假设月收入过万人群 70% 均按照 1.2 万元缴纳（后续覆盖率逐年提升 1%），则预计个人养老金账户年增量为 2 100 亿元，5 年和 10 年后个人养老金累计资金规模可分别达到 13 710 亿元、40 821 亿元。

长期视角下，我们认为更应关注对现有养老金体系进行补充的必要性和必然性。在这一过程中，更多的储蓄或者当期消费形式的居民财富将纳入养老金体系的"强制储蓄"之中，从而对整个财富管理市场带来增量。此时，民众可以将所缴纳的个人退休金用于购置经审核合规的金融机构或其法定合法代销的渠道所提供的金融产品。在短期内，由于银行在资金账户上的优势明显，成为托管个人退休金的首选途径。但鉴于长远来看，随着个人退休金规模的扩大以及体系的不断完善，他们对理财服务的需求有望促进销售途径的多样化，同时促使行业进一步向卖方投资顾问模式转变。

我国银行业在养老资金管理领域刚起步不久，自 2021 年开始，在政策推进的作用下迅速扩大发展规模。所谓养老理财产品，是指由银行理财分支机构专门设计和推出的，主要目的在于保证老年资金能够长期稳定增长，并鼓励顾客长期持有此类产品。相较于保险和基金等领域，我国的商业银行直到 2007 年才开始涉足养老理财服务，开展相对较迟。自 2018 年以来，我国养老理财产品市场迎来了快速发展期，众多银行理财子公司纷纷选择养老理财作为新公司成立时推出的首批产品，同时，也有许多商业银行推出了含"养老"标识的理财产品。但随着《人民银行 银保监会 证监会 外汇局关于规范金融机构资产管理业务的指导意见》的出台，监管部门开始清理名不符实的"养老"字样理财产品。2021 年 9 月，银保监会发布了开展养老理财产品试验的通知，选定了 4 个地区的 4 家机构作为试点的启动者，中国的养老理财产品迈入了更新的发展阶段。随后在 2022 年 2 月，监管部门将试点扩展至 10 个地域和 10 个参与单位。同时，为了促进养老理财产品的扩张，最初 4 家试点机构筹集的资金上限也从 100 亿元提高到了 500 亿元。根据早期养老理财产品的投放情况，截至 2022 年第一季度，4 家金融机构共计推出了 16 款产品，吸引了逾 16.5 万名投资者参与，总共募集资金约 420 亿元。目前，中国市场共有 30 种养老理财产品对外开放。

随着实验性退休金财务策划方案逐渐扩散至更多区域和多样机构，并通过调节策略增加了单个机构资本募集的最高额度，市场将迎来更多的此类产品。与常规理财产品不同，养老型财务策划方案强调了其长期投资、稳定回报以及面向大众的特性。具体而言：一是设置了 5~10 年封闭期限，投资者在特殊情形如重病等紧急状况外，通常无权提前赎回资金，以确保满足日后长期的退休资金需求。二是实施了"收益平衡机制"，在收获额外利益时积累资金，并在资产价值遇到下降时支出，通过此法减少资产净值波动，提升投资体验。三是投资门槛低（起投仅需 1 元），同时规定了最高投资金额（单个投资者的总投资额不可以超过 300 万元）；此外，相比一般理财产品，其管理费和购买费用倍感亲民，进一步展现了其普惠金融的本质。作为养老金体系的第三大支柱，养老型财务策划产品的核心目标是满足个人对于长期退休资金的追求。基于监管机构推动"打造长期且稳定资本体"的方针，当前推出的养老型理财方案大多具有长周期及较低资金流动性的特征。例如，市面上的第一批养老封闭式理财产品规定了 5 年的投资期限，其中就包括了像贝莱德建信理财推出的首款养老理财产品"贝安心 2032"这样长达 10 年投资周期的方案。监管机构在最新的银行理财产品试点扩容政策中明确提出要"增加长期限产品供给"，可预见产品投资期限偏长将成为养老理财产品的一贯特征。从养老金融产品的投资者出发，其最根本的投资追求在于确保资产的稳固性。自养老理财产品试验阶段启动至今，市面上已累计推出 17 款此类产品，其中 16 款产品被划分为中低风险（二级）品种，比例高达 94.12%，另外一款则为中国工商银行理财推出，其风险级别评定为中等（三级）。相较于常规的理财产品，针对养老的产品倾向于采用更为保守的风险配置，以低风险等级著称，因而拥有更高的稳定性；与此同时，如果和基金公司所提供的相似养老产品系列相比较，银行发行的理财产品更贴近客户对风险的偏好，并且更加符合老年人群的投资行为模式。再者，首批面市的四款养老理财产品都设计了风险保护措施来甄降投资风险。然而值得关注的是，在新的资管规范下，银行理财产品要转向净值型管理，这种做法将理财产品自身承担的风险属性显著降低，相对也减少了养老理财产品的安全保障，这也是现阶段尚无风险等级为一级（低）的养老理财产品的主要原因。

商业性质的老年养老金险更契合实际养老需求，虽然它还需进一步发展其市场范围。眼下，各大人寿保险机构主要借助这种年金保险产品投身于第三支柱养老金体系构建（个性化税收递延型养老保险和定制养老保险的规模相对较小）。考察其产品结构，这种商业养老年金保险与一般年金保险不同，进行了针对性的调整，涉及缴纳方式、保险期限、领取年龄以及领取方法等环节，以此带来的缴纳上的便捷性、更长的保障时长和更为可观的领取数额等优势，使其更贴近养老金需求。以太平共享盛世的两款产品举例，与传统年金保险对比，养老年金险展示了五大显著亮点：一是供款方式更具弹性，较长的支付时限极大地降低了对投保者的经济门槛，让低收入群体也可以通过持续的小额积存为退休生活做计划；二是提供更为持久的保障，很多养老年金保险产品实施终身保障计划，确保个人持续有现金流入；三是定期领取与退休年龄正相关，专门为退休生活期设计；四是领取模式多种多样，除年度领取外，还提供月度领取选项，从而增强老年人资金控制能力，避免资金提前耗尽或遭遇欺诈等风险；五是附加功能选项更加全面，如保单贷款、缩减清偿以及调整保额等，这些功能提高了保单的适用性与灵活性。

部分养老年金产品与养老服务相结合，以高附加值服务增强产品吸引力。参照永明人寿旗下的"明亮慧选"计划，此款产品维系了退休年金险交费自由和终身保证的优点，并在此基础之上连接了退休金配置与老年服务实施，明确规定一旦参保者的缴费额达标，即可选取融合了"保险+养老服务"的"永明宁心老年规划"，提早确保其未来退休生活中的老年社区服务。但由于保费标准的存在，该产品的养老服务仍仅面向中高净值人群，受众范围较窄。概括来讲，我国在养老保险金方面虽对资金流进行了一些规划调整，但还没有彻底从传统年金保险中区分开来，其作为养老保障的职能还相对薄弱，大多数产品依旧采用覆盖整个生命周期的传统年金保险形式。然而，随着保险公司在医疗和养老产业链的深度整合，带有养老保障特点的年金保险产品开始逐步增加，其养老保障的效能亦在持续增强。就市场规模而言，我国商业养老保险市场尚处于小范围阶段，到2020年年底，商业养老保险责任准备金的规模超过5 800亿元，这在整个人身保险责任准备金中所占比例并不高。将来，随着保险公司在普惠型养老医疗项目上的进一步实施，预期养老年金保险在社会保障的第三支柱的作用将变得更为显著。

第四节　地方养老金融创新与人民生活高质量发展的路径选择

伴随着我国人口年龄结构逐渐老化，养老金融保障系统的效能和维持未来发展的能力正面临严峻挑战。当前，加快发展个人退休金的策略已是对养老金融体制进行改良的关键一环。预计到2025年年底，我国60岁及以上的老年人数量将突破三亿大关，届时我国将迈入人口中度老龄化的行列，这无疑将给原本的退休金体制带来重大压力。我国养老金制度包括三大柱状结构，其中政府主导的第一支柱虽惠及众多人群却面临资金不足的危机；第二支柱内含职业养老金和企业年金，虽已实施但推广程度并不广泛，其扩张也正面对诸多难题；至于初出茅庐、发展滞后的第三支柱，其规模仍旧较小，增长步伐缓慢。2020年10月底，银保监会对加快第三支柱养老金增长提出明确要求，发布了一整套的养老金融系统改革战略，包括规范现行业务流程、建立统一的养老金融产品标准等，并积极倡导业务创新，推动真正符合养老特性的专业型产品，如养老相关的储蓄、金融理财与基金、针对性的养老保险及商业养老金等。

我国第三支柱个人养老金的提供方以银行、证券基金、保险及信托四种金融实体为主。这些机构针对各自的运营特色，参与到退休金融领域的开拓中，各有侧重，逐步建立起了层次分明的个人退休保障网络。尽管该体系已经具备雏形，但在制度框架以及产品的创新设计方面还有进一步完善的空间。目前，市面上的养老金融产品主要集中在养老目标型基金、养老保险方案、银行养老理财产品以及养老信托计划等。

为适应大众对长期增值和养老规划的个性化需求，养老目标基金方案展现了其卓越的适应性。然而，对比中外养老目标基金，我国第三支柱个人养老基金正面临尺度不大、投资选项限制、普及度不足等挑战，亟须在政策支持、方案构建、资产组合优化等领域进行优化。商业养老保险、延税型养老保险、养老保障管理方案、房产逆向抵押养老保险和保险资产管理等产品日益成为第三支柱养老保障体系的重要组成。目前，银行养老财务管理产品普遍缺乏特色，亟须区分养老资金账户和常规资金储蓄账户，打造专用账户，并借助创新以落实养老理财的核心宗旨；银行还可以通过与保险和信托企业协作为顾客提供更全面的养老保障服务。养老金信托产品主要涵盖养老生活消费信托、养老资产管理信托和养老相关产业信托。为推进养老金信托业务的快速发展，需从政策制度支持、退休相关产业培育、信托方案的创新设计等多角度入手实施改革。

伴随我国经济稳步增长和人民群众生活质量日渐提升，大众对退休生活的期望变得更高，对不同类型的养老服务的渴望也在不断扩展。人们不再只是满足于足够的养老金来确保自身的基础生活水平，对各式养老服务的渴求也日益加剧。居家照护、社区支持以及养老机构三种主要的退休方式被广泛接受，养老服务成了未来老年生活中不可或缺的一环。然而，当前我国的养老服务行业还未充分成熟，无论是在服务设施的供应、从业人员的专业培养还是在服务品质上，都存在不稳定性和非标准化的问题。私人养老金计划可以借助于现有养老服务的不足之处，整合资源，为需要养老的人们提供包括资产配置建议和老年生活保障方案的个性化、多元化养老解决方案。通过发挥市场的机动性，整合不同部门的强项，促进养老领域的产品创新，进而有效减轻养老金的负担和平衡养老服务的供需关系。

加强和扩充我国第三支柱养老金体系，这不仅是完善我国养老保障框架的迫切需求，同时也是推动金融供应改良的核心动力。2019年，我国居民金融总资产累计达到325万亿元，其中银行存款和流动资金大约占40%，而主要是短存（不满一年）将这一资本转化为养老资金的潜力极为庞大。观察国外市场情况，养老金可能在个人金融资产中占据60%~70%，与此相对，我国大部分居民仍依靠房产来支撑退休生活，养老资金的比例不到5%，反映出两者间存在极大的差异，同时也显示了我国养老金制度拥有广阔的发展潜力。推动个人养老储备机制的发展，不仅可以减缓国家社保养老金的财政压力，还可以鼓励民众承担更多养老责任。这一过程亦将有助于家庭短期存款能通过养老金管理中介的专业操作转变为资本市场的长期资本，激发直接融资市场的活力和效率，并改善金融市场和企业部门的高负债依赖现象，以此推动我国的金融框架由银行驱动型向市场驱动型的结构性转变。

私人养老金的最后一个构成部分在很大程度上是基于财税刺激政策来获得支撑的，这对于推动该部分的发展起着至关重要的作用。这些财税鼓励措施主要涉及推迟纳税和全额免税两方面。再根据征税时间的不同，这些措施分为两类制度：EET 制（推迟到期缴税）和 TEE 制（仅对最初缴款征税）。这里，"E"表示免征税项，"T"表示应纳税项。这三个字母按照次序分别象征着存入、投资以及回收阶段的税务处理情形。在 EET 模式中，储户的账内资金及其赚取的投资利润都能够享受延缓纳税的福利，仅当取出时支付所得税。TEE 模式则是只在最初存入养老金时征税，此后的资金增长和所得投资收益均免税；现阶段这一模式在全球范围内相对较为常见。英国通过实施多档次优惠税率，对不同种类的账户施行不同程度的税收优惠，以此来激发公众投资退休基金的积极性，并且促进不同账户间的资金流通。除此以外，免税体系还包括了预先支出、临时借款等措施。美国成功地促成了职业养老金（第二支柱）和个人储蓄养老金（第三支柱）之间的有机转换，并通过此项机制有效地增强了个人养老金的吸引力。

当前，我国已经建立的第三支柱养老金体系主要由银行提供的养老理财产品、专为养老金设置的基金以及商业性养老保险和养老金信托等种类构成。在这一市场环境中，银行、基金管理机构、保险公司以及信托公司各自稳居了相应的市场份额。由于既拥有众多客户资源又有较好信誉作为支撑，银行推出的养老金理财方案成功占领了相当规模的市场比例。不过，在迎合消费者个性化及多样化养老理财需求上，银行展现出了一定的局限性，其投资方针偏向于谨慎，缺乏足够的多元化。养老金指标型基金属于一类公开交易的证券型投资基金，这类基金根据既定的时间安排或风险定位可以分为两种不同的类型：一种是以某一具体时间为目标，力图实现那一时点既定的风险与收益平衡的目标日期型基金；另一种是目标风险型基金，该类基金的目标是保持投资组合在事先确定的风险等级范围内。借助其在理财管理领域的深厚经验，基金企业有望取得较为可观的盈利，然而其品牌力量尚未强劲到足以扩展更大规模。商务性的养老金计划包含了经典的退休养老金、金融保险产品管理、养老安全护航以及房产反向抵押养老保险等多元服务体系，在减轻退休生涯的各类风险上发挥了关键作用，得益于其在风险防控和财产组合策略方面的专业知识而占据优越地位。养老金信托方案主要涵盖了养老生活信托、养老财务信托与养老行业信托三种形式，信托企业在进行财富管理以及提供退休保障方面展示了独特的优越性。尽管如此，目前养老金信托的利润机制及其市场成熟度尚需进一步优化；同时，这类服务主要面向资产阔绰的客户群，其参与门槛比较高。在人口高龄化的大环境中，日益上升的养老需要与滞缓扩展的养老行业之间存在的紧张对立，为养老金信托的成长提供了绝佳的机遇。

2020 年 10 月，银保监会颁布了积极促进第三支柱养老保险制度发展的操作纲领，也制定了全面深化养老金融体制改革的策略大纲。该策略一方面要求"对现有服务进行严格的规范管理，同时对养老金融产品进行统一标准化"；另一方面则鼓励"创新服务项目，主动培育符合老年人福祉的特色金融产品，其中包括养老储蓄账户、财务计划以及专注于养老目标的投资基金、定向养老保险计划和企业退休基金等"，如此的政策为养老资金后续的扩展提供了明晰的导向。同年 11 月，《中国银保监会关于保险资金财务性股权投资有关事项的通知》发布，取消了先前对保险资金进行财务性股权投资方面的种种限制，从而使得保险组织在选择投资行业时更加灵活，由此拓展了保险资金的投资范围。在同一个时期内，银保监会还打算联合其他政府部门针对养老金信托的税收优惠政策进行商讨，争取尽快出台支持政策，进而促进养老金信托业务的规范化与健康增长，这亦打下了养老金信托服务蓬勃发展的政策基础。借助多个政策的正向刺激，第三支柱养老金展露出了明显的发展前景。鉴于人口老龄化问题的日益紧迫，如何将这一趋势转变成经济发展的新引擎，并充分利用老龄经济在经济结构调整和升级中的驱动功能，第三支柱养老保险体系的构筑与强化将在这个过程中发挥核心作用。

一、养老目标基金——养老金融创新的重要成果

民众养老型基金主要布局于助老金融产品，专注服务于养老金融行业。这些基金的核心目的是确保养老资产的持续与稳定增长，并推崇投资者长远持有资产。与普通基金对比，这类养老特定基金具有更长的投资周期，短期持股通常需超出一年。它们多采用基金中基金（fund of funds，FOF）模式来经营，并利用行之有效的资产配置策略来控制投资配套波动性的风险。投入手法主要分为目标到期和目标风险两种。所谓目标到期日

基金，即 TDF，它依据投资者所处的不同生命周期阶段动态变动股权类资产的比例，以适应各阶段的风险承担水平与需求的差异。按常理，越接近设定的到期时刻，就应当逐渐降低股票和相关基金、混合型基金等股权资产的比重，增加非股权资产的配置。当达到目标日期时，基本会投入固定收益类资产，并在存续期可能将资金转入货币市场基金。至于目标风险基金，依照风险程度将其分作"保守型""均衡型"与"进取型"等级别，通过设定不同资产配置比率的滑移曲线来管理风险。这种滑移策略会依照投资者的不同生命阶段变化调整，以平衡各个年龄层的风险接受度与收益期望，目的是实现长期养老资金积存的目标，适宜于已明确退休时间且具备适度风险容忍度的长线投资者的投资选择。该类基金（TRF）主要是按照既定的风险接受程度，决定权益型及非权益型资产的标准配置比重，或是利用其他衡量复合风险的指标，如波动性等因素，确保资金组合的风险水平始终保持在既定目标之内。根据个人风险喜好，投资者可以在各类风险目标产品中挑选，享有较大的决策自由度，特别适合于那些能够准确评估自我风险偏好及承受水平的人士。

我国第一批专注于养老投资的目标基金于 2018 年 8 月得到批准推出。自推出以来，经历了超过两年的成长，到 2021 年 3 月底为止，该类基金的总规模已经超越了 643 亿元。目前，市场上共有 128 款养老型 FOF 产品在发售中，其中包括目标日期型和目标风险型两大策略类型，数量接近，一类为 60 款，另一类为 63 款，规模则分别达到了 145.22 亿元和 498.50 亿元。在这两种策略中，目标风险型产品占据了较为主导的市场份额。养老目标基金相关政策见表 5-2。

表 5-2　养老目标基金相关政策

时间	政策文件	内容
2018.03	《养老目标证券投资基金指引（试行）》	为基金行业服务个人养老金投资指明方向，是公募基金行业服务个人投资者养老、推进多支柱养老金体系市场化改革的里程碑事件
2018.03	《中国证券投资基金业协会关于养老口标证券投资基金的基金经理注册登记有关事项的通知》	对养老目标证券投资基金的基金经理任职条件及注册登记流程进行细化

表5-2（续）

时间	政策文件	内容
2018.04	《财政部 税务总局 人力资源社会保障部 中国银行保险监督管理委员会 证监会关于开展个人税收递延型商业养老保险试点的通知》	将公募基金纳入第三支柱养老金投资范围
2021.03	《中华人民共和国国民经济和社会发展第十四个五年规划和 2035 年远景目标纲要》	纲要明确，要发展多层次、多支柱养老保险体系，提高企业年金覆盖率，规范发展第三支柱养老保险
2022.04	《国务院办公厅关于推动个人养老金发展的意见》	意见提出，要尊重个人投资选择权，个人养老参与人可自主购买符合要求的公募基金。证监会在祝贺《意见》发布时表示，将抓紧制定出台个人养老金投资公募基金配套规则制度

资料来源：根据天风证券研究所发布的相关资料整理。

当前，我国对于以养老为目的的基金在资产配置上实施了较为严苛的控制措施，这些基金对于权益类资产的配置比例（如股票、股票相关基金、混合型基金以及含有商品期货基金和黄金 ETF 在内的商品基金）都被规定了具体的投资上限，分别不得超过 30%、60%、80% 的定额标准；此外，为子基金及其管理构建了明确指引，旨在保障退休基金的稳健长远发展，尽管这或多或少地制约了基金投资的活跃度，并促成了产品同质化及风险收益的趋同现象。养老金融方案为个体提供了一个恰当的选择，以便于长远稳健地管理资产、保障和提升其价值，并且能够根据每个人退休后的特定需求进行量身打造的理财规划，在其一生中实现既定经济收益或符合其特有的风险接受程度。对比起普通的储蓄、财务管理和各类保障等保守型投资方式，目标基金通过在长远时期内增加对股权类资产的投资占比，展现出在收益水平上的明显优越性。我国养老目标型基金虽起步较晚，自 2018 年第一系列产品获得批准至今时间尚短，却已实现了突飞猛进的发展。当前，我国养老目标基金的发展基石逐步坚固：首先，多种多样的底层基金产品可以实现复合资产的配置需要；其次，基金追求长期获益的理念与养老基金追求资产长期增值的目标高度一致；再次，针对目标日期与风险的双重策略在国内市场已成功施行；最后，养老基金的参谋纲领赋予了其关键的政策扶持与发展指导。截至 2021 年 3 月底，金融机构已经设立了 128 个聚焦于养老投资的基金，总规模达到 643 亿元，惠及的人群数量高达 182 万户。在这些养老基金中，有 60 个是按照预定养老日期来设定的，63 个则侧重于风险控制，它们的资金规模分别达到了 145 亿元和 498 亿元。从收益来看，这些养老投资基金的年化回报率通常较高，初步数据显示，它们大多数的年化回报率超过了 10%，甚至有大约四分之一的基金年化回报率超过了 20%，这一现象主要由于这些基金建立的时间尚短，以及我国债市的无风险收益率处于相对较高水平。在产品期限方面，这些基金大多数设置为 1~3 年的持有期，属于中短期产品，仅有极少数产品的持有期达到 5 年。

养老金融产品在资本总量上的分布格局显示，在众多基金中，规模位居前 15 的养老基金合计控制着 67% 的市场份额，反映出行业内部资金集聚的现象较为显著。若着眼于平均盈利水平，榜单上的前十大养老基金平均仅取得了 1.5% 的利润率，说明基金规模大小不是盈利能力强弱的关键因素。就市场整体情况来看，资本量未达到 5 千万元的养老基金种类繁多，之后是资本规模在 2 亿~6 亿元的基金产品。单个养老金融产品中，规模最大的是交银施罗德管理的"交银安享稳健养老一年"基金，其惊人的 113.49 亿元市场规模占据了所有同类产品总额的 18%；尽管规模庞大，平均利润率也仅为 1.15%。在资本投入方面，多数养老基金偏好使用基金中的基金（FOF）的投资策略，分散投资至其他类型的基金中，这包括但不限于短期债券、量化策略以及特定行业基金等，其中短期债券基金吸引了较多的资本；而直接债券和现金的投资比例居于次席，总体投资布局趋向稳固收入。养老基金作为资本市场的重要机构投资者，拥有丰富的投资经验和强大的资产管理能力，积极利用退休基金这一关键机构投资者的作用，既能确保个人闲散的退休资金得到合理运用，扩增第三支柱的私人退休金储备，也有助于增强基础退休金的储备量。此外，闲置资金经过专业投资直接流入资本市场，有利于扩充资本市场，降低金融杠杆水平，促进产业转型升级，更好地发挥资金服务实体经济发展的功能。同时，基金通过在全球进行资产配置，还可以促进我国资本市场全球化发展，增强投资者对我国资本市场的信心。各基金公司养老目标基金发行情况见表 5-3。

表 5-3　各基金公司养老目标基金发行情况

基金管理人	发行只数	管理人数量
华夏基金	13	1
南方基金	11	1
工银瑞信基金	8	1
博时基金、广发基金、汇添富基金、嘉实基金、银华基金	7	5
华安基金、泰达宏利基金	6	2
平安基金、易方达基金、中欧基金、中银基金	5	4
景顺长城基金、鹏华基金、浦银安盛基金、天弘基金、兴证全球基金、长信基金、招商基金	4	7
大成基金、东证资管、富国基金、海富通基金、华商基金、建信基金、民生加银基金、上投摩根基金、泰康资管、万家基金	3	10
创金合信基金、国泰基金、国投瑞银基金、华宝基金、交银施罗德基金、农银汇理基金、兴业基金、银河基金、长城基金、中加基金、中信保诚基金	2	11
安信基金、国海富兰克林基金、国联安基金、国寿安保基金、摩根士丹利华鑫基金、前海开源基金、上银基金、申万菱信基金、永赢基金	1	9

资料来源：根据天风证券研究所发布的相关资料整理。

二、养老保险产品

保障公司主要向顾客提供关于危险防范与资产管理的服务，并在供给退休保障的领域占据特殊的优势。目前，养老金保险产品逐渐演变为第三支柱的核心，这些产品种类涵盖了商业养老金险、个人所得税延期型养老金险、养老保障管理产品、房产反向贷款型养老保险产品以及保险财务管理产品等。商业养老金险起步较早，通常以年金形式推出，还可以添加红利分配、综合健康保障的万能账户等选项，以适应多样化的养老需求，并作为广泛适用的个人养老金险产品。年金险是指以保险对象存活为前提，根据预定时限支付保险金额，直至保险对象逝世或合同期满的一种人身险种，保费可选择一次性支付或定期支付。年金险的实质是对资金流动进行再计划，提前确保未来资金流，使不同人生阶段的收入平衡化，所以承载了一份退休责任。截至 2020 年 12 月底，我国商业养老金险已取得保费收入达 551 亿元，保险负责的准备金达到 5 623 亿元。到 2024 年年底，我国总共建立了九家专职养老险公司，均致力于商业养老险业务，其中一部分养老保险机构同样经营传统的商业保障业务。在现有市场上，绝大多数商业养老金产品主打年金加上万能险的组合销售方式，某些产品还将年金险与重大疾病保险融合，为用户提供符合要求的退休保障。商业养老金保险的保障时限一般超过五年，且多数为终身领取方式。融合红利返还型保险和灵活性较高的终身寿险，可以实现养老金的二次增值，并且在领取保险资金时提供更多灵活性。全能型寿险的缴纳手续灵活多变，并且允许抽取一定资金以及办理借款，以便满足被保人的即时经济需要。从另一角度来看，以分红为主体的保险产品通常设有一定的缴纳费用期限与方式，这样有益于确保养老筹备的平稳推进，并且保证养老安全的必需得以充分满足。总体来看，国内的年金保险项目还没有形成一致的规范，多数产品将其养老保障作用广泛化，扩展到适用于整个生命历程的标准年金方案，而专门针对退休生活所设计的年金计划则相对少见。泰康保险集团股份有限公司推出的新的保障方案将医疗与养老相结合，设定了较高的起始门槛，主要服务于具有较高财富的人群。为缓解我国养老金体系面临的沉重压力，更为重要的措施是利用第三支柱增加对低资产值老年人群的退休生活保障。尽管如此，整合型的医疗与护理产品从健康医治与老年照料双重维度呈现出更加周到的服务体系。该产品通过融合医疗、房地产、日常生活、养老照护以及保障等众多领域的资源，打造了一个涵盖了"保险方案+退休居住区+养老照料"等元素的完备老年服务生态系统。伴随着组织推进的养老行业发展，整合医疗与养老的解决方案预期将向广泛普及且造福众人的趋势发展。综上所述，专注商业性质的养老保险机构有必要加大对退休金项目的创新投资力度并关注其提供的养老保障特性，从而保证这些产品能够在个人养老保险的第三支柱体系中扮演关键角色并且发挥其应有的功能。

三、养老资管产品

2020 年 3 月，银保监会发布了《保险资产管理产品管理暂行办法》，将保险资产管理产品归为私募类别，并且从 5 月起实施一项新的规章，允许个体投资者购进保险资金管理产品。此项政策使得保险资金管理产品变成了人们规划养老金的新选择，为投资者们开辟了一条新的投资路径。同年九月，监管当局又公布了三个详细的执行规则，即《组合类保险资产管理产品实施细则》《债权投资计划实施细则》《股权投资计划实施细则》，这些建议进一步增加了对保险资金管理产品的管理和控制，让监管政策更有精准性。同年11月，银保监会又推出了《中国银保监会关于保险资金财务性股权投资有关事项的通知》，取消了保险资金在从事财务性股权投资时对于特定行业的挑选限制：以往限定在九种特定行业的公司投资，而现在保险机构能够依据自己的评判选择投资行业，故此扩展了保险资金在股权方面的投资选择，并且为保险资产管理在养老金领域的资产配置提供了更大空间。根据《保险资产管理产品管理暂行办法》的规定，保险资产管理产品主要有三种类型：债券投资计划、股权投资计划和混合类保险资管产品（私募基金）。根据投资的本质特征，保险资金管理产品可划分为定息型产品、股权型产品、商品与金融衍生品型产品、混合型产品四大类型，其中每个类型中对应资产的投资比例必须达到或超过80%。与公开募集的产品相比，保险资金管理产品因其私募特性而拥有更广阔的投资空间，其投资方式与信托项目有着相似之处。

从整体情况上看，涉及现金的保守型投资工具，其回报平稳且低风险；与之相对，以股权为主的资产管理方案回报丰厚，然而价格波动显著。依个别风险偏好，投资者予以抉择：当构想保险资产管理产品时，要平衡的是一方通过债券等保守资产确保利润的稳定性，确保赢取稳定利息差额；另一方则通过投资股票、基金等股权资产和衍生产品以追求高收益。随着对我国保险资金进行财产性股权投资范围限制的解除，保险资产管理将来的投资选择将更具弹性。我国的保险资产管理产品属于市场化投资，保险公司独立发行，先前多数被机构投资者所持有。伴随政策渐趋宽松，保险类资产管理产品越发适宜个人养老金计划，尽管发展上还存在监管体系不健全等问题，在发展养老资产管理服务上，风险与机遇并存。

四、住房反向抵押养老保险

透过房屋反向抵押的养老方式起源于荷兰，并已经成为以物业为基础养老的经典模式。此类财务产品将"抵押房产贷款"和"终身年金式退休金"两种元素结合起来。投保人需要将房产所有权转交给保险公司，可在有生之年继续在房产中居住并享有其价值，同时依据合同条款领取定期养老金。一旦投保人逝世，房屋处理的权利将转至保险公司，保险公司将优先从房屋出售或租赁所得中扣除养老金相关费用，该模式特别适合无子女扶养的老年人。我国最早在 2013 年建议尝试此类保险，并于 2014 年开始全面推进执行。在为期两年的试点阶段，我国共有 42 个家庭的 57 位老年人参与并完成了签约。鉴于这种改变传统养老观念的做法颇具挑战性，同时相关法律法规也不尽完善，我国的住宅逆向养老保险事业增长缓慢。迄今为止，只有幸福人寿和人民人寿两家公司在提供此类服务。

2015 年 3 月，幸福人寿推出了专为老年人设计的一款创新保险产品，命名为"房来宝老年人住房反向抵押养老保险（A 款）"。随后，2016 年 10 月，人寿保险也推出了一款类似的保险，名为"安居乐老年人住房反向抵押养老保险"，以此应对市场竞争。两方的基本规定在目标受众、保费及保障界限等诸多方面展现了彼此间的类似性。对于愿意加入保险的个体，这两项方案都规定了参保年龄为 60~85 岁。鉴于房产反抵养老保险类产品的本质复杂性，特别将犹豫期延至 30 天，不同于一般产品的 10 天犹豫期规定。确定基础退休金数额须兼顾众多要素，包含房产贬值、潜在升值和老年人的预计平均寿命，在金额设立后则无法更改。另外，寿险同样开设了固定限额的贷款服务，旨在帮助保险持有人应对突发事件。成本层面上，这两类物品主要关联到的是保险费用、合同维护费、保险合同费以及利息开支等项目，并且它们的收费水平基本相当。在国际领域，"利用房屋进行养老"的概念也被称为"逆向抵押"或"反转抵押"；该理念让老年人可将其名下产权作为担保物，借此获得现金，以满足其晚年生活所需。仅当房产转卖、产权人迁出或借贷者辞世后，所涉贷款才得以解决清偿，或者借款人亦有权选择提前偿还债务。

汇总分析国内外"以房养老"保险的进展情况后可以明显看出，当前限制我国该保险方案广泛实施的根本障碍涵盖四个方面：①我国房屋土地使用权仅限 70 年，该情况在房产抵押环节产生了财产权属的困惑。②根植于民心的传统依靠后代养老思想还不易于短时间内被转变，导致消费者对这种新模式保险的接受度不高。③国内的反向抵押养老保险由保险机构出品，却并未获得政府的财政扶持，消费者在采购此类保险时可能面临较高的机构失信风险，这在一定程度上抑制了产品的普及。面对未来老龄化问题日渐加剧和抚养比例上涨的社会现实，年轻一代肩负赡养老人的责任日趋沉重，"以物抵债"策略无疑是减轻养老负担的一个高效方式。要想促进更多老年人群采纳住房反向抵押养老保险，除了强化养老文化的心理培养及价值观念更新之外，更为重要的是政策及法律层面要给予支持，如产权权属确认和相关税收优惠、付款保障等，通过加大政府扶助力度以提高消费者对该类方案的信赖。④鉴于保险额度的确定与投保者年纪、预期剩余寿命息息相关，对投保者寿终与否的判断虽然至关重要却暗含不确定性，保险公司需强化风险评估及分散策略的构建；在确保公司业务稳定发展的前提下，降低经营成本比例，增强保险产品市场竞争力。

第六章　金融监管体制创新助力金融高质量发展

第一节　金融监管体制的创新内涵

金融监管体制创新是指在金融领域中对监管体系、机制和方法进行的一系列改革和优化活动，以适应金融市场的快速发展和变化。其内涵丰富而深刻，涵盖了多个方面，旨在提升监管效率、增强风险防控能力、保护消费者权益，并推动金融行业的健康、稳定发展。

首先，金融监管体制创新要求对传统监管框架进行重新审视和改革。这包括对监管机构的设置、职责划分、协调机制等进行优化，以适应金融市场的多元化、复杂化和国际化趋势。同时，还要创新监管手段和方法，如运用科技手段提升监管效率等，以实现监管的智能化、精准化。

其次，金融监管体制创新强调风险管理和防控。在金融创新不断涌现的背景下，金融风险也呈现出新的特点和趋势。因此，创新监管体制需要加强对金融风险的识别、评估、监测和预警，建立健全风险防控机制，确保金融市场的稳定运行。

再次，金融监管体制创新还关注消费者权益保护。随着金融市场的不断发展和金融产品的日益丰富，消费者权益保护问题日益凸显。创新监管体制需要加强对金融机构行为的监督，规范市场秩序，防止市场操纵和欺诈行为，保护消费者的合法权益。

最后，金融监管体制创新还需要注重国际合作与协调。在全球化背景下，金融市场的联动性和传染性日益增强。因此，创新监管体制需要加强与国际金融监管机构的合作与交流，共同应对跨国金融风险和挑战，推动全球金融治理体系的完善。

一、金融监管体制创新的背景与意义

随着金融市场的日益复杂和全球化，传统的金融监管体制已经难以满足当前的挑战和需求，因此金融监管体制创新应运而生，成为应对这些挑战、提升金融服务效率与质量、促进金融创新与发展的重要手段。本书将围绕金融全球化趋势、金融科技快速发展、金融风险复杂性增加等背景，探讨金融监管体制创新的必要性及意义。

（1）金融全球化趋势。金融全球化使得资本、信息和金融机构在全球范围内流动，促进了金融市场的繁荣和发展。金融全球化趋势要求金融监管机构具备更强的跨境协作能力和信息共享机制，确保金融市场的稳定和健康发展。

（2）金融科技快速发展。金融科技的快速发展为金融市场带来了创新和便利，但同时也带来了新的风险和挑战。金融监管体制创新需要关注金融科技的发展动态，制定相应的监管政策及措施，确保金融科技创新的合规性和安全性。

（3）金融风险复杂性增加。随着金融市场的不断发展，金融风险的复杂性也在不断增加，如市场风险、信用风险、操作风险等。金融监管体制创新需要加强对金融风险的识别、评估和监控，提高风险管理的有效性和针对性。

（4）维护金融稳定与安全。金融稳定与安全是金融市场的基石，对于维护国家经济安全具有重要意义。金融监管体制创新旨在通过完善监管机制、提高监管效率等方式，维护金融市场的稳定与安全，防范和化解金融风险。

（5）提升金融服务效率与质量。随着金融市场的竞争加剧，金融机构需要不断提高服务效率和质量，以满足客户需求。金融监管体制创新通过推动金融机构的数字化转型、优化业务流程等方式，提升金融服务的效率与质量，增强金融机构的竞争力。

（6）促进金融创新与发展。金融创新是推动金融市场发展的重要动力，有助于提升金融服务的多样性和便捷性。金融监管体制创新需要为金融创新提供足够的空间和支持，通过制定合理的监管政策，激发金融市场的创新活力，推动金融业的持续发展。

（7）应对国际金融监管挑战。随着金融市场的全球化，国际金融监管合作变得日益重要。各国金融监管机构需要共同应对跨境金融风险和挑战。金融监管体制创新需要加强国际金融监管合作，共同制定和执行监管标准，提高全球金融市场的稳定性和透明度。

综上所述，金融监管体制创新是应对金融全球化趋势、金融科技快速发展、金融风险复杂性增加等挑战的重要举措。通过创新监管体制，我们可以维护金融稳定与安全、提升金融服务效率与质量、促进金融创新与发展，并应对国际金融监管挑战。未来，我们需要继续深化金融监管体制创新，推动金融市场的健康发展。

二、传统金融监管体制的审视与改革

（一）我国地区金融监管机构设置与职责划分的优化

随着我国金融市场的不断发展和创新，金融监管机构的设置与职责划分面临诸多挑战。优化地区金融监管机构设置与职责划分对于提升监管效能、防范金融风险、保障金融稳定具有重要意义。本书将从监管机构整合、职责明确划分、监管流程优化、监管技术升级、协调合作加强、建立完善风险预警机制、监管透明度提升和消费者权益保护八个方面探讨如何优化我国地区金融监管机构设置与职责划分。

（1）监管机构整合，即合理调整地区金融监管机构数量和规模，避免监管资源浪费和重复劳动；通过合并、撤销或设立新的监管机构，构建更加高效、协同的金融监管体系；设立统一的金融监管协调机构，负责统筹协调各地区金融监管工作，确保监管政策的一致性和协同性。

（2）职责明确划分，即清晰界定各地区金融监管机构的职责范围，避免职能交叉和监管空白；制定详细的监管规则及标准，确保监管政策的一致性和公平性；建立监管责任追究机制，明确监管失误的责任归属和相应处罚措施。

（3）监管流程优化，即简化监管流程，减少不必要的审批与报备环节，提高监管效率；推行电子化监管，利用信息技术手段提高监管流程的透明度和便捷性；建立快速反应机制，及时应对金融市场突发事件及风险。

（4）监管技术升级，即加大金融科技投入力度，引进先进的监管技术和工具，提高监管效率和准确性；推动监管数据共享和大数据分析应用，

实时监测金融市场动态和风险；加强与国际金融监管机构的交流合作，学习借鉴国际先进监管技术和经验。

（5）协调合作加强，即加强各地区金融监管机构之间的协调合作，形成监管合力；建立定期沟通机制，分享监管经验和信息，共同应对金融风险和挑战；加强与其他政府部门、金融机构、行业协会等的合作与协调，形成全方位、多层次的金融监管网络。

（6）建立完善风险预警机制，即建立完善的风险预警指标体系，实时监测金融市场风险状况；制定风险预警标准和程序，及时发现潜在风险并采取相应监管措施；加强与金融机构的沟通协作，建立风险信息共享机制，提高风险预警的准确性和时效性。

（7）监管透明度提升，即加强监管政策公开和信息披露，提高监管透明度和公信力；建立健全公众参与机制，鼓励社会各界参与金融监管活动并提出建议；及时回应社会关切和质疑，增强监管机构与社会公众的互动和沟通。

（8）消费者权益保护，即强化消费者权益保护意识，将消费者利益放在首位；建立完善的消费者投诉处理机制，及时响应消费者诉求并予以解决；开展金融知识普及教育活动，提高消费者金融素养和风险防范意识。

综上所述，优化我国地区金融监管机构设置与职责划分对于提升金融监管效能、防范金融风险具有重要意义。通过以上八个方面的努力，我们可以更好地适应金融市场发展的新要求和新挑战，为金融市场的健康稳定发展提供有力保障。

（二）我国地方金融监管协调机制的完善

随着金融市场的日益发展和金融创新的不断涌现，地方金融监管面临着越来越多的挑战。完善地方金融监管协调机制，提高监管效能，对于防范金融风险、维护金融稳定、促进地方经济发展具有重要意义。本书将从明确监管职责与权限、强化跨部门信息共享、设立统一监管机构、制定统一监管标准、完善风险预警与处置、加强地方与中央协调、提升监管科技应用水平、健全法律法规体系八个方面探讨如何完善我国地方金融监管协调机制。

（1）明确监管职责与权限，即清晰界定地方金融监管机构的职责范围，避免职能交叉和监管空白，确保各监管机构能够各司其职、协同工作；合理配置监管权限，明确中央与地方金融监管机构之间的关系和权责边界，实现权力与责任的平衡。

（2）强化跨部门信息共享，即建立跨部门信息共享机制，推动金融监管部门与其他相关部门之间的信息互通与共享，提高监管的效率和准确性；加强信息共享平台建设，实现监管信息的实时更新和高效利用，为监管决策提供有力支持。

（3）设立统一监管机构，即探索设立地方统一的金融监管机构，负责统筹协调地方金融监管工作，提高监管效率和协同性；统一监管机构的设立有助于减少监管套利和监管空白，提升金融监管的整体效能。

（4）制定统一监管标准，即制定统一的地方金融监管标准，确保监管政策的连贯性和一致性；推广监管标准的国际最佳实践，提升我国地方金融监管的国际化水平。

（5）完善风险预警与处置，即建立健全风险预警机制，实时监测金融市场动态和风险状况，及时发现潜在风险；制定风险处置预案，明确风险应对措施和责任分工，确保风险得到及时有效处置。

（6）加强地方与中央协调，即建立健全地方与中央金融监管机构之间的沟通协调机制，确保地方金融监管政策与中央政策相衔接；加强地方金融监管机构之间的横向联系和合作，形成监管合力，共同应对金融风险和挑战。

（7）提升监管科技应用水平，即加大金融科技投入力度，引进先进的监管技术和工具，提高监管效率和准确性；推动监管数据的标准化与智能化处理，实现监管数据的深入挖掘和智能分析，为监管决策提供有力支持。

（8）健全法律法规体系，即完善金融监管相关法律法规，确保监管行为有法可依、有章可循；推动金融监管法律法规的更新和完善，以适应金融市场发展的新要求和新挑战。

综上所述，完善我国地方金融监管协调机制对于提高监管效能、防范金融风险具有重要意义。通过以上八个方面的努力，我们可以更好地适应金融市场发展的新要求和新挑战，为地方金融市场的健康稳定发展提供有力保障。

第二节　金融监管体制的历史沿革及面临的历史性挑战

我国金融监管体制的历史演变与高质量发展，一直是金融领域研究的核心议题。随着金融市场的蓬勃发展和全球化的深入推进，金融监管的重要性愈发凸显，它不仅关乎金融稳定与风险防范，更直接关系到消费者权益的保护。在我国，金融监管体制经历了数次重大的改革和调整，每一次变革都是为了更好地适应金融市场的新需求和新挑战。

回首过去，我国金融监管体制的每一步发展都凝聚着无数金融人的智慧和汗水。从最初的单一监管到如今的多元化监管，从分散式管理到集中式管理，每一次变革都是对金融市场发展趋势的深刻洞察和积极应对。正是这些不懈的努力和探索，使得我国金融监管体制逐步走向成熟和完善。

我们也清醒地认识到，我国金融监管体制仍存在一些问题和不足。这些问题和不足在一定程度上制约了金融市场的健康发展，也影响了金融服务的效率和质量。深入研究我国金融监管体制的发展历程和现状，就显得尤为重要。通过这样的研究，我们可以更加清晰地看到问题的症结所在，从而为解决问题提供有力的理论支持和政策建议。

我们也应该看到，我国金融监管体制高质量发展是金融市场健康发展的必然要求。只有高质量的金融监管，才能有效地防范金融风险，保护消费者权益，推动金融市场的持续稳定发展。我们必须把推动金融监管体制高质量发展作为当前和今后一个时期的重要任务。

在推动金融监管体制高质量发展的过程中，我们要坚持问题导向，针对存在的问题和不足，采取切实有效的措施进行改进和完善；进一步加强金融监管的法治化建设，提高金融监管的透明度和公信力；进一步加强金融监管的国际化合作，提高我国金融业的国际竞争力；进一步加强金融监管的科技创新，提高金融监管的效率和准确性。通过这些措施的实施，我们相信，我国金融监管体制一定能够实现高质量发展，为金融市场的持续稳定与繁荣做出更大的贡献。

我们还应该看到，金融监管体制的高质量发展离不开金融行业的共同努力。作为金融市场的重要参与者，金融机构要自觉遵守金融监管规定，加强内部风险管理，提高金融服务的质量和效率。金融机构也要积极参与到金融监管体制的改革和完善中来，为推动我国金融监管体制高质量发展贡献自己的力量。

我国金融监管体制的历史沿革与高质量发展是一个复杂而又重要的议题，我们需要从多个角度、多个层面进行深入的研究和探讨。只有这样，才能更好地理解和应对当前及未来的金融挑战，为金融行业的持续稳定与繁荣贡献力量。在这个过程中，我们既要看到我国金融监管体制取得的显著成就，也要看到存在的问题和不足；既要坚持问题导向，采取切实有效的措施进行改进和完善，也要充分发挥金融机构的积极作用，推动我国金融监管体制的高质量发展。相信在我们的共同努力下，我国金融监管体制一定能够不断迈上新台阶，为金融市场的持续稳定与繁荣做出更大的贡献。

一、我国金融监管体制的历史沿革

我国金融监管体制伴随着经济发展经历了巨大变化，主要可以概括为三个阶段，分别是统一监管、分业监管、混业监管，详见表6-1。

表6-1　我国金融监管体制变迁历史沿革

不同阶段	时间	标志性事件
统一监管	1948 年	中国人民银行成立
	1979 年	中国银行、中国建设银行、中国农业银行成立
	1984 年	中国人民银行剥离商业银行业务，专门行使中央银行职能
分业监管	1992 年	国务院证券委员会和中国证券监督管理委员会成立
	1994 年	国家开发银行、中国进出口银行、中国农业发展银行三大政策性银行成立
	1998 年	中央金融工作委员会成立；国务院证券委员会并入中国证券监督管理委员会，中国保险监督管理委员会成立，形成"一委一行两会"监管格局
	2003 年	中国银行业监督管理委员会成立，形成"一行三会"监管体制

表6-1(续)

不同阶段	时间	标志性事件
混业监管	2017 年	国务院金融稳定发展委员会成立
	2018 年	合并中国银行业监督管理委员会和中国保险监督管理委员会，组建中国银行保险监督管理委员会，形成"一行两会"监管格局
	2023 年	组建中央金融委员会、中央金融工作委员会；在中国银行保险监督管理委员会基础上组建国家金融监督管理总局，形成"一行一局一会"新监管格局

（一）金融监管体制的初步建立

在我国金融监管体制的漫长历程中，其初步建立与持续的发展变革共同谱写了浓墨重彩的历史篇章。回溯过去，中国人民银行以其坚韧不拔的姿态，勇敢地承担起了金融监管的重任，以集中统一的监管模式，稳固地守护着国家的金融安全。在那个金融市场刚刚起步的年代，中国人民银行的坚守与努力，为我国的金融稳定奠定了坚实的基础。我国的金融监管体制伴随着国家金融事业的发展而不断演变。从中国人民银行的成立到分业监管的形成，再到金融监管的专业化，每一步都是对金融市场发展需求的响应和对经济体制改革的深化。下面将介绍我国金融监管体制历史沿革的几个关键阶段。

1948 年 12 月 1 日，中国人民银行正式成立，标志着新中国金融事业的开始。中国人民银行初期的主要职责是统一发行货币、管理金融活动，奠定了我国金融监管的初步框架。1949 年，随着新中国的成立，中国人民银行迁入北京，并开始发行人民币，逐步统一了全国的货币体系，为金融监管提供了稳定的货币环境。在计划经济时期，中国人民银行既是中央银行，又是商业银行，实现了全国金融体系的大一统。这一时期，金融监管主要围绕计划经济的需要而展开。在改革开放初期，为了适应经济体制改革的要求，中国人民银行并入财政部，成为其下属机构。这一阶段，金融监管职能相对减弱，更多地服务于财政政策的实施。1983 年，中国人民银行从财政部独立出来，重新恢复中央银行的地位。这一变革为金融监管的独立性提供了保障，也为后续的金融监管体制改革奠定了基础。为了更好地履行中央银行的职能，中国人民银行逐步剥离了商业性业务，专注于货币政策的制定和金融监管。这一改革增强了金融监管的专业性和针对性。

随着时代的进步和金融市场的逐步开放，以及我国金融市场的不断发展和金融创新的加速，我国的金融监管体制也迎来了重要的转型期。金融监管逐渐形成了分业监管的模式。证券、保险等监管机构相继成立，与中国人民银行共同构成了我国分业监管的体系。中国证券监督管理委员会的应运而生，成为这一历史变革的显著标志。它的成立，不仅标志着我国金融监管体制开始向分业监管的方向迈进，更体现了我国在应对金融市场日益复杂的挑战时所展现出的前瞻性和决断力。此后，随着《中华人民共和国商业银行法》的颁布实施，我国金融监管的法律框架进一步得到完善。这部法律不仅明确了中国人民银行对商业银行的监管职责，更在金融监管领域树立了法治的权威，为金融监管工作提供了强有力的法律保障。

在这一历史进程中，我们清晰地看到，我国金融监管体制的建立及完善始终与金融市场的发展变化紧密相连。无论是早期的集中统一监管，还是后来的分业监管，都体现了我国金融监管机构在应对市场变化、保障金融安全方面的敏锐洞察和坚定决心。正是因为有了这样一个不断适应市场、不断自我完善的金融监管体制，我国的金融市场才得以在波澜壮阔的历史进程中稳步前行。

当我们站在今天的时间节点上回望过去，不禁为我国金融监管体制所取得的显著成效感到自豪。在过去的岁月里，正是因为有了这样一个坚强有力的金融监管体制，我国的金融市场才能够在风雨中屹立不倒，不仅有效地防范了金融风险的发生，还为我国经济的持续健康发展提供了强有力的支撑。

当然，我们也清楚地认识到，金融市场的发展永远在路上，金融监管体制的改革与完善也永远不会停歇。面对未来，我们将继续秉持着开放、包容、创新的精神，不断推进我国金融监管体制的改革与创新，以适应金融市场日益复杂多变的挑战。我们相信，在全体金融监管机构和金融市场参与者的共同努力下，我国的金融监管体制一定能够不断迈上新的台阶，为我国的金融稳定与经济发展提供更加坚实有力的保障。

我们也期待着更多的国内外专家和学者能够关注和研究我国的金融监管体制，为我们提供宝贵的意见和建议。我们相信，通过集思广益、汇聚众智，一定能够共同推动我国金融监管体制的不断完善与发展，为构建更加稳定、健康、繁荣的金融市场贡献我们的智慧和力量。

在我国金融监管体制的历史长河中，每一个重要的时刻、每一次重大的变革都值得我们铭记和回味。因为这些时刻和变革不仅记录了我国金融监管体制的成长轨迹，更见证了我国在应对金融市场挑战、保障金融安全方面所展现出的坚定决心和卓越智慧。面向未来，我们有理由相信，在全体金融监管机构和金融市场参与者的共同努力下，我国的金融监管体制一定能够书写出更加辉煌灿烂的篇章。

（二）金融监管体制的改革与发展

我国金融监管体制的历史沿革是一部波澜壮阔的改革发展史，从21世纪初的中国银行业监督管理委员会的成立，到全球金融危机后的风险监控强化，再到全国金融工作会议的决策出台，每一步都深刻影响着我国金融市场的稳定与发展。

回溯到2003年，中国银行业监督管理委员会的应运而生，无疑是我国金融监管历程中的一座重要里程碑。在此之前，我国的金融监管体系尚显零散，缺乏统一且有力的监管机构。而中国银行业监督管理委员会的成立，不仅整合了原有的监管资源，更在监管力度和深度上实现了质的飞跃。这一变革，使得我国金融监管体系初步形成了"一行两会"的格局，即中国人民银行、中国银行业监督管理委员会和中国证券监督管理委员会共同构成了我国金融监管的三大支柱。

挑战与机遇总是相伴相生。2008年，国际金融危机的爆发给我国金融监管体制带来了前所未有的考验。面对复杂多变的国际金融环境，我国监管部门迅速做出反应，加强了风险监控和预警机制的建设。这一时期，我国金融监管的重点逐渐从单一的机构监管转向了更为全面的市场风险监控。通过一系列的政策措施和制度创新，我国成功地抵御了金融危机的冲击，维护了金融市场的稳定。

随着时间的推移，我国金融监管体制也在不断地完善和发展。2017年，全国金融工作会议的召开，为我国金融监管体制的改革指明了新的方向。会议明确提出要加强金融监管协调，防范化解重大风险。为了实现这一目标，我国设立了国务院金融稳定发展委员会，作为金融监管的最高协调机构。金融稳定发展委员会的成立，进一步提升了我国金融监管的统筹协调水平，使得各监管部门能够在更高的层面上形成合力，共同应对金融风险。

随着金融市场的日益复杂和金融创新的不断涌现，我国金融监管也在逐步向专业化方向发展。监管机构不断提升监管能力，引入先进的风险管理工具和技术，以提高监管效率和风险应对能力。

2023 年 3 月，中共中央、国务院印发的《党和国家机构改革方案》提出，要组建国家金融监督管理总局。国家金融监督管理总局是在中国银行保险监督管理委员会基础上组建的国务院直属机构，为正部级。其职责是统一负责除证券业之外的金融业监管，强化机构监管、行为监管、功能监管、穿透式监管、持续监管，统筹负责金融消费者权益保护，加强风险管理和防范处置，依法查处违法违规行为。作为国务院直属机构，国家金融监督管理总局于 2023 年 5 月 18 日正式揭牌。此后，国家金融监督管理总局在监管动态、政策发布、公告通知等方面展现出新的职能和角色。例如，其党委召开扩大会议传达学习习近平总书记重要讲话和全国两会精神，发布《行政处罚裁量权实施办法》等。国家金融监督管理总局的成立标志着我国金融监管体系的新一轮改革和完善，正式形成"一行一局一会"的综合性监管架构，旨在更好地应对金融风险，保护消费者权益，促进金融业的健康稳定发展。

在金融监管体制的改革过程中，我国始终坚持问题导向和目标导向相结合的原则。针对金融市场中出现的新问题和新挑战，我国监管部门及时调整监管策略，创新监管手段，确保金融监管的有效性和针对性。我国还注重借鉴国际先进经验，积极参与国际金融监管合作，不断提升我国金融监管的国际影响力。

经过多年的努力，我国金融监管体制已经取得了显著的进展。从最初的分散监管到如今的统一协调监管，从单一的风险防范到全面的风险管理，我国金融监管体制在应对挑战和推动改革中不断成长和壮大。未来，随着金融市场的不断创新和发展，我国金融监管体制将继续与时俱进，为金融市场的健康稳定发展提供有力保障。

总结我国金融监管体制的历史沿革时，我们不禁为这一体制的不断完善和成熟感到自豪。正是因为有了这样一套科学、严谨、有效的金融监管体制，我国金融市场才能够在波澜壮阔的改革发展进程中始终保持稳健的步伐。展望未来，我们有理由相信，在我国金融监管体制的引领和保障下，我国金融市场必将迎来更加美好的明天。

我们也应该清醒地认识到，金融监管永远在路上。面对日益复杂多变的金融市场环境，我国金融监管体制仍需不断地进行自我革新和完善。只有这样，我们才能够确保金融监管始终与金融市场的发展保持同步，为金融市场的持续健康发展提供不竭的动力。

我国金融监管体制的历史沿革是一部充满挑战与机遇的改革发展史。在这部历史长卷中，我们既看到了我国金融监管体制在应对危机中的坚定与果敢，也看到了其在推动改革中的智慧与勇气。展望未来，我们有理由对我国金融监管体制的未来充满信心与期待。

（三）金融监管体制的现状与挑战

我国金融监管体制在其发展历程中，经历了不断的改革与演变，现已稳固地形成了"一行一局一会"的综合性监管架构。这一架构宛如一座坚固的堡垒，守护着我国的金融市场，确保其健康、有序地运行。银行业、证券业、保险业等金融领域的每一个角落，都被这一监管体系所覆盖，无一遗漏。

随着金融市场的持续繁荣与创新，新的挑战也在不断涌现。跨市场的金融交易、跨行业的金融合作日益频繁，虽然为金融市场注入了新的活力，但也带来了前所未有的风险。金融科技的迅猛发展，如同一把"双刃剑"，既为金融行业带来了便捷与效率，也带来了监管上的难题。

面对这些挑战，我国金融监管体制并未停滞不前，而是在实践中不断探索、创新。加强监管协调、信息共享，提高监管效率，强化风险防控，成为我国金融监管的重中之重。我们深知，只有构建一个更加灵活、高效、适应性强的金融监管体系，才能应对金融市场的千变万化，满足金融市场高质量发展的要求。

在这一过程中，我们取得了显著的成果。金融风险的防控能力得到了显著提升，金融市场的稳定性得到了有效保障。金融科技的发展也在监管的引导下，走上了规范、健康的发展道路。这些成果的取得，离不开我们在金融监管领域的持续努力与探索。

面对不断变化的金融市场环境，我们不能有丝毫懈怠。未来，我们将继续完善金融监管体制，加强国际合作，提高监管水平，为构建一个更加稳定、繁荣的金融市场而不懈努力。

我国的金融监管体制经历了从无到有、从弱到强的发展历程。这一历程充满了艰辛与挑战，但也充满了希望与机遇。我们深知，金融监管是金融市场健康发展的基石，是保护投资者权益的重要保障。我们将始终坚守在金融监管的第一线，为金融市场的稳定与繁荣贡献自己的力量。

我们也看到，随着全球化的深入推进，金融市场的国际化程度越来越高。这为我国金融市场的发展提供了广阔的舞台，但也带来了新的挑战。

在这样的背景下，加强国际合作、提高监管水平显得尤为重要。我们坚信，只有与国际接轨、与时俱进的金融监管体制，才能更好地应对未来的挑战与机遇。

我们还注意到，金融科技对金融监管的影响。金融科技的发展为金融行业带来了颠覆性的变革，也为金融监管带来了新的挑战。传统的监管手段已难以应对金融科技带来的新问题、新挑战，我们需要不断创新监管手段、提高监管效率，确保金融科技在规范、健康的轨道上发展。

在这个过程中，我们将始终坚持以人民为中心的发展思想。保护投资者权益、维护金融市场稳定是我们的根本宗旨。我们将不断加强投资者教育、提高投资者风险意识，为投资者提供更加安全、便捷的投资环境。我们也将加大对金融机构的监管力度，确保金融机构合规经营、稳健发展。

尽管我国金融监管体制在不断完善和成熟的过程中已经取得了显著的成果，但我们也清楚地认识到其面临的挑战和未来的发展方向，我们将继续秉承开放、包容、创新、务实的精神，不断推进金融监管体制的改革与发展，为构建一个更加稳定、繁荣的金融市场而不懈努力。

二、高质量发展背景下的金融监管体制

（一）高质量发展的内涵与要求

在当前的经济环境下，高质量发展已然成为国家和社会普遍关注的焦点。这种发展模式不仅注重经济的数量增长，更致力于提升经济发展的质量和综合效益，追求经济、社会、环境三者之间的和谐与平衡。在这一宏大的发展背景下，金融监管体制的作用显得尤为突出。

金融监管作为现代经济体系中的重要组成部分，其核心职责在于确保金融市场的稳定、透明和公正，从而保护投资者的利益，促进资本的合理分配和有效利用。在高质量发展的要求下，金融监管体制需要不断进行自我调整和完善，以适应日益复杂多变的金融市场环境。

现代金融市场的发展速度之快、涉及面之广、影响力之大，都是前所未有的。随着科技的进步和金融创新的不断涌现，金融市场的参与主体日趋多样化，金融产品和服务也变得越来越复杂。这既为金融市场带来了巨大的活力，也带来了前所未有的风险和挑战。金融监管体制必须具备高度的适应性、灵活性和创新性，才能及时识别和应对各种潜在风险，确保金融市场的平稳运行。

适应性意味着金融监管体制需要紧跟金融市场的发展步伐，不断调整自己的监管策略和方法，以适应市场的新变化。例如，随着数字货币、区块链等新型金融技术的快速发展，传统的金融监管模式已经难以适应这些新领域的监管需求。金融监管机构需要积极学习和掌握这些新技术，以便更好地理解和监管这些新兴领域。

灵活性则要求金融监管体制在面对突发事件或市场风险时，能够迅速做出反应，采取有效的应对措施。金融市场是一个充满不确定性的领域，各种突发事件和风险挑战随时可能发生。金融监管机构需要具备高度的警惕性和应变能力，以便在第一时间对市场风险进行识别和控制。

创新性是金融监管体制持续发展的动力源泉。在传统的金融监管模式下，监管机构往往扮演着"守夜人"的角色，主要负责对金融机构和市场行为进行事后监管和处罚。在高质量发展的背景下，金融监管机构需要更多地发挥引导作用和促进作用，推动金融市场朝着更加健康、可持续的方向发展。这就要求金融监管机构不仅要关注市场的短期表现，还要关注市场的长期发展趋势，积极引导金融机构进行创新转型，推动金融市场的整体升级。

为了实现这些目标，金融监管体制需要进行一系列的改革和完善：一是要完善金融监管的法律法规体系，为金融监管提供有力的法律保障；二是要加强金融监管机构之间的协调合作，形成统一、高效的金融监管体系；三是要加强对金融监管人员的培训和教育，提高他们的专业素养和监管能力。

在完善金融监管体制的过程中，监管机构一方面需要特别关注一些重点领域和问题。例如，随着金融科技的快速发展，金融创新与金融风险之间的界限变得越来越模糊。这就要求监管机构在鼓励金融创新的也要加强对金融风险的防范和控制。另一方面还需要关注金融市场的公平性与透明度问题，防止市场操纵和内幕交易等违法行为的发生。

总的来说，在高质量发展的背景下，金融监管体制扮演着至关重要的角色。只有构建一个适应性强、灵活性高、创新性足的金融监管体制，才能有效应对金融市场的各种风险和挑战，确保金融市场的健康稳定发展。通过加强金融监管体制的改革和完善，还可以进一步推动金融市场的高质量发展，为经济社会的持续繁荣提供有力的支撑和保障。

（二）金融监管体制在高质量发展中的作用

在推动高质量发展的宏大画卷中，金融监管体制如同一位默默无闻的守护者，肩负着维护金融稳定、促进金融创新和优化资源配置的重任。其深邃的内涵与外延，犹如一座坚固的堡垒，捍卫着金融市场的健康与安全，也引领着金融资源流向最具活力的领域。

在复杂多变的金融市场中，风险无处不在，稍有不慎便可能引发连锁反应。而金融监管体制正是那个时刻警惕的守望者，它通过制定和实施一系列科学有效的监管政策和措施，确保了金融市场的平稳运行，防范了金融风险的积聚和扩散。无论是对于传统银行业务的严格把控，还是对于新兴金融业态的审慎监管，金融监管体制都展现出了其前瞻性和灵活性，确保了金融市场的稳定与繁荣。

金融监管体制并非刻板的守旧派，而是积极拥抱创新的先锋力量。它深知，金融创新是推动金融市场发展的重要驱动力，在维护稳定的基础上，金融监管体制也为金融创新提供了广阔的空间和有力的支持。通过建立健全创新激励机制，鼓励金融机构在风险可控的前提下大胆尝试新产品、新业务和新模式，金融监管体制激发了金融市场的活力和创造力，推动了金融市场的健康发展。

金融监管体制还是资源优化配置的引领者。在金融市场中，资金是最为核心的资源，其配置效率直接关系到经济发展的质量和效益。而金融监管体制正是那个掌握着资金流动方向的舵手，它通过引导资金流向实体经济，特别是支持小微企业、乡村振兴、绿色发展等重点领域和薄弱环节，实现了资源的优化配置，提高了金融资源的利用效率。这种优化配置的过程，不仅促进了金融与经济的深度融合，也为经济高质量发展提供了有力的支撑。

更值得一提的是，金融监管体制在维护国家金融安全方面也发挥着不可替代的作用。在当前国际金融形势复杂多变的背景下，金融风险跨国界传递的速度和影响力不断增强。而金融监管体制通过加强与国际金融监管机构的合作与沟通，共同应对全球性金融风险，有效地维护了国家金融安全和稳定。

回首过去，金融监管体制在高质量发展的道路上留下了坚实的足迹；展望未来，它将继续承载着维护稳定、促进创新、优化配置的使命，引领着金融市场驶向更加广阔的海洋。在这个过程中，金融监管体制不仅是规则的制定者和执行者，更是市场的引导者和参与者，它与金融机构、投资者以及社会各界共同构建了一个和谐共生的金融生态体系。

当然，我们也应清晰地认识到，金融监管体制并非万能，它也需要不断地完善和进化以适应日益复杂多变的金融市场环境。这就要求我们在坚持稳健的货币政策和宏观审慎管理的基础上，进一步加强金融监管的协调性和有效性，提升监管的专业性和穿透性，确保金融市场的公平、透明和可持续发展。

我们还应积极推动金融科技的发展和应用，运用大数据、云计算、区块链等先进技术手段提升金融监管的智能化水平，实现风险预警、识别、处置的自动化和精准化。这将有助于我们更加高效地防范和化解金融风险，为高质量发展提供更加坚实的保障。

金融监管体制在高质量发展中扮演着至关重要的角色，它既是稳定器又是加速器，更是优化器，它的每一次政策调整、监管创新、资源配置都牵动着整个金融市场的神经。在未来的发展道路上，我们有理由相信，有了这样一位强有力的守护者，我们的金融市场定能迎来更加繁荣与稳定的明天。

（三）金融监管体制高质量发展的路径与策略

在高质量发展的大背景下，金融监管体制的重要性愈发凸显。金融市场的稳健运行、风险防控以及创新发展都离不开一个健全、高效的监管体系。深入探讨金融监管体制高质量发展路径与策略，对于保障金融市场的持续健康发展具有重要意义。

要实现金融监管体制的高质量发展，必须先完善监管制度。制度是保障监管工作有序开展的基础，只有建立了科学、合理、完善的监管制度，才能确保监管工作的针对性和有效性。在完善监管制度的过程中，监管部门应注重提高监管的透明度和可预见性，让市场主体能够明确了解监管政策和要求，从而更好地规范自身行为；还应加大监管制度的执行力度，确保各项监管措施能够得到有效落实，切实维护市场秩序。

加大监管力度是实现金融监管体制高质量发展的另一重要方面。在金融市场日益复杂多变的今天，各种违法违规行为层出不穷，给市场带来了极大的风险。因此，监管部门必须加大监管力度，严厉打击各种违法违规行为，维护市场的公平和公正；在加大监管力度的过程中，应注重运用现代科技手段，提高监管的智能化和精准化水平，让监管工作更加高效、便捷；还应加强监管队伍的建设，提高监管人员的专业素质和业务能力，为加大监管力度提供有力的人才保障。

提升监管科技水平是实现金融监管体制高质量发展的重要途径。随着科技的不断发展，金融市场的复杂性和多变性也在不断增加。传统的监管手段已经难以适应市场的变化，必须运用现代科技手段提升监管能力。在提升监管科技水平的过程中，监管部门应注重加强金融科技的研发和应用，推动监管科技与金融科技的深度融合，提高监管的智能化和自动化水平；还应加强监管数据的共享和整合，提高监管数据的质量和利用率，为提升监管能力提供有力的数据支撑。

加强国际合作是实现金融监管体制高质量发展的必由之路。在全球经济一体化的背景下，各国金融市场之间的联系日益紧密，风险也随之相互传递。因此，我们必须加强国际合作，共同应对全球金融市场的风险和挑战。在加强国际合作的过程中，监管部门应注重加强与国际金融监管机构的沟通和协调，推动全球金融监管体系的完善和发展；还应积极参与国际金融监管标准的制定和修订工作，提高我国在国际金融监管领域的话语权和影响力。

除了以上四个方面外，实现金融监管体制高质量发展还需要注重三个方面的工作：一是加强监管文化建设，提高监管人员的职业道德和责任意识，形成良好的监管氛围；二是加强监管创新，鼓励监管机构和金融机构积极探索新的监管模式和方法，提高监管的灵活性和适应性；三是加强监管评估和监督，定期对监管工作进行评估和监督，及时发现和纠正监管工作中存在的问题和不足。

实现金融监管体制高质量发展是一个系统工程，需要各方共同努力。只有建立完善的监管制度、强化监管力度、提升监管科技水平、加强国际合作并注重其他相关方面的工作，才能确保金融监管体制的高质量发展，为金融市场的持续健康发展提供有力保障。我们也应认识到，金融监管体制的高质量发展是一个动态的过程，需要随着市场的变化而不断调整和完善。我们必须保持高度的警惕和敏锐性，时刻关注市场的变化和发展趋势，及时采取有效的措施应对各种风险和挑战，确保金融监管体制始终走在高质量发展的道路上。

三、金融监管体制创新助力金融高质量发展的历史性挑战

随着金融市场的深入发展和金融产品的不断创新，金融监管面临着前所未有的挑战。为了确保金融系统的稳定与安全，促进金融的高质量发

展，金融监管体制必须不断创新以适应新的形势和要求。在此过程中，我们面临着多方面的挑战。

（一）风险控制难度增加

随着金融市场的开放和全球化进程，金融风险的传播速度和影响范围不断扩大。金融创新和金融衍生品的增加使得风险识别、评估和控制变得更加复杂。因此，金融监管机构需要不断提高风险管理的专业能力和技术水平，以确保金融系统的稳定。

（二）监管技术更新滞后

传统的金融监管手段和方法在面对现代金融市场的复杂性和多变性时显得捉襟见肘。监管技术的更新滞后，无法有效应对新型金融风险和违规行为。因此，加强金融科技监管工具的研发和应用，提高监管的效率和准确性，成为金融监管体制创新的重要任务。

（三）跨境监管合作挑战

全球化背景下，跨境金融活动日益频繁，跨境金融风险也随之增加。然而，各国之间的金融监管标准、法律体系和监管机制存在差异，给跨境监管合作带来了挑战。加强国际合作，建立全球统一的金融监管标准，是应对跨境监管挑战的关键。

（四）金融创新带来的不确定性

金融创新是推动金融发展的重要动力，但同时也带来了新的不确定性和风险。监管机构需要在鼓励创新和保护消费者权益之间找到平衡点，既要支持金融创新，又要防范潜在的风险。

（五）监管体系碎片化问题

目前，金融监管体系在一定程度上存在碎片化问题，不同监管机构之间还存在职能重叠和沟通不畅的情况。这可能导致监管盲区，增加金融风险。因此，加强监管机构的协调和整合，建立全面、统一的金融监管体系是解决这一问题的关键。

（六）监管沙箱模式局限

监管沙箱作为一种创新监管工具，旨在为金融创新提供安全的测试环境。然而，监管沙箱模式也存在一定的局限性，如测试周期长、成本高昂等。因此，我们需要进一步完善监管沙箱机制，提高其灵活性和有效性。

（七）监管人才短缺与培训不足

随着金融市场的不断发展和创新，金融监管对专业人才的需求日益迫切。然而，目前监管人才短缺，培训不足的问题较为突出。因此，加强监管人才的培养和培训，提高监管队伍的专业素质和能力水平，是金融监管体制创新的重要支撑。

面对以上挑战，金融监管机构应积极探索和创新监管方式，加强与其他国家和地区的合作与交流，共同应对金融市场的风险和挑战；同时，也需要不断完善自身的监管体系和机制，提高监管的专业性和有效性，为金融高质量发展提供坚实的保障。在金融监管这一关键领域中，我们所面临的问题与前景日渐明朗。不言而喻，有效的监管是确保金融市场稳健运行的基石。在实际操作中，监管机构之间的数据共享仍然存在诸多障碍，这直接影响了监管的深度和广度。为了解决这一问题，我们需要一种更加高效、透明的数据共享机制，让各监管机构能够实时、全面地掌握市场动态。因此，金融市场的持续创新正在不断地对监管体系提出新的挑战。这种创新是金融市场发展的必然趋势，但也意味着监管机构必须时刻保持警惕，随时准备应对新的风险和挑战。这就需要我们的监管机构不仅要有坚定的决心，还要有敏锐的市场洞察力和前瞻性的监管理念。只有这样，我们才能确保金融监管不落后于市场的发展，始终保持其有效性和针对性。

在全球化的今天，金融监管也不能仅仅局限于国内视野。随着金融市场的日益全球化，跨境金融风险已经成为一个不容忽视的问题。这就要求我们的金融监管机构不仅要加大国内的监管力度，还要积极与国际同行进行合作和交流，共同应对跨境金融风险。通过这种国际合作，我们可以更好地学习和借鉴国际先进经验，从而推动我国金融监管体系不断向前发展。

当然，我们也不能仅仅满足于现状。金融监管是一个持续进化的过程，我们必须不断地对其进行优化和完善。在未来，我们期望看到一个更加高效、透明、国际化的金融监管体系。这样的体系不仅能够有效地应对现有的金融风险和挑战，还能够预见到未来可能出现的新问题，并提前做出相应的应对准备。

为了实现这一目标，我们需要从多个方面入手，其中加强数据共享是基础中的基础。我们必须打破现有的数据壁垒，让各监管机构能够真正实现信息共享。这不仅需要技术手段的支持，更需要制度和法律的保障。只有这样，我们才能确保数据的准确性、完整性和及时性，为金融监管提供有力的信息支持。推动监管创新是关键中的关键。我们不能被现有的监管框架所束缚，要敢于尝试新的监管理念和手段。这需要我们的监管机构保持开放的心态，积极接受和学习新的知识和经验。我们还要加强监管机构的内部建设，提高其专业素养和创新能力。只有这样，我们才能确保金融监管始终与市场发展保持同步。

提升监管国际化水平是必然趋势。在全球化的背景下，没有哪个国家能够独善其身。我们必须加强与其他国家的合作和交流，共同应对全球性的金融风险和挑战。这种合作应该是全方位的，包括信息共享、经验交流、技术支持等多个方面。只有这样，我们才能更好地融入全球金融市场，提升我国金融监管的国际影响力。

金融监管是一个复杂而重要的领域。我们必须从多个方面入手，加强数据共享、推动监管创新、提升监管国际化水平等方面的工作。只有这样，我们才能确保金融监管的有效性和针对性，为金融市场的稳健运行提供有力的保障。在未来的发展中，我们期待看到一个更加完善、高效、国际化的金融监管体系，为我国的金融市场发展提供更加坚实的支撑。

第三节　金融监管体制创新与金融高质量发展的量化指标

一、量化指标体系的构建原则

（一）量化指标体系构建的整体原则

当深入探讨金融监管体制创新及金融高质量发展的核心议题时，我们不可避免地要构建一个能够精准映射这两者实际态势的量化指标体系。这一体系的构建并不是随意的指标堆砌，而是基于一系列严谨的原则来确保最终指标体系的真实性和客观性。

科学性是构建这一指标体系的基石。在金融监管和金融发展这一复杂多变的领域中，任何指标的选取都必须有坚实的科学理论作为支撑，同时采用经过验证的科学方法来确定其有效性和准确性。这意味着，我们不能仅凭主观臆断或经验来选取指标，而是要依靠深入的市场研究、数据分析以及专家意见来综合判断。

系统性原则确保了指标体系的全面性和完整性。金融监管和金融发展都是多维度、多层面的复杂系统，任何一个单一的指标都无法全面反映其整体状况。我们需要从多个角度出发，构建一个涵盖金融监管体制、金融市场运行、金融机构行为、金融风险防控等各个方面的指标体系。这样一来，不仅可以对金融监管和金融发展的各个方面进行全面评估，还能够揭示它们之间的内在联系和相互影响。

可操作性是指标体系能否真正落地的关键。一个理论上再完美、再科学的指标体系，如果在实际操作中难以执行，那么它的价值也将大打折扣。当构建指标体系时，我们必须充分考虑到指标数据的可获得性、计算方法的简便性以及数据处理的效率性；同时，还要确保所收集到的数据是准确可靠的，能够经得起时间和市场的检验。

导向性原则赋予了指标体系以生命力和前瞻性。一个优秀的指标体系不仅应该能够反映金融监管和金融发展的历史轨迹和当前状态，还应该能够对其未来发展趋势进行预测和引导。这就要求我们在构建指标体系时，要特别关注那些对金融监管和金融发展具有重要影响的关键领域和薄弱环节，通过设置相应的指标来引导金融机构和监管部门加大对这些领域的关注与投入力度，从而推动金融监管体制的创新和金融高质量发展。

一个科学、系统、可操作且具有导向性的量化指标体系是全面评估金融监管和金融发展的不可或缺的工具。通过遵循上述原则来构建这样一个指标体系，我们不仅能够更加深入地理解金融监管和金融发展的内在逻辑和规律，还能够为政策制定者、市场参与者以及研究者提供有力的决策支持和参考依据。

当然，构建这样一个指标体系并不是一蹴而就的事情，需要我们在实践中不断摸索和完善。随着金融市场的不断发展和金融监管体制的不断创新，我们也需要对指标体系进行及时的更新和优化，以确保其始终能够保持与市场和监管的同步。另外，我们还需要加强对指标体系的宣传和推广，提高其在业界和社会公众中的认知度和影响力，从而为其发挥更大的作用创造更加有利的条件。

在未来的金融监管和金融发展中，我们期待看到更多基于科学、系统、可操作且具有导向性的量化指标体系的实践应用和创新成果。相信通过这些努力，我们能够更好地把握金融监管和金融发展的脉搏，为构建更加稳健、高效和可持续的金融体系贡献自己的力量。

（二）金融监管体制创新量化指标体系的构建原则

随着金融市场的不断深化和创新，构建一个科学、全面、有效的金融监管体制量化指标体系显得尤为重要。这样的指标体系不仅能反映金融市场的运行状况，还能为监管机构提供决策支持，促进金融市场的健康稳定发展。当构建这一体系时，我们应遵循以下原则：

（1）全面性原则，即指标体系应涵盖金融监管的各个方面，包括但不限于资本充足性、流动性、风险管理、内部控制、合规经营等。只有全面考虑各个方面，才能确保指标体系的完整性和准确性。

（2）灵活性与稳定性，即指标体系既要有一定的灵活性，以适应金融市场的不断变化和创新，又要保持一定的稳定性，确保指标的连续性和可比性。这要求指标体系既要能够反映当前金融市场的实际情况，又要能够预测未来的发展趋势。

（3）风险导向原则，即指标体系的构建应以风险为导向，重点关注可能对金融市场稳定造成威胁的风险因素。通过设立风险相关的指标，我们能够及时发现并评估风险，为监管机构提供有效的风险预警和处置手段。

（4）数据可获取性，即指标体系的构建应考虑到数据的可获取性。指标所需的数据应能够通过现有的统计、监测和报告体系获得，以确保数据的准确性和可靠性；同时，还应建立数据共享机制，提高数据的使用效率。

（5）国际可比性，即当构建指标体系时，应充分考虑国际标准和国际惯例，确保指标体系的国际可比性。这有助于提升我国金融业的国际竞争力，同时加强国际金融监管合作。

（6）监管有效性反映，即指标体系应能够真实反映金融监管的有效性。通过对比分析不同时期的指标数据，我们可以评估监管政策的效果和市场反应，为监管机构调整和完善监管政策提供依据。

综上所述，构建金融监管体制创新量化指标体系应遵循全面性原则、灵活性与稳定性、风险导向原则、数据可获取性、国际可比性和监管有效性反映等原则。这些原则共同构成了指标体系构建的基础和指导思想，有助于构建一个科学、全面、有效的金融监管体制量化指标体系，为金融市场的健康稳定发展提供有力支持。

（三）金融高质量发展量化指标体系的构建原则

随着金融市场的不断发展和深化，推动金融高质量发展已成为我国金融业的重要任务。为了实现这一目标，构建一套科学、全面、实用的金融高质量发展量化指标体系至关重要。当构建这一体系时，我们应遵循以下原则：

（1）全面性与重点性，即指标体系应既具备全面性，覆盖金融高质量发展的各个方面，如金融市场发展、金融机构治理、金融监管效能等，又要突出重点，对影响金融高质量发展的关键因素进行深入分析。这要求我们选取指标时，既要考虑全面覆盖，又要突出核心指标。

（2）科学性与实用性，即指标体系应基于科学的理论和实践经验，确保指标的合理性和有效性。同时，指标应具有实用性，能够为政策制定和监管实践提供有价值的参考。当构建指标体系时，我们应采用科学的方法论，结合金融高质量发展的实际需求，选取具有代表性和可操作性的指标。

（3）稳定性与动态性，即指标体系应保持一定的稳定性，以确保数据的连续性和可比性。同时，随着金融市场的不断发展和变化，指标体系也应具备动态性，能够及时调整和优化，以适应新的发展需要。这要求我们构建指标体系时，既要考虑指标的稳定性，又要关注指标的变化趋势和发展潜力。

（4）可操作性与可比性，即指标应易于获取、计算和分析，具有可操作性。同时，为了便于不同金融机构和市场之间的比较和分析，指标体系应具备一定的可比性。当构建指标体系时，我们应尽量选择具有统一计算方法和口径的指标，以便进行横向和纵向的比较分析。

（5）风险控制与效率优化，即金融高质量发展的核心在于风险控制和效率优化。因此，指标体系应充分体现两个方面的要求：通过设立风险相关的指标，如风险加权资产、不良贷款率等，及时发现和评估风险；通过设立效率相关的指标，如成本收入比、资本充足率等，衡量金融机构的运营效率和资源配置能力。

（6）定量与定性相结合，即金融高质量发展涉及多个维度和层面，既有可以量化的方面，也有难以量化的方面。因此，当构建指标体系时，我们应坚持定量与定性相结合的原则，既要通过量化指标来客观反映金融高质量发展的实际水平，也要通过定性指标来全面分析金融高质量发展的内在机理和发展趋势。

（7）数据可获得性与可靠性，即构建指标体系的基础是数据。因此，当选取指标时，我们应充分考虑数据的可获得性和可靠性。指标所需的数据应能够通过现有的统计、监测和报告体系获得，并确保数据的准确性和可靠性；同时，还应加强数据质量管理，提高数据的可信度和使用价值。

综上所述，构建金融高质量发展量化指标体系应遵循全面性与重点性、科学性与实用性、稳定性与动态性、可操作性与可比性、风险控制与效率优化、定量与定性相结合以及数据可获得性与可靠性等原则。这些原则共同构成了指标体系构建的基础和指导思想，有助于构建一套科学、全面、实用的金融高质量发展量化指标体系，为我国金融业的高质量发展提供有力支撑。

二、量化指标的选择与计算方法

（一）金融行业状况量化指标

在本章节中，我们将对金融行业状况的量化指标进行探讨，主要围绕四大类指标展开。这四大指标各具特色，相互独立又相互联系，共同构成了金融行业的多维画卷。

首先是监管效率指标。这一指标集监管成本、监管响应时间、监管覆盖率等关键要素于一体，为我们全面评估金融监管机构的工作效率和实际成效提供了有力的工具。监管成本的高低直接反映了监管机构在资源配置方面的合理性，而监管响应时间的快慢则体现了监管机构对于市场变化的敏感度和应对能力。监管覆盖率则是一个更为宏观的指标，它衡量了监管机构对于整个金融市场的把握程度，是评估监管全面性和有效性的重要依据。

其次是金融风险指标。这些指标如资本充足率、不良贷款率、流动性比率等，犹如一把把精准的标尺，衡量着金融机构的风险水平和抵御风险的能力。资本充足率是金融机构稳健运营的基础，它确保了金融机构在面临风险时有足够的资本进行抵御。不良贷款率则是金融机构资产质量的直观体现，一个较低的不良贷款率意味着金融机构在信贷风险控制方面表现良好。流动性比率则反映了金融机构在短期内应对资金流动性风险的能力，是金融机构稳健运营的重要保障。

再次是金融创新指标。这一指标通过新产品和服务数量、研发投入占比、专利申请数量等元素，为我们揭示了金融机构在金融创新领域的活跃程度和实力。新产品和服务的数量是金融机构创新能力的直接体现，一个不断推出新产品和服务的金融机构必然在市场竞争中占据优势地位。研发投入占比则反映了金融机构对于创新的重视程度和投入力度，一个愿意在研发上投入大量资源的金融机构必然在未来的竞争中更具潜力。专利申请数量则是金融机构创新成果的重要衡量标准，它体现了金融机构在知识产权保护和创新成果转化方面的能力。

最后是金融发展指标。这一指标通过金融市场规模、金融结构多样性、金融服务普及率等一系列元素，为我们展示了金融行业的整体发展水平和竞争力。金融市场规模的大小直接反映了金融行业的繁荣程度和发展潜力，一个庞大的金融市场必然能够吸引更多的资本和人才投入其中。金融结构多样性则体现了金融行业的成熟度和稳定性，一个多元化的金融结构能够有效地分散风险并提高整个行业的抗风险能力。金融服务普及率则是衡量金融行业服务社会大众能力的重要指标，一个高普及率的金融服务体系能够更好地满足人民群众日益增长的金融需求。

这四大类指标相互交织、相互影响，共同构成了量化指标分析的完整框架。它们不仅为我们提供了全面而深入的金融行业洞察，也为决策者提供了有力的数据支持和分析依据。通过对这些指标的深入分析和研究，我们能够更加准确地把握金融行业的发展脉络和趋势走向，为未来的决策提供更加科学和精准的指导。这些指标也为我们提供了一个全新的视角来审视和评估金融机构的运营状况和发展前景，有助于我们更好地理解和把握金融行业的本质和规律。在这个快速变化的时代背景下，掌握这些量化指标分析的核心内容无疑是我们应对挑战、把握机遇的重要法宝。

（二）金融监管体制创新量化指标的选择与计算方法

随着金融市场的迅速发展和金融创新的不断涌现，传统的金融监管体制面临着诸多挑战。为了更好地应对这些挑战，提升监管效率和质量，金融监管体制创新成为必然选择。量化指标作为衡量监管体制创新效果的重要工具，其选择与计算方法至关重要。本书将进一步围绕金融监管体制创新量化指标的选择与计算方法展开深入探讨，旨在为金融监管机构提供决策支持和改进方向。

量化指标的选择是金融监管体制创新评估的基础。科学、合理的指标能够全面、准确地反映监管体制创新的效果，为政策制定者提供有力的参考依据。指标选择的重要性主要体现在三个方面：第一，导向性。量化指标能够引导监管机构关注关键领域和核心问题，推动监管体制的创新和发展。第二，评估性。量化指标能够对监管体制创新的效果进行客观、公正的评估，为政策调整提供依据。第三，监测性。量化指标可以实时监测监管体制的运行状况，及时发现问题并采取相应措施。

金融监管体制创新的量化指标涉及多个方面，主要包括六类：一是监管效率指标，如监管周期、监管响应速度等，用于衡量监管机构在履行职责时的效率；二是监管成本指标，如监管人力成本、物力成本等，用于评估监管创新在降低成本方面的效果；三是监管覆盖范围指标，如被监管的金融机构数量、金融产品类型等，反映监管机构的监管广度；四是监管透明度指标，如信息披露频率、公众参与度等，衡量监管机构在信息披露和公众参与方面的程度；五是监管技术运用指标，如信息技术使用频率、数据分析能力等，反映监管机构在运用现代科技手段提高监管效率和质量方面的程度；六是风险识别与处置指标，如风险识别准确率、风险处置及时性等，用于评估监管机构在风险识别和处置方面的能力。

量化指标的计算方法应根据指标的具体属性和数据类型来确定。以下是一些常见的计算方法概述：第一，比率计算法，适用于计算相对指标，如监管效率提升率、监管成本降低率等。通过比较新旧监管模式下的数据，计算相对变化率。第二，频率统计法，适用于计算监管透明度、监管技术运用度等指标。通过统计相关活动的频率和次数，反映监管机构的实践情况。第三，问卷调查法，适用于评估消费者满意度、金融机构合规率等指标。通过发放问卷收集数据，分析消费者对监管服务的评价以及金融机构的合规情况。第四，数学模型法，适用于构建复杂的量化模型，如风险评估模型、预测模型等。通过运用数学方法和统计工具，对监管数据进行分析和建模。

准确的数据来源和有效的数据处理是量化指标计算的关键。数据来源主要包括监管机构、金融机构、第三方研究机构等。数据处理过程中需要注意三点：第一，数据清洗，即对原始数据进行去重、缺失值处理、异常值处理等操作，确保数据的准确性和完整性；第二，数据转换，即根据需要，对数据进行归一化、标准化等处理，消除量纲和量级的差异；第三，数据验证，即通过交叉验证、专业人士审核等方式，确保数据的真实性和可靠性。

量化模型的构建是金融监管体制创新评估的核心环节。模型构建应遵循科学、合理、可操作的原则，主要包括以下步骤：第一，确定模型目标，即明确模型的评估目标和任务，如监管效率提升、风险识别准确率提高等；第二，选择合适的模型，即根据评估目标和数据类型，选择合适的数学模型或机器学习算法；第三，设定变量与参数，即根据评估目标和模型要求，设定相应的变量和参数，包括输入变量、输出变量、中间变量等；第四，数据预处理，即对原始数据进行清洗、转换和验证等操作，以满足模型构建的需求；第五，模型训练与验证，即利用处理后的数据进行模型训练，并通过交叉验证、留出验证等方式对模型进行验证和评估；第六，模型优化与调整，即根据模型验证结果，对模型进行优化和调整，提高模型的预测精度和泛化能力。

实证分析与检验是验证量化指标和模型有效性的重要环节。通过收集实际数据，运用构建的量化模型进行分析和检验，可以评估监管体制创新的实际效果。实证分析与检验的主要步骤如下：第一，数据收集，即收集实际监管数据，包括监管机构的业务数据、金融机构的经营数据等；第二，数据预处理，即对收集到的数据进行清洗、转换和验证等操作，确保数据的准确性和一致性；第三，模型应用，即将处理后的数据输入到构建的量化模型中，得到相应的评估结果；第四，结果分析，即对评估结果进行深入分析，揭示监管体制创新的效果和存在的问题；第五，结果验证，即通过与实际监管情况进行对比和验证，评估量化指标和模型的准确性和可靠性。

随着金融市场的不断发展和监管环境的变化，金融监管体制创新的量化指标也需要不断优化和调整。指标优化与调整的主要内容包括：第一，指标更新，即根据新的监管政策和市场环境，更新和调整现有指标，以更好地反映监管体制创新的效果；第二，指标完善，即针对现有指标的不足和缺陷，进行完善和改进，提高指标的科学性和合理性；第三，指标权重调整，即根据实际需要，对各项指标的权重进行调整，以更准确地反映监管体制创新的综合效果。

金融监管体制创新的量化指标不仅用于评估创新效果，还可以用于监管政策的影响评估。通过对不同政策实施前后的量化指标进行对比分析，可以评估政策对监管体制创新的影响程度和效果。这有助于政策制定者及时发现问题、调整政策方向，推动金融监管体制的持续创新和发展。

展望未来，随着金融科技的快速发展和监管环境的不断变化，金融监管体制创新的量化指标和计算方法将面临新的挑战和机遇。因此，我们需要不断关注新技术、新方法的发展和应用，持续优化和完善量化指标和模型，以更好地适应金融监管体制创新的需要。同时，还需要加强国际合作与交流，共同推动全球金融监管体制的创新与发展。

（三）金融高质量发展量化指标的选择与计算方法

在金融高质量发展的背景下，选择合适的量化指标对评估金融系统的健康状况、指导政策制定以及预测市场趋势具有重要意义。量化指标的选择应基于金融发展的内在逻辑和市场需求，既要反映金融系统的整体运行状况，又要揭示其内在的结构性问题和潜在风险。因此，构建一个全面、科学、实用的量化指标体系，对于推动金融高质量发展至关重要。

经济发展指标是衡量金融高质量发展的重要维度之一。这类指标通常关注金融系统与经济增长之间的相互关系，常见的指标包括：①信贷规模与结构，即通过信贷总量、信贷增速、信贷结构等数据，反映金融系统对实体经济的支持力度；②投资效率，即通过投资回报率、资本形成率等指标，评估金融系统对投资活动的引导和促进作用；③产业结构优化，即通过产业增加值占比、高技术产业增加值占比等指标，衡量金融系统对产业结构升级的支持效果。

金融市场指标主要关注金融市场的运行状况和发展水平。常见的金融市场指标包括：①市场规模与活跃度，即通过股票市值、债券发行量、交易量等数据，反映金融市场的规模和活跃度；②市场流动性，即通过流动性比率、换手率等指标，评估金融市场的资金流动性和市场稳定性；③投资者保护，即通过信息披露质量、投资者教育水平等指标，衡量金融市场对投资者权益的保护程度。

金融风险指标用于监测和评估金融系统的潜在风险。常见的金融风险指标包括：①不良贷款率，即反映银行体系信贷资产的质量状况，是评估金融风险的重要指标；②杠杆水平，即通过债务杠杆、资本杠杆等数据，评估金融市场的债务风险水平；③资本充足率，即反映金融机构的资本实力和抵御风险的能力，是维护金融稳定的重要参数。

金融创新是推动金融高质量发展的关键动力。金融创新指标主要关注金融产品和服务的创新程度以及金融科技的应用情况。常见的金融创新指标包括：①金融产品与服务创新，即通过新产品和服务的数量、市场份额等数据，反映金融市场的创新活跃度；②金融科技应用，即通过金融科技投入、技术应用范围等指标，评估金融科技对金融高质量发展的推动作用。

在选择合适的量化指标后，需要采用科学的计算方法对指标进行处理和分析。常见的计算方法包括：①统计分析，即通过描述性统计、相关性分析等方法，揭示指标之间的内在关系和市场趋势；②计量经济学模型，即利用回归分析、时间序列分析等计量经济学方法，研究金融发展对经济发展的影响机制；③风险模型，即运用现代风险管理理论和技术手段，对金融风险进行量化评估和管理。

在实际应用中，量化指标的选择和计算方法面临诸多挑战。首先，数据可得性和准确性是影响指标选择的重要因素。其次，不同指标之间的关联性和相互影响需要充分考虑。此外，随着金融市场的不断发展和创新，现有指标和计算方法可能无法完全适应新的市场环境和需求。因此，在实际应用中需要不断调整和优化指标体系和计算方法。

随着金融高质量发展的深入推进和金融科技的快速发展，未来金融量化指标的选择和计算方法将呈现以下趋势：第一，综合性指标体系的构建，即将经济发展、金融市场、金融风险和金融创新等多方面的指标纳入统一框架，构建综合性的量化指标体系；第二，数据的实时性和动态性，即借助大数据和云计算等先进技术，实现数据的实时采集和处理，提高指标体系的动态性和时效性；第三，人工智能和机器学习技术的应用，即利用人工智能和机器学习技术对海量数据进行深度挖掘和分析，提高指标体系的准确性和预测能力；第四，国际比较和借鉴，即加强与国际金融市场的交流和合作，借鉴国际先进经验和方法，推动金融高质量发展量化指标体系和计算方法的国际化和标准化。

总之，金融高质量发展量化指标的选择与计算方法是一个复杂而重要的课题。通过构建全面、科学、实用的量化指标体系，并采用科学的计算方法进行分析和处理，可以推动金融高质量发展的评估、监测和预警工作。未来，随着金融市场的不断变化和创新发展，需要不断调整和优化指标体系和计算方法，以适应新的市场环境和需求。

三、量化指标在金融监管体制创新与金融高质量发展中的应用

在深入探讨金融监管体制创新与金融高质量发展的交织过程中，量化指标以其精确性、可度量性和科学性，成为不可或缺的关键要素。这些指标，如同一盏明灯，为监管部门照亮前行的道路，使其能够在错综复杂的金融环境中，及时发现潜藏的风险和问题。这不仅为监管部门提供了有力的决策支持，更为其注入了预警的先机，从而能够在风险初露端倪之时，迅速做出反应，有效地防范和化解金融风险。

量化指标在评估金融监管体制和金融发展成效方面，也发挥着举足轻重的作用。通过对各项指标的深入分析，政策制定者能够更为客观地了解金融监管体制的运行状况，以及金融发展的实际成效。这些科学、准确的数据，为政策制定者提供了坚实的依据，使其在制定和调整金融政策时，能够更加有的放矢，更加符合金融市场的实际需求。

量化指标还是金融机构和监管部门绩效考核的重要依据。在金融行业的创新与发展过程中，金融机构和监管部门的绩效考核，是推动其不断前进的动力源泉。而量化指标，正是这一考核体系的核心。通过对各项指标的量化评估，不仅能够准确地反映金融机构和监管部门的工作成果，更能够揭示其存在的问题和不足，从而为其提供明确的改进方向。这种激励和约束机制的建立，无疑为金融行业的创新与发展注入了强大的活力。

更为重要的是，量化指标为政策制定者提供了全面的信息支持。在金融监管和金融发展的过程中，信息的全面性、准确性和及时性，对于政策制定者把握全局、科学决策具有至关重要的意义。而量化指标，正是这样一种能够提供全面、准确、及时信息的工具。通过对各项指标的深入分析，政策制定者能够更为清晰地了解金融监管和金融发展的整体状况，把握其发展趋势，从而为其制定更加科学合理的政策措施提供有力的支撑。

而且，量化指标在金融监管体制创新方面也展现出了其独特的价值。随着金融市场的不断创新和发展，金融监管体制也需要与时俱进，不断创新和完善。而在这个过程中，量化指标成为推动监管体制创新的重要工具。通过对金融市场的各项指标进行深入分析，监管部门能够更为准确地把握金融市场的变化和发展趋势，从而为其制定更加符合市场需求的监管政策提供有力的依据。量化指标还能够帮助监管部门及时发现监管体制中存在的问题和不足，为其改进和完善监管体制提供明确的方向。

在金融高质量发展的道路上，量化指标更是发挥着不可或缺的作用。金融高质量发展，需要在保障金融安全的前提下，实现金融效率、金融创新和金融普惠的全面提升。而量化指标，正是衡量金融高质量发展成效的重要标尺。通过对各项指标的深入分析，我们不仅能够了解金融高质量发展的实际水平，更能够揭示其存在的问题和挑战，从而为其制定更加有针对性的政策措施提供有力的支撑。

量化指标在金融监管体制创新与金融高质量发展中的应用是广泛而深入的。它不仅为监管部门提供了有力的决策支持和预警信息，还为政策制定者提供了科学依据和全面信息支持。它还是金融机构和监管部门绩效考核的重要依据，以及推动金融行业创新与发展的重要动力。在未来的金融监管和金融发展过程中，我们应更加重视和利用好量化指标这一重要工具，推动金融监管体制的不断创新和完善，以及金融高质量发展的全面提升。

第四节 金融监管体制创新助力金融高质量发展的机遇突破

一、金融监管体制创新助力金融高质量发展面临机遇突破

随着全球金融市场的不断演变和科技的飞速发展，金融监管体制创新已成为推动金融高质量发展的关键力量。通过监管技术革新、风险管理优化、市场准入灵活、监管协同加强、创新政策扶持、国际合作深化、法规制度完善以及金融科技融合等多方面的努力，金融监管体制创新为金融业的持续健康发展提供了重要机遇和突破。

（一）监管技术革新

随着科技的飞速发展，金融监管正经历着一场技术革新的浪潮。大数据、区块链、人工智能、云计算等先进技术的应用，正在改变着金融监管的面貌，提升监管的效率和精确性。本书将从大数据分析应用、区块链技术应用、人工智能监管模型、云计算监管平台、加密算法与安全协议、金融科技融合、监管沙箱与创新测试、跨境监管技术合作以及实时风险监测与预警等方面，探讨金融监管技术的革新及其影响。

大数据技术的崛起，使得监管机构能够收集、处理和分析海量金融数据，挖掘其中的价值。通过对金融机构的交易数据、市场数据、客户数据等进行深入分析，监管机构能够发现潜在的市场风险、违规行为，从而采取针对性的监管措施。

区块链技术的分布式、透明性和不可篡改等特性，使其在金融监管领域具有广阔的应用前景。监管机构可以利用区块链技术建立统一的金融数据共享平台，提高数据的安全性和可信度。同时，区块链还可以用于跨境支付、证券交易等场景，提升金融交易的透明度和效率。

人工智能技术的发展为金融监管提供了强大的支持。通过构建智能监

管模型，监管机构可以实现对金融市场的实时监控和风险评估。这些模型能够学习并识别异常交易行为、预测市场走势，为监管决策提供有力支持。

云计算技术为金融监管提供了强大的计算和存储能力。监管机构可以利用云计算平台实现金融数据的集中管理和高效处理。同时，云计算的弹性伸缩和按需付费的特性，也有助于降低监管成本，提高监管效率。

随着金融数据的不断增长和跨境交易的日益频繁，数据安全和隐私保护成为金融监管的重要任务。加密算法和安全协议的应用，能够确保金融数据在传输和存储过程中的安全性，防止数据泄露和非法访问。

金融科技融合是金融监管体制创新的重要方向。通过推动金融科技与金融监管的深度融合，能够提升金融服务的智能化、便捷化水平，提高金融监管的精准度和效率。

监管沙箱作为一种创新的监管模式，为金融机构提供了安全、可控的环境进行测试和创新。在监管沙箱中，金融机构可以测试新产品、新服务，同时接受监管机构的监督和指导。这有助于激发市场活力，促进金融创新，同时确保创新活动的合规性和风险可控性。

随着金融市场的全球化发展，跨境监管技术合作变得日益重要。各国监管机构应加强合作，共同研发和应用跨境监管技术，提高跨境金融交易的透明度和监管效率。通过技术合作，各国可以共同应对跨境金融风险，维护国际金融稳定。

实时风险监测与预警机制是金融监管技术革新的重要组成部分。通过建立实时监测系统，监管机构能够及时发现并评估金融机构的风险状况，采取相应的预警措施。这有助于及时发现并防范金融风险的发生，保障金融市场的稳定和安全。

综上所述，金融监管技术革新是推动金融监管现代化、提升监管效能的关键所在。通过大数据分析应用、区块链技术应用、人工智能监管模型、云计算监管平台、加密算法与安全协议、监管沙箱与创新测试、跨境监管技术合作以及实时风险监测与预警等技术手段的应用，我们能够更好地应对金融市场的挑战和机遇，保障金融市场的稳定与健康发展。

（二）市场准入机制不断优化

随着全球经济的不断发展和金融市场的日益成熟，金融市场的准入机制也在不断进行优化，以适应新的市场环境和监管要求。这些优化主要体现在以下五个方面：

（1）金融市场准入机制的优化首先体现在法规政策的完善上。政府和相关监管机构通过修订和完善金融市场准入的相关法律法规，为市场准入提供了更为明确和稳定的政策指引。这些法规政策的完善不仅有助于维护金融市场的秩序和稳定，也提高了市场主体的合规意识和风险管理能力。

（2）监管体系的改革是金融市场准入机制优化的重要组成部分。通过调整和优化监管架构，加强监管力度，提高监管效率，能够更好地保障金融市场的公平、透明和规范。同时，监管体系的改革也有助于减少市场准入中的腐败和寻租行为，提高市场准入的公正性和透明度。

（3）市场准入条件的优化是金融市场准入机制优化的直接体现。通过降低市场准入的门槛，简化准入程序，提高准入效率，能够吸引更多的市场主体参与金融市场活动，促进金融市场的竞争和创新。同时，优化市场准入条件也有助于提高金融市场的包容性和多样性。

（4）信息披露透明度的提升是金融市场准入机制优化的重要举措。通过加强信息披露要求，提高信息披露的质量和频率，能够增强市场主体的信息透明度，减少信息不对称现象，保护投资者的合法权益。同时，信息披露透明度的提升也有助于增强市场信心，促进金融市场的稳定发展。

（5）反不正当竞争措施的实施是金融市场准入机制优化的重要手段。通过打击金融市场中的不正当竞争行为，如欺诈、操纵市场等，能够维护金融市场的公平和秩序，保护投资者的合法权益。同时，反不正当竞争措施的实施也有助于提高市场主体的诚信意识和合规意识。

综上所述，金融市场准入机制的不断优化是推动金融市场健康发展的重要保障。通过完善法规政策、改革监管体系、优化市场准入条件、提升信息披露透明度、加强投资者保护机制、实施反不正当竞争措施、推动技术创新以及加强国际合作与交流等多方面的努力，我们能够构建一个更加公平、透明、规范的金融市场准入环境，促进金融市场的持续稳定发展和创新。

（三）监管协同加强

随着金融市场的不断发展和金融创新的不断涌现，金融监管面临着前所未有的挑战。为了更有效地应对这些挑战，金融监管机构正加强协同合作，形成合力。下面将从跨部门协调机制、信息共享平台、风险联合监测、监管标准统一、跨境监管合作、非持牌机构监管、消费者保护协同以及监管科技应用等方面，探讨如何加强金融监管的协同性。

（1）建立有效的跨部门协调机制是加强金融监管协同的关键。金融监管机构应与其他相关部门（如财政、税务、市场监管等）建立定期沟通机制，共同分析金融市场风险，研究制定应对策略。同时，应明确各部门的职责和权力边界，避免监管重叠和监管空白。

（2）构建信息共享平台是加强金融监管协同的重要手段。通过建立统一的金融信息共享平台，监管机构可以实时获取金融机构的交易数据、风险状况等信息，提高监管效率和准确性。同时，该平台还可以促进监管机构之间的信息共享和协作，形成监管合力。

（3）风险联合监测是加强金融监管协同的重要环节。监管机构应建立联合监测机制，对金融市场风险进行实时监测和分析，及时发现并评估风险状况。同时，应加强与其他国家和地区的监管机构合作，共同应对跨境金融风险。

（4）统一监管标准是加强金融监管协同的重要保障。各国和地区应积极参与国际金融监管标准的制定和完善，推动形成统一的监管规则和标准。同时，国内监管机构也应加强沟通协作，统一监管要求和处罚标准，避免监管套利和市场分割。

（5）跨境监管合作是加强金融监管协同的重要方面。随着金融市场的全球化发展，跨境金融活动日益频繁，跨境金融风险也不断增加。因此，各国和地区的监管机构应加强合作，共同制定跨境监管规则和标准，建立跨境监管信息共享机制，形成跨境监管合力。

（6）加强对非持牌机构的监管也是金融监管协同的重要任务。非持牌机构由于缺乏监管约束和监管标准，往往存在较高的风险隐患。因此，监管机构应加强对非持牌机构的监管力度，明确监管要求和处罚标准，保障金融市场的稳定和健康发展。

（7）消费者保护是金融监管的重要职责之一。加强消费者保护协同是金融监管协同的重要组成部分。监管机构应建立消费者权益保护机制，加强消费者教育和风险提示，保护消费者权益。同时，应与其他相关部门合作，共同打击金融欺诈和非法金融活动，维护金融市场秩序。

（8）应用监管科技是加强金融监管协同的重要手段。监管机构应积极探索和应用监管科技，如人工智能、大数据、区块链等先进技术，提高监管效率和准确性。通过应用监管科技，监管机构可以实时监测和分析金融数据，发现潜在风险和问题，为监管决策提供有力支持。

综上所述，加强金融监管协同是保障金融市场稳定和健康发展的重要保障。通过建立跨部门协调机制、信息共享平台、风险联合监测、统一监管标准、跨境监管合作、非持牌机构监管、消费者保护协同以及应用监管科技等手段，我们可以形成监管合力，有效应对金融市场的挑战和机遇，保障金融市场的稳定与健康发展。

（四）创新政策扶持

金融监管创新是提升金融市场效率、保障金融稳定和促进金融高质量发展的关键。为了推动金融监管创新，政府制定了一系列扶持政策，主要包括以下八个方面：

（1）政府设立专项资金，对符合金融监管创新方向的项目和企业提供资金扶持与补贴。这些资金可以用于项目的研发、市场推广、人才培养等方面，降低创新成本，激发市场活力。

（2）对从事金融监管创新的企业和机构，政府给予相应的税收优惠政策。例如，减免企业所得税、增值税等，降低企业税收负担，增强其创新能力和竞争力。

（3）政府支持金融机构和企业开展具有创新性和实用性的金融监管项目。通过项目评审、资金扶持等方式，推动创新项目的落地实施，提升金融监管的效率和水平。

（4）鼓励和支持金融监管机构加强监管科技的研发和应用。投入资金用于技术研发、人才培养等方面，推动监管科技的创新发展，提高金融监管的科技含量和智能化水平。

（5）重视金融监管创新领域的人才培养与引进工作。通过设立奖学金、举办培训班等方式，培养一批具备创新精神和专业技能的金融监管人才。同时，积极引进国际先进的金融监管理念和技术，提高我国金融监管的专业水平和国际影响力。

（6）搭建金融监管创新领域的交流合作平台，促进政府部门、金融机构、科研机构等各方之间的沟通交流。通过举办论坛、研讨会等活动，分享创新经验、探讨合作机会，推动金融监管创新的深入发展。

（7）加大对金融监管创新成果的宣传推广力度。通过媒体宣传、案例分享等方式，让更多人了解创新成果的应用场景和实际效果，提高社会对金融监管创新的认知度和接受度。

（8）在推动金融监管创新的同时，注重风险防范与处置工作。建立健全风险监测预警机制，及时发现和化解创新过程中可能出现的风险隐患。同时，加强跨部门协调合作，形成合力应对金融风险挑战。

综上所述，政府对金融监管创新的扶持政策涵盖了资金扶持与补贴、税收优惠政策、创新项目支持、监管科技研发、人才培养与引进、交流合作平台、创新成果推广以及风险防范与处置等多个方面。这些政策的实施将有助于推动金融监管创新取得更大突破和实质性进展。

（五）金融消费者权益保护愈受重视

保护金融消费者权益是金融监管的重要目标之一。通过建立健全消费者权益保护机制，加强对金融机构的监督和管理，保障消费者的知情权、选择权、公平交易权等合法权益，增强消费者对金融市场的信心和信任。近年来，我国金融业发展迅猛，但同时也伴随着金融消费者权益受到侵害的情况。因此，加强金融消费者权益保护不仅成为维护金融稳定和社会稳定的内在需求，也是金融业健康长远发展的坚实基石。金融消费者权益保护正逐渐加强，这主要得益于一系列法规政策的出台以及金融监管机构的不懈努力。

为了更好地保护金融消费者的合法权益，政府出台了一系列相关法规，提高了主要出资人的资产、营业收入等指标标准以及最低持股比例要求，强化了主要出资人的股东责任。同时，还压实了消费金融公司消保主体责任，健全完善消保工作的各项机制，加强对合作机构规范管理，切实保护消费者合法权益。这些措施的实施，无疑将为消费者提供更加安全、便捷的金融服务。

除了法规政策的出台，金融监管机构也在不断加强监管力度，打击各种违法违规行为，维护市场秩序。通过加强监管，可以有效遏制金融机构的不当行为，保护消费者权益。同时，监管机构还积极开展消费者教育工作，提高消费者的金融素养和风险防范意识，使其能够更好地维护自身权益。

此外，金融科技的发展也为金融消费者权益保护提供了新的手段。通过运用大数据、人工智能等先进技术，可以实现对金融市场的实时监控和风险预警，及时发现并处理潜在的风险问题。同时，金融科技还可以为消费者提供更加便捷、个性化的金融服务，提高消费者的满意度和获得感。

总之，金融消费者权益保护正在逐步加强，这得益于法规政策的出台、监管机构的努力以及金融科技的发展。未来，我们期待更多的措施能够落地实施，为金融消费者提供更加全面、有效的保护。

综上所述，金融监管体制创新在金融高质量发展中具有举足轻重的作用。通过监管技术革新、风险管理优化、市场准入灵活、监管协同加强、创新政策扶持、国际合作深化、法规制度完善以及金融科技融合等多方面的努力，我们能够更好地应对金融市场的挑战和机遇，推动金融业实现更高质量、更可持续的发展。

二、金融监管体制创新助力金融高质量发展的案例研究

（一）国内外金融监管体制高质量发展的典型案例

深入探讨金融监管体制的高质量发展，无疑需要从全球的视角来审视。在这方面，英国、美国以及中国都提供了极具参考价值的案例。

英国，作为现代金融业的发源地，其金融监管体制的演变尤为引人关注。金融危机之后，英国痛定思痛，通过立法手段建立了被誉为"双峰"的金融监管体制。这一体制巧妙地将行为监管和审慎监管分离开来，确保了两者的独立性和专业性。这样的设计不仅提高了监管效率，也为英国金融业的稳定与发展提供了有力保障。具体来说，双峰监管模式下的行为监管局负责监管金融机构的业务行为，确保其符合法律法规的要求，维护市场的公平竞争；而审慎监管局则专注于监管金融机构的资本充足率和风险管理水平，以防范系统性金融风险的发生。这种分工明确、各司其职的监管模式，使得英国在金融危机后能够迅速恢复金融稳定，并继续保持其在全球金融中心的领先地位。

与英国相似，美国在金融危机后也进行了深刻的金融监管改革。通过一系列立法措施，美国构建了更为严格、全面的金融监管体制。这一体制不仅加强了对金融机构的监管力度，还特别强调风险管理和消费者权益保护。在这种监管体制下，美国金融机构的风险行为得到了有效遏制，金融市场的透明度和公平性也得到了显著提升。消费者权益保护机构的设立和强化，使得消费者在金融市场中的权益得到了更好的保障。在这些改革措施共同作用下，美国成功避免了金融风险的积累和扩散，维护了全球最大经济体的金融稳定。

当然，我们不能忽视中国金融监管机构在近年来取得的显著成效。在复杂多变的国内外经济金融环境中，中国银保监会和中国证监会等监管机构采取了一系列有力措施，有效防范了金融风险的发生和蔓延。例如，中国银保监会通过加强对银行业和保险业的监管力度，确保了金融机构的稳健运营和风险可控；而中国证监会则通过推动资本市场改革和完善监管制度，提升了资本市场的融资功能和投资价值。这些举措不仅维护了中国金融业的稳定与发展，也为全球金融稳定做出了积极贡献。

值得注意的是，这三个国家在金融监管体制的高质量发展中都体现出了以下几个共同点：一是注重立法先行，通过法律手段明确监管职责和权限；二是强调风险管理和消费者权益保护并重，确保金融市场的公平、透明和稳定；三是根据本国国情和金融市场特点进行有针对性的监管体制设计，避免了"一刀切"的做法；四是注重国际合作与协调，共同应对全球性的金融风险和挑战。

我们也应该看到，每个国家的金融监管体制都有其独特性和局限性。当借鉴他国经验时，我们应该结合本国实际进行深入分析和审慎判断。随着金融科技的迅猛发展和金融市场的不断创新，金融监管也面临着新的挑战和机遇。如何在保护消费者权益、维护金融稳定与促进金融创新之间找到平衡点，将是未来金融监管体制高质量发展需要深入思考的问题。

通过对比分析英国、美国和中国在金融监管体制高质量发展方面的典型案例，我们可以得出这样一个结论：只有立足本国实际、注重风险管理和消费者权益保护、不断创新监管手段和方式、加强国际合作与协调，才能实现金融监管体制的高质量发展并有效应对各种金融风险和挑战。这无疑为我们提供了宝贵的经验和启示。

（二）案例分析与启示

深入探究金融监管体制的高质量发展，我们不难发现其背后的众多成功案例及其所蕴含的重要启示。这些案例不仅凸显了有效金融监管在防范风险、确保金融稳定以及推动金融发展中的不可替代作用，而且为我国在金融监管体制的持续优化与升级过程中提供了宝贵的借鉴。

在这些案例中，监管机构如何精准施策、如何在复杂多变的金融市场中把握大势、如何在保护消费者权益与促进金融创新之间找到平衡点，都是值得我们深入学习的。每一个成功案例都像是一块拼图，共同构建了一个完整而富有活力的金融监管图谱。

有效金融监管体制的核心在于其风险防控能力。在众多案例中，我们可以看到，那些能够及时识别、评估、监测和应对各种金融风险的监管体制，往往能够更好地维护金融市场的健康稳定发展。这种风险防控能力不仅依赖于先进的技术手段和丰富的数据资源，更依赖于监管机构的专业素养和前瞻性思维。

这些案例也强调了金融监管在促进金融发展中的积极作用。有效的监管不仅不会抑制金融创新，反而能够通过合理的规则设定和灵活的监管方式，为金融创新提供良好的法治环境和市场氛围。这种理念上的转变，使得金融监管不再被视为金融发展的"绊脚石"，而是成为推动金融发展的重要力量。

对于我国而言，金融监管体制的高质量发展是一个长期而艰巨的任务。从这些典型案例中，我们可以提炼出几个关键要素：一是要坚持风险为本的监管原则，不断提升风险防控能力；二是要推动监管创新和改革，以适应金融市场的不断变化；三是要加强各监管机构之间的协调与配合，形成监管合力；四是要注重保护消费者权益，实现金融市场的公平、公正和透明。

在监管体制的创新与改革方面，我们需要关注全球金融监管的最新动态和趋势，学习借鉴国际先进经验，并结合我国实际情况进行本土化改造。例如，在金融科技迅速发展的背景下，如何利用新技术提高监管效率和准确性，如何平衡金融创新与风险防范之间的关系，都是我们需要深入思考的问题。

各监管机构之间的协调与配合也是实现金融监管体制高质量发展的重要保障。在实践中，我们需要打破部门壁垒和信息孤岛，推动各监管机构之间的信息共享和政策协同。通过这种方式，我们可以更好地整合监管资源，提高监管效率，避免监管空白和重复监管等问题。

在这个过程中，我们还应注重培养专业化的监管队伍，提升监管人员的专业素养和综合能力。只有具备了高素质的监管人才，我们才能够更好地应对金融市场的复杂性和多变性，确保金融监管体制的持续稳定和发展。

通过深入探究这些金融监管体制高质量发展的案例，我们可以从中汲取宝贵的经验和启示。这些经验和启示不仅有助于我们更好地理解金融监管的本质和意义，而且为我们推动金融监管体制的优化和升级提供了有力的支持。在未来的发展中，我们需要继续坚持风险为本、创新为魂、协调为要的监管理念，推动我国金融监管体制不断迈向新的高度。

（三）对我国金融监管体制高质量发展的启示与建议

在我国金融行业的快速发展中，金融监管体制的高质量发展成为业内外的关注焦点。通过深入分析一系列具有代表性的案例，我们不仅能够洞察监管体制完善的必要性，更能从中提炼出对我国金融监管体制的宝贵启示与建议。

金融监管，作为维护金融市场秩序、保障金融安全的重要手段，其专业性、独立性和有效性对于金融市场的稳定与发展具有举足轻重的影响。在过往的实践中，一些典型案例突显了监管体制在应对市场变化、化解风险等方面的不足，也展示了完善监管体制所带来的积极成果。这些案例提醒我们，只有不断提升监管的专业水平，确保监管机构的独立性，以及强化监管措施的有效性，才能更好地应对金融市场的复杂性和不确定性。

在风险管理方面，建立健全的风险管理制度和机制显得尤为重要。金融风险，如同潜藏在金融市场中的暗流，一旦爆发，便可能对金融市场造成严重的冲击。我们必须通过科学的风险识别、评估和处置机制，及时发现并化解金融风险，确保金融市场的平稳运行。这不仅需要金融机构自身加强风险管理能力建设，更需要监管机构提供有力的制度保障和监管支持。

我们不能忽视金融监管机构在服务实体经济方面的职责。金融是实体经济的血脉，而金融监管机构则是确保这血脉畅通无阻的重要守护者。在推动金融与实体经济的深度融合过程中，金融监管机构应积极引导金融资源向实体经济领域流动，为实体经济的发展和创新提供有力支持。这既包括为小微企业提供便捷的融资服务，也包括支持科技创新、环保节能等国家重点发展领域的金融需求。

值得一提的是，科技创新在金融监管领域的应用正日益广泛。随着大数据、人工智能等现代科技手段的不断发展，金融监管也迎来了智能化、精准化和高效化的新时代。借助这些科技手段，我们可以更加准确地监测金融市场的动态变化，更加迅速地识别金融风险，更加有效地实施监管措施。这不仅提高了金融监管的效率和效果，也为应对金融科技等新兴领域的挑战提供了有力武器。

当然，实现金融监管体制的高质量发展并非一蹴而就的过程。我们需要持续深化金融监管体制改革，不断完善监管制度和机制，提升监管能力和水平。我们也需要加强国际合作，学习借鉴国际先进的监管经验和做法，推动我国金融监管体制与国际接轨。

在这个过程中，我们还应关注金融监管与金融创新的平衡。我们要确保金融监管的有效性，维护金融市场的稳定和安全；此外，我们也要鼓励和支持金融创新，为金融市场的发展注入新的活力和动力。只有在这种平衡中寻求发展，我们才能实现金融监管体制的高质量发展，为我国的金融事业和经济社会发展提供坚实的保障。

加强金融监管人才培养也是实现高质量发展的重要一环。随着金融市场的不断创新和发展，对金融监管人才的需求也越来越高。我们需要培养一支具备专业知识、丰富经验和创新精神的金融监管队伍，为金融监管体制的高质量发展提供有力的人才支撑。

我们还应重视金融监管的法治化建设。将金融监管纳入法治化轨道，不仅可以提升监管的权威性和公信力，也可以为金融市场的参与者提供更加明确、稳定的预期。通过完善相关法律法规和监管规则，我们可以为金融监管体制的高质量发展提供坚实的法治保障。

实现金融监管体制的高质量发展需要我们在多个方面做出努力。通过提升监管的专业性、独立性和有效性，加强风险管理，服务实体经济，推动科技创新应用，深化体制改革，加强国际合作与人才培养，以及推进法治化建设等措施的实施，我们可以不断推动我国金融监管体制向更高质量的方向发展，为我国的金融事业和经济社会发展提供更加坚实、有力的保障。

三、金融监管体制创新助力金融高质量发展的前景

随着中国金融市场的迅速崛起，其背后的金融监管力量也在不断地自我强化和完善。中国金融监管体制，如今已形成了一套既全面又具有针对性的体系，有效地维护着金融市场的稳定和秩序。这种稳定性并非偶然，而是源于多年来监管实践的积累和不断的政策优化。在此过程中，风险防范和消费者权益保护被提到了前所未有的高度，成为监管政策的双重核心。这种转变不仅为金融市场注入了更强的信心，也为广大投资者提供了更为安全、公正的交易环境。

值得一提的是，面对科技的飞速发展，中国金融监管机构并未选择固守陈规，而是积极与时俱进，将最新的科技成果应用于监管实践之中。这种前瞻性的战略眼光，使得中国金融监管在科技应用方面走在了世界的前

列。从大数据分析到人工智能，从云计算到区块链，这些先进技术的引入，极大地提升了监管的精准度和效率，使得中国金融监管机构能够更为迅速、准确地应对各种金融风险和挑战。

在这样一个大背景下，我们不难看出中国金融监管的坚实步伐和明确方向。它正像一个经验丰富的舵手，稳稳地引领着中国金融市场这艘巨轮，在波澜壮阔的金融海洋中破浪前行。无论是体制的完善、政策的成熟，还是科技的应用，都彰显出中国金融监管的强大实力和坚定决心。

这种实力和决心，并不是空中楼阁或纸上谈兵。而是通过一系列具体的行动和措施，实实在在地作用于金融市场的每一个角落。例如，在体制完善方面，中国金融监管机构不仅对现有的监管框架进行了全面的梳理和优化，还针对新兴的金融业态和业务模式，及时制定了相应的监管规则和指导意见，确保了监管的全覆盖和无死角。这种动态调整和完善的能力，使得中国金融监管体制始终保持着高度的适应性和灵活性。

在政策完善方面，中国金融监管机构更是注重长远规划和顶层设计。通过深入研究和广泛征求各方意见，形成了一系列具有前瞻性、战略性的监管政策。这些政策不仅注重风险防范和消费者权益保护，还充分考虑了金融市场的发展规律和内在需求，为金融市场的长期健康发展奠定了坚实的基础。

在科技应用方面，中国金融监管机构的创新精神和开放态度更是令人印象深刻。他们不仅积极引进和吸收国内外的先进科技成果，还鼓励和支持金融机构进行科技创新，打造了一批具有国际领先水平的金融科技产品和服务。这些创新成果的应用，不仅提升了金融监管的效率和水平，也为金融机构提供了更为丰富、便捷的服务渠道和工具，进一步激发了金融市场的活力和创新力。

正是基于以上种种努力和成就，我们对中国金融监管的未来充满了信心和期待。相信在不久的将来，中国金融监管将继续保持其强大的实力和坚定的决心，引领中国金融市场走向更加繁荣、稳定的未来。而作为一个观察者和参与者，我们也将密切关注中国金融监管的每一步发展，期待在这个充满挑战和机遇的时代背景下，共同见证中国金融市场的辉煌与荣耀。

参考文献

白钦先，张坤，2023. 关于深化中国金融体制改革几个重大问题的思考 [J]. 保险研究（3）：3-10.

贝多广，罗煜，2013. 补充性货币的理论、最新发展及对法定货币的挑战 [J]. 经济学动态（9）：7.

蔡宁伟，2023.2023 年金融监管体制改革的思考与启示：兼评我国分业和混业监管的历程 [J]. 上海立信会计金融学院学报，35（5）：3-15.

蔡友才，喻桂华，2022. 守望相助和合共生 推动制造业高质量发展 [J]. 中国农村金融（19）：60-62.

陈鸿祥，2018. 金融监管体制的改革逻辑与演进安排：基于"穿透式"监管分析视角 [J]. 北京金融评论（2）：127-139.

陈鹏军，2013. 我国"以房养老"发展瓶颈及其模式选择 [J]. 经济纵横（10）：43-46.

陈秀玲，2018. 国家金融监管体制的改革及对我国的改革启示 [J]. 现代商业（23）：74-75.

陈志法，2023. 从本轮金融监管体制改革看金融廉洁风险监管 [J]. 中国银行业（5）：6，14-17.

崔惠玉，王宝珠，徐颖，2023. 绿色金融创新，金融资源配置与企业污染减排 [J]. 中国工业经济（10）：118-136.

邓宗兵，李莉萍，魏剑雄，等，2023. 中国工业绿色发展的时空格局及障碍因子 [J]. 科技管理研究，43（2）：134-143.

董克用，施文凯，2020. 加快建设中国特色第三支柱个人养老金制度：理论探讨与政策选择 [J]. 社会保障研究（2）：3-12.

段白鸽，王永钦，夏梦嘉，2023. 金融创新如何促进社会和谐？：来自中国医疗纠纷的证据 [J]. 金融研究（7）：77-96.

方平，2023. 我国金融体制改革研究[J]. 企业经济，42(9)：156-160.

封进，赵发强，2023. 长寿时代的家庭资产配置及对金融创新的意义 [J]. 新金融 (10)：11-17.

耿伯良，2005. 金融创新与经济发展 [M]. 上海：上海三联书店.

何德旭，2001. 中国金融创新与发展研究 [M]. 北京：经济科学出版社.

何德旭，王卉彤，2008. 金融创新效应的理论评述 [J]. 财经问题研究 (12)：6.

黄烁，2021. 谦抑性理念下我国金融监管体制探析 [J]. 许昌学院学报，40 (4)：120-125.

江世银，2003. 影响我国金融创新的因素分析 [J]. 财经问题研究 (9)：4.

金飞，2021. 数字普惠金融促进经济增长：基于我国 294 个地级市的经验证据 [J]. 生产力研究 (12)：117-121.

李丹，孟德锋，2019. 乡村振兴战略背景下农村金融机构类型与异质性农户融资渠道选择 [J]. 金融理论探索 (3)：54-61.

李建军，姜世超，2021. 银行金融科技与普惠金融的商业可持续性：财务增进效应的微观证据 [J]. 经济学（季刊）(3)：889-908.

李建军，彭俞超，2021. 金融科技学 [M]. 北京：高等教育出版社.

李建军，王德，2015. 搜寻成本、网络效应与普惠金融的渠道价值：互联网借贷平台与商业银行的小微融资选择比较 [J]. 国际金融研究 (12)：56-64.

李林汉，韩景旺，2023. 金融创新加剧了区域金融风险吗?：基于社会网络与动态面板门槛效应的研究 [J]. 证券市场导报 (3)：68-79.

李祺，刘创杰，2023. 数字普惠金融对区域经济高质量发展的影响与传导效应研究 [J]. 当代经济，40 (3)：104-112.

李诗林，2023. 我国新一轮金融监管体制改革的动因、考量与未来展望 [J]. 价格理论与实践 (3)：44-51.

李妍，于海宝，2020. 试论新时期金融体制改革 [J]. 现代交际 (20)：57-59.

林木西，肖宇博，2022. 数字金融、技术创新与区域经济增长 [J]. 兰州大学学报（社会科学版），50 (2)：47-59.

林义，2022. 我国多层次养老保障体系优化与服务拓展 [J]. 社会保障评论，6 (5)：56-65.

陆岷峰，欧阳文杰，2023. 现代金融治理体系视角下的监管体制改革研究［J］. 经济学家（8）：86-94.

孟晓华，乔璐萍，刘莉，2018. 农村普惠金融发展水平实证分析：以汉中市为例［J］. 西部金融（6）：7.

穆怀中，2023. 人口老龄化对经济增长的影响路径与有限挤出理论演绎［J］. 社会保障评论，7（2）：48-61.

穆怀中，范璐璐，陈曦，2020. 养老保障制度"优化"理念分析［J］. 社会保障研究（1）：3-10.

欧阳文杰，陆岷峰，2023. 基于金融科技发展视角的金融监管体制改革路径研究［J］. 金陵科技学院学报（社会科学版），37（3）：32-38.

潘爽，叶德珠，叶显，2021. 数字金融普惠了吗？：来自城市创新的经验证据［J］. 经济学家（3）：101-111.

佩蕾丝，2007. 技术革命与金融资本（中译本）［M］. 田方萌，译. 北京：中国人民大学出版社.

钱嫣虹，2018. 金融一体化趋势下的监管体制改革：国际经验与我国实践［J］. 中国保险（5）：20-23.

乔越，王珏，李璐，2023. 银行业支持对农业劳动生产率的影响研究：基于上海市 71 个行政村的调研［J］. 新金融（2）：38-45.

秦宇，2020. 中小银行在乡村振兴中的作用［J］. 中国金融（5）：68-69.

沈联涛，2010. 金融创新、金融监管与此次金融危机的联系及其改革方向［J］. 国际金融研究（1）：3.

生柳荣，1998. 当代金融创新［M］. 北京：中国发展出版社.

施建淮，2004. 金融创新与长期经济增长［J］. 经济学动态（9）：7-13.

孙杰，2018. 我国金融监管框架改革的若干思考［J］. 中国集体经济（36）：52-54.

孙迎辰，2022. 我国金融监管体制改革探析［J］. 中国物价（1）：75-77.

陶长辉，2023. 强化"四个赋能"推进小微金融业务高质量可持续发展［J］. 农银学刊（3）：57-62.

王刚，颜苏，2019. 地方金融监管体制改革：最新进展、问题与发展对策［J］. 中国银行业（4）：58-60.

王慧，潘虹，2023. 金融创新视角下的金融风险管理［J］. 中国集体经济（34）：21-24.

王雪，2020. 经济新常态下我国金融监管体制改革研究 ［J］. 商业文化（12）：26-27.

王一帆，2019. 对中国金融监管体制改革的几点思考 ［J］. 产业创新研究（12）：101-102.

魏革军，2023. 我国金融监管体制改革的历史逻辑和实践逻辑 ［J］. 清华金融评论（8）：16-19.

吴晓求，2018. 改革开放四十年：中国金融的变革与发展 ［J］. 经济理论与经济管理（11）：26.

肖远飞，张柯扬，2021. 数字普惠金融能否提高经济高质量发展?：基于长尾理论视角 ［J］. 中国集体经济（19）：21-23.

许建平，2023. 提升普惠金融供给质效助力地方经济高质量发展[J]. 中国银行业（9）：38-40.

薛秋童，封思贤，2022. 数字普惠金融、居民消费与经济高质量发展 ［J］. 现代经济探讨（7）：26-40.

姚得良，庄毓敏，2004. 金融创新的微观经济学理论与实证研究[J]. 财经研究，30（9）：9.

姚瑶，张明月，闫琪，2018. 我国金融监管框架改革探讨 ［J］. 合作经济与科技（20）：61-63.

尹龙，2005. 金融创新理论的发展与金融监管体制演进 ［J］. 金融研究（3）：9.

袁旭宏，张怀志，马超群，等，2024. 普惠金融影响地方政府债务的作用机制及其时空效应 ［J］. 经济地理，44（8）：68-76.

张金伟，林格，2023. 关于国有商业银行高质量发展的思考 ［J］. 工程经济，33（2）：69-71.

张立华，张顺顺，2018. 从诺贝尔奖看金融理论创新 ［J］. 中国金融（2）：2.

张龙健，夏敏，詹珊珊，等，2023. 数字普惠金融对我国西部地区经济高质量发展的影响研究 ［J］. 金融发展评论（9）：34-47.

张蓉，2023. 数字普惠金融对区域经济高质量发展的影响研究：以泰安市为例 ［J］. 中国农业会计，33（22）：115-117.

张文静，贾晋豪，2024. 数字普惠金融驱动经济高质量发展的作用机制研究 ［J］. 武汉理工大学学报（社会科学版），37（2）：115-126.